绍兴市社科院智库论坛"长三角一体化与绍兴高质量发展"

越商管理创新案例

丁志刚　严家明　朱杏珍　周鸿勇　李小明　雷　宇　编著

中国原子能出版社
China Atomic Energy Press

图书在版编目（CIP）数据

越商管理创新案例 / 丁志刚等编著 . -- 北京：中国原子能出版社 , 2021.8
　　ISBN 978-7-5221-1525-2

　　Ⅰ . ①越… Ⅱ . ①丁… Ⅲ . ①企业管理 – 创新管理 –案例 – 浙江 Ⅳ . ① F279.275.5

中国版本图书馆 CIP 数据核字 (2021) 第 164605 号

内容简介

　　本书选取浙江省内 8 家企业和 3 个区域作为案例研究对象，经过深入调研，获取第一手数据资料，在此基础上提炼出研究问题，运用适当的理论工具开展针对性分析，透过管理问题表象，发现有益的结论与经验教训，为企业决策和区域经济发展提供借鉴。全书根据研究问题的不同，分成精益制造、产业升级、创新服务、乡村振兴和人力资源五个篇章。每个案例作为一个独立章节，由引言、案例对象介绍、案例主体、案例分析、启示与建议等多个部分组成。每个案例都运用理论探寻企业管理精髓与成功密码，可为企业管理者提供参考。每个案例后面都附有提问，可供学习者讨论使用。

越商管理创新案例

出版发行	中国原子能出版社（北京市海淀区阜成路 43 号　100048）
策划编辑	高树超
责任编辑	高树超
装帧设计	河北优盛文化传播有限公司
责任校对	宋　巍
责任印制	赵　明
印　　刷	三河市华晨印务有限公司
开　　本	710 mm×1000 mm　1/16
印　　张	20.25
字　　数	365 千字
版　　次	2021 年 8 月第 1 版　　2021 年 8 月第 1 次印刷
书　　号	ISBN 978-7-5221-1525-2
定　　价	89.00 元

前　言

　　时光荏苒，《越商管理创新案例》编写组已编著出版了 3 本案例集。本书作为"越商管理创新案例"系列丛书的第 4 本，经过前期编写组同仁的共同努力，即将付梓出版。

　　本书秉承了"越商管理创新案例"系列丛书的优良传统。

　　一是因地制宜、就地取材，发挥越商企业资源优势。越地自古以来就人杰地灵，涌现了一大批商业巨子。尤其是改革开放以后，越商企业凭借其雄厚的实力与影响力受到世人瞩目。《越商管理创新案例》编写组从海量的越商企业中选取 8 家单位和 3 个地区作为案例研究对象，经过深入调研，获取第一手资料，在此基础上提炼出研究问题，透过管理问题表象，总结经验、教训与有益结论，为企业决策和区域经济发展提供借鉴。

　　二是理论与实践相结合，注重解读与弘扬越商企业家精神。越商作为浙商群体的一个重要分支，长期浸染越地文化所呈现的"创新务实、低调稳健"的精神特质，成为解读越商成功的密码。每个案例都运用适当的理论工具开展针对性分析，探寻企业管理实践的精髓与成功密码，可为学者解读越地经济发展现象提供参考，对传播弘扬越商企业家精神具有重要的价值。

　　全书根据研究问题不同，分成精益制造、产业升级、创新服务、乡村振兴和人力资源五个篇章。每个案例都作为独立的一个章节，按照引言、案例对象介绍、案例主体、案例分析、启示与建议等部分展开。每个案例后面都附有提问，可供学习者讨论使用。

　　在本书即将付梓之际，要特别感谢提供案例调研支持的 11 家单位，它们是浙江益森科技股份有限公司、浙江万事达汽车用品有限公司、浙江吉麻良丝新材料股份有限公司、浙江巴贝领带有限公司、绍兴寻宝记餐饮有限公司、浙江森之炫旅游产业开发有限公司、杭州市西湖区北山街道办事处、绍兴市柯桥区漓渚镇棠棣村委会、绍兴市越城区东浦镇政府、嘉兴广源人力资源有限公司、杭州海顺制药机械有限公司。

另外，还要感谢案例编写团队的周鸿勇、朱杏珍、严家明、雷宇、李小明、丁志刚、曾红、陈锦文等指导教师，以及参与案例调研与撰写的全体同学。特别感谢提出修改意见的众多专家和学者，以及为本书顺利出版辛勤工作的编辑老师。

由于时间和水平有限，书中难免存在瑕疵与不足之处，敬请专家、学者以及读者朋友不吝指正。

《越商管理创新案例》编写组

2021 年 04 月 08 日

目　录

精益制造篇

产业升级篇

创新服务篇

乡村振兴篇

人力资源篇

精益制造篇

案例 1

精益求精：探索建材行业精益管理之道

——以浙江益森科技股份有限公司为例

摘要：精益管理源自精益生产（lean production）源自丰田生产方式的一种管理哲学。它能够通过提高客户满意度、降低成本、提高质量、加快流程速度和改善资本投入使组织社会性的价值实现最大化。

浙江益森科技股份有限公司作为一家建材企业，在传统建材行业普遍使用大量生产方式的背景下能够匠心独运，清晰地看到行业发展的方向，明白科技融入和精益生产的重要性，从而致力精益管理方式，使现代科技和传统建材生产融合，推动砂浆产品的技术革新和产业升级。本文以浙江益森科技股份有限公司为研究对象，以精益管理理论为基础，对其精益管理的实践之道进行深度剖析，为传统的建材实现精益生产方式提供可借鉴的经验。

关键词：益森科技；精益管理；行业启迪

一、引言

随着社会的不断发展，人们的生活水平得到了提高，居住条件和生活环境也有所改善。人们不仅要求居住宽敞，还要求有较高的居住质量和较为舒适的居住环境。但事实上居民的需求并没有得到满足，住房质量问题经常出现，对居民人身安全和居住环境都造成了影响。

经济生活的发展在往上走，建筑质量反而在往下走。住宅建设规模不断扩大，高楼大厦随处可见，住房质量问题越来越成为社会广泛关注的焦点，消费者对房屋质量不佳的投诉数量居高不下。

常见的房屋质量问题可小可大，小的是一些质量瑕疵问题，如墙壁小范围的空鼓随处可见；大的问题严重影响居住，如房屋漏水，房屋出现裂缝以及露筋，甚至是墙体脱落等。其实，早在 2009 年，各地就出现了"楼脆脆""楼裂裂"等现象，已经暴露了建筑质量问题的现状。

历史在不断发展，我国建筑也在不断"换代"。浙江大学教授范柏乃曾感慨："我们有 5 000 年的历史，却只有 50 年的建筑。"我国是每年新建建筑量最多的国家，也是拆除速度最快的国家，建筑使用寿命一般只有 25～30 年，被称为"短命建筑"。这是建筑界不愿接受却无力反驳的事实。

与我国建筑截然不同的是国外建筑的寿命之长，如英国建筑平均寿命可达 132 年，居世界首位。在英国，"百年老屋"随处可见。然而，我国如此短寿的建筑每年将产生数以亿计的建筑垃圾，大量尚处于使用年限内的建筑被拆除，在造成资源浪费的同时，会产生大量的粉尘和废弃物，增加环境负荷。这是值得我们反思的问题。

造成这些建筑出现问题的原因有很多，但我们不能否认房屋质量是其中一个不可忽视的原因。技术和资金是造成建筑质量出现问题的主要原因，如受建筑成本的影响，一些房屋结构中应该采用钢筋和水泥的地方减少或取消，严重影响了房屋的质量和使用寿命。除此之外，早期常用的现场拌制的传统砂浆的缺点及局限性越来越突出。一是现场拌和砂浆通常没有严格的计量，仅依靠工人的估计，不能严格执行配合比；二是不能准确控制加水量，搅拌的均匀度难以控制；三是施工性能差，操作费时，落灰多，浪费大，质量事故多发，如抹灰砂浆开裂剥落、防水砂浆渗漏等；四是品种单一，无法满足各种新型建材对砂浆的不同要求；五是现拌砂浆在制作过程中会形成较多的扬尘，无法满足文明施工和环保的要求，对周围的环境造成影响。这些缺点对建筑质量均具有较大的影响。

在这些问题下，预拌砂浆迎来了它的春天。自 2007 年先后分三批实施禁止在施工现场搅拌砂浆以来，预拌砂浆应运而生。从 2009 年 6 月开始，上到国家各部委，下到各省地市，纷纷出台了对预拌砂浆的生产、使用和管理办法，形成了一股对预拌砂浆事业政策支持的"暖流"。在国家关于发展循环经济战略方针的指导下，走一条科技含量高、经济效益好、资源消耗低、环境污染少的新型工业化道路，加速实现水泥产业的结构调整，促进水泥生产、流通和使用全过程的散装化，已成为我国经济发展战略的重要组成部分。预拌砂浆因具有节约资源、保护环境、确保建筑工程质量、实现资源综合利用等显著的经济和社会效益，被国家列为发展散装水泥"三位一体"的产业组成部分。

浙江益森科技股份有限公司（以下简称"益森科技"）为响应国家政策于2009年成立，是浙江省砂浆行业第一家国家高新技术企业。作为新兴产业，益森科技的成长过程注定不会是一帆风顺的，总会遇到各种各样的问题与困难。起步阶段技术不成熟，面临着传统砂浆产生的空鼓、开裂、脱落等问题；再加上行业的价格战、恶性竞争等，忽视产品质量，劣质材料随处可见，对建筑质量造成影响，缩短建筑寿命，波及行业发展。

益森科技面对行业存在的问题，不但没有逃避，反而迎难而上，去解决问题，摆脱困境，以成为行业的领航人为目标。一方面，面对行业转型升级的压力，益森科技投身科研，精于生产，对传统砂浆进行更新换代，丰富预拌砂浆产品，满足各种市场对建筑材料的需求；提升产品质量，避免不合格的产品带来的墙体开裂、脱落等住房质量问题，延长房屋寿命；完善再利用技术，对拆迁房遗留物进行再循环使用，解决环境问题；精于服务，为产品施工提供方法指导，避免施工质量差带来的各种住宅问题。除此之外，产品采取个性化定制，致力为客户提供满意的服务。另一方面，面对行业恶性竞争，益森科技拒绝参与，从自身出发进行反思，以技术与良心服务取胜；运用多方合作，培养高校技术人才，借政府支持之力，树立公益技术咨询之形象，实现预拌砂浆产品的系统化与功能化，解决行业发展问题，提高竞争优势；谋发展，坚持绿色化，响应国家绿色生产、节能减排的政策。这样的益森科技不但解决了产品质量问题，避免了各种住房问题，而且对环保做出了巨大的贡献。

益森科技的成功离不开自身的"精益"。从过去到现在甚至是未来，"精益"都不会缺席。益森科技用技术说话，用砂浆应用等技术为"海绵城市"提供新型材料，用已经开发出的透水环氧树脂聚合物砂浆为新型工业化助力。

益森科技的成功对行业的发展具有指导价值。我们针对益森科技的精益管理进行研究、分析，探索预拌砂浆如何在新兴产业中茁壮成长，打破传统砂浆的局限，走出行业发展的困境，更好地朝节能环保的方向发展，以适应未来的生存环境。

二、益森科技概况及荣誉

（一）公司简介

浙江益森科技股份有限公司创建于 2009 年，位于绍兴市越城区鉴湖街道，公司占地面积 50 000 平方米，注册资金 6 180 万元，旗下拥有杭州益森实业有限公司、宁波益森新型建材有限公司、绍兴益森工程机械有限公司、绍兴步旭贸易有限公司、浙江省益生预拌砂浆研究中心和浙江省通用砂浆研究院六个子公司（图 1-1），专业从事水泥石膏基系列砂浆产品的研发、生产、销售、装备制造和技术服务，系预拌砂浆行业较为完整的产业链实体企业、全国预拌砂浆行业较大规模企业、全国砂浆行业第一家"新三板"挂牌上市企业，浙江省砂浆行业第一家"国家高新技术企业"。

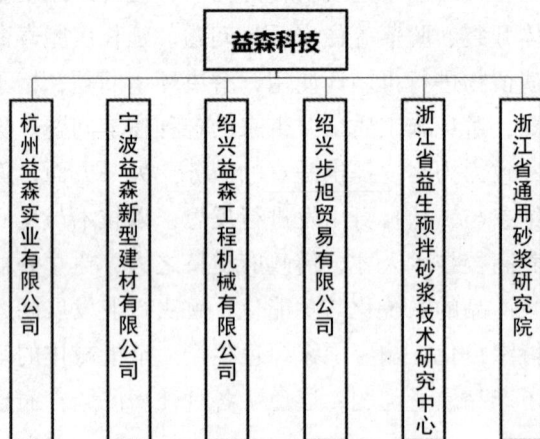

图 1-1 益森科技结构

益森科技作为预拌砂浆行业领军企业之一，创立了全国首家省级预拌砂浆研究中心、浙江省通用砂浆研究院和全国预拌砂浆机械化施工培训基地，成为行业培养优秀科技人才、开展高层次学术交流的重要基地和制定国家、行业、地方标准的单位之一，承担着预拌砂浆产业新工艺、新技术、新装备的研究和开发重任，已申请专利 75 个，完成浙江省科技项目 24 项，主编和参编国家、行业和地方标准 10 项，助推了预拌砂浆产业的高质量、高速度、高效益发展。

（二）公司荣誉

益森科技被评为绍兴市 2017 年度"隐形冠军企业"、浙江省砂浆行业首家"浙江省绿色企业""浙江省创新型示范企业""浙江省专利示范企业"、浙江省"专、精、新、特"中小微示范企业、"浙江制造"首批培育企业、中国预拌砂浆行业"优秀生产企业""最具推动力企业""最具影响力品牌企业""最佳创新团队企业""最佳研发团队企业""标准编制贡献奖企业"、全国建材行业首批"三星级绿色标志产品企业"、2015—2016 年度建材行业管理体系认证优秀企业、2017 年度"中国建材最具成长性企业 100 强"、2014—2018 年度中国预拌砂浆行业"五年成就奖企业"等。

（三）经营发展分析

益森科技自成立以来，砂浆销售量逐年增长，近六年销量平均增长率超过 30 %（图 1-2）。但近年来，随着建筑用地的面积逐渐减少，房产面积增速减缓，行业开始遇冷，砂浆的需求开始减少。在这种情况下，益森科技仍保持着高于行业的销售量增长率，2018 年普通砂浆的销售量达到了五年前的 7.5 倍（图 1-3）。

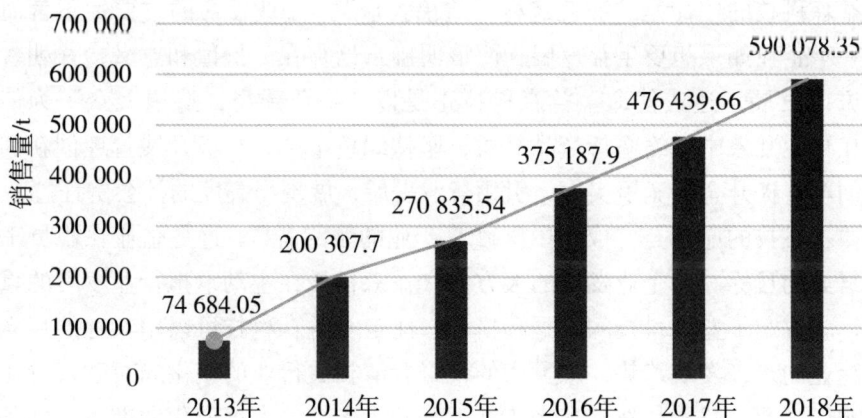

图 1-2 2013—2018 年益森科技砂浆年销售量

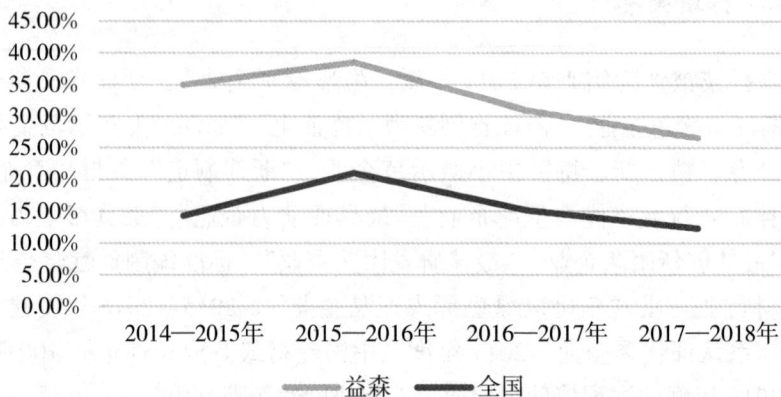

图 1-3　普通砂浆销售量增长率对比情况

（四）企业文化

文化是企业的灵魂，了解一个企业的文化需要先了解它的使命、愿景以及核心价值观这三个要素。使命强调要办什么样的企业，愿景强调要办成什么样的企业，核心价值观则强调怎样办企业。一个企业只有明确了自己的使命、愿景及核心价值观后，才能够健康、持续地发展。

益森科技的使命是"绿色建材，造福大众"。企业使命的重要性不言而喻。一个企业如果想要生存发展，应该明确自己存在的价值和意义，并朝着这个方向发展，达成使命。益森科技正是以"绿色建材，造福大众"为使命，在行业乱象中始终坚持产品品质，坚持绿色生产，积极开展管理创新和科技创新，提升企业竞争实力，引领行业发展，展现出高度的社会责任感。

益森科技的愿景是"成为中国砂浆产业的领跑者"。这是企业在职员工共同努力的目标，是企业发展的大方向。益森科技在主动承担行业发展的重任时，就注定了益森科技的视野和格局，注定了益森科技可以用长远的目光展望行业的未来发展趋势，用宽广的视野看清相关行业的变化局对砂浆行业的影响。因此，益森科技早在多年前就开始为未来的发展变化做准备，准备迎接新的变革和挑战。专注实践求真，紧跟市场需求，坚持科技第一，不断创新发展，这些做法使益森科技能够从容地应对风险和变化。

益森科技的核心价值观是"专注执着，精益求精"。企业的核心价值观为企业的生存和发展确立了精神支柱，益森科技在发展的过程中始终秉持着精益求精的精神，坚持精益生产、精益研发、精益服务、精益配送，希望成为一家负责任、受尊重、有价值的企业。

（五）发展历程

2009年9月，益森科技成立，主要业务为普通砂浆的生产销售。

2013年4月，益森科技成立浙江省预拌砂浆技术研究中心，确定科技创新驱动的发展基调。

2014年10月，益森科技被认定为国家级高新技术企业，获得这一含金量的荣誉，说明益森科技的创新能力得到认可，在持续研究开发与技术成果转化后，形成了企业核心自主知识产权。

2015年4月，益森科技挂牌新三板，正式迈入资本市场，成为全国砂浆行业第一家"新三板"挂牌上市的企业。

2015年10月，成立了杭州益森实业有限公司，2016年5月，成立了宁波益森新型建材有限公司，益森科技扩大了产业规模，拓展了业务市场。

2018年6月，新增石膏砂浆产品，其因具备保温、防火、吸音、呼吸等功能，并可根据需求进行定制，成了益森科技新的销售增长点。

2019年至今，益森科技加快石膏砂浆的推广应用，推动装配式建筑、机械化施工、海绵城市建设发展，形成全方位、多层次的产品结构，进入全新发展阶段。

随着建筑行业的飞速发展及新技术的大量使用，传统的建筑材料和工艺制约了散装水泥和墙体材料的革新，阻碍了施工工艺的升级步伐，这表明传统的建筑材料和工艺已不能满足建筑节能的需求。用预拌砂浆替代传统砂浆，表面上看起来只是生产方式的转变，实质上是砂浆的设计、生产、质量、物流体系、施工技术和应用范围的重大突破，是施工现代化和国家文明程度的重要标志之一，是建筑领域和建材工业贯彻节约资源和保护环境的重要手段，为提升建筑品质、降低成本、提高效率、减少环境污染、综合利用资源实现绿色居所提供了重要保证。用预拌砂浆替代传统砂浆是从观念到技术的新的革命。

2019年是益森科技创立的第10个年头。回顾益森科技的发展历程，不仅是伴随益森科技成长的祝张法总经理，还包括团队的所有成员，都为一个传统企业有这样大的变化和这样快的发展而惊叹和感慨。企业的发展如逆水行舟，不进则退，而益森科技早已做好了激流勇进的准备，以崭新的姿态迎接时代和行业的挑战。

三、基于客户需求的订单化管理流程

（一）传统建材行业的发展新要求

随着科技的日新月异以及经济的飞速发展，各行各业都在进行创新和改革，建筑行业也不例外，预拌砂浆产业发生着质的变化。伴随着相关产业的升级，大量生产的弊端逐渐显现，新的形势对企业也有了新的要求。

1. 严把企业产品质量关

市场接受与否关键在于能否保证企业产品的质量。政府相关部门将积极提供平台，通过企业负责人、试验室主任交流会议，对产品性能指标检测、现场施工比对等方式要求企业之间相互取长补短，提高产品质量，解决共性问题。

2. 原材料替代品开发

原材料的供需紧张和价格高涨问题迫切需要企业寻找替代品与开发废弃资源，解决原料供应紧张与生产成本高的行业共性问题。

3. 加快标准、体系的建立和执行机制的完善

技术的迅速迭代使相关的标准制度不能及时制定。制度和标准的制定和发布虽说是由国家相关部门最终发布，但是企业也应该积极承担起责任，协助标准和制度的制定与实行。只有投资建设、产品生产和应用有了对照的标准，才能使行业走上正轨，形成良性循环和竞争。

4. 督促企业售后服务

质量与服务并存是企业立足市场的根本，只有加强售后服务，无缝对接出厂成品与施工要求，不因设备损耗影响施工效率，才能让施工单位真正做到无借口、无忧虑。

（二）益森科技对订单化管理模型的实践

为了适应新的市场形势，益森科技大部分的业务以专业定制为主，根据不同情况生产出非标产品，满足多样化需求。益森科技不断改革创新，在于

客户需求的基础上，形成了一套属于自己的订单化管理流程。具体流程分为以下 7 个步骤。

第一步，客户与益森科技的技术人员详细交流砂浆等产品的使用环境、使用预期之后，技术人员根据益森科技的生产能力决定是否与客户签订合同。

第二步，在签订合同之后，技术人员前往施工场地进行实地考察，综合考虑实际施工场地的情况，搜集相关数据，之后根据整合的数据设计相关产品的原料配比，并将预期产品的特性告知客户。

第三步，益森科技的技术人员与工地的施工人员详细交涉注意事项，如设备安装问题、建筑房屋的通风和日晒情况、施工期的温度天气等。

第四步，益森科技的研发人员根据搜集来的资料，通过之前实验的数据对比，调整原材料在产品中的配比，制定适合客户使用的配方，并生产出部分样品用于检验效果。

第五步，益森科技将实验室中的配方样品用于实际，测试各项指标是否达到使用标准，若达到标准，则按照客户要求用量生产产品。

第六步，益森科技将生产出来的砂浆产品通过专门的运送车辆准时运输到使用的工地。

第七步，工地施工前益森科技会派专门的工程师指导施工，施工结束后提供周到的售后服务，具体包括各墙体的数据检测、保温等问题监测，以及后续出现的售后问题。

1. 益森科技的创新模式

益森科技的研发以实践为基础，以解决平时市场上遇到的问题为主要方向，同时为了满足客户对产品日趋多样的需求，集成技术创新、协同仿真、质量为先，以精益为目标，加大研发投入。当然，要完成多样化研发的标准离不开第三方的支持，为此，益森科技先后成立了浙江省预拌砂浆技术研究中心和浙江省通用砂浆研究院这两个专门从事技术研发的非营利子公司支持研发。浙江省预拌砂浆技术研究中心是益森科技的全资子公司，为益森科技内部提供预拌砂浆新技术的支持；浙江省通用砂浆研究院设立在绍兴职业技术学院，由益森科技控股 35 %，剩余由绍兴市政府散装水泥办公室出资，研究成果用于整个行业的技术创新。

同时，益森科技实施创新发展战略，充分利用浙江省预拌砂浆技术研究中心这一平台，扩展行业的技术培训，增加行业间的学术交流，发展预拌砂浆产业联合体，建立和完善砂浆生产和应用体系，提供技术服务，引导和扶持专业施工队伍，推动砂浆机械化施工，努力将自主研发的科技成果转化为集装备、技术、服务、贸易于一体的新兴产业，将自身的科技成果有效转化，尽快实现"浙江制造"的目标，并从生产粗放型企业逐步向以技术服务为主的科技型企业转变。

益森科技与当地政府、高校共同致力研发，积极开展"研、产、用、测、学"联合发展模式，依靠益森科技已有的技术特长，为客户研发更好的产品，创造更多的价值（图1-4）。"研"指研究院，为砂浆产品研发更优质的材料，所研发的技术、成果用于实际的生产；"产"指产业，将研究成果实体化，生产出预期产品；"用"指使用，将生产出来的产品用于实际；"测"指测试，对用于实际的产品进行测试，并对产品进行评估；"学"指学校，将评估的结果整理、筛选，用于研究院进一步的研发。"研、产、用、测、学"的各个阶段发挥各自优势，形成强大的研究、开发、生产一体化的先进系统并在运行过程中体现出益森科技的综合优势。

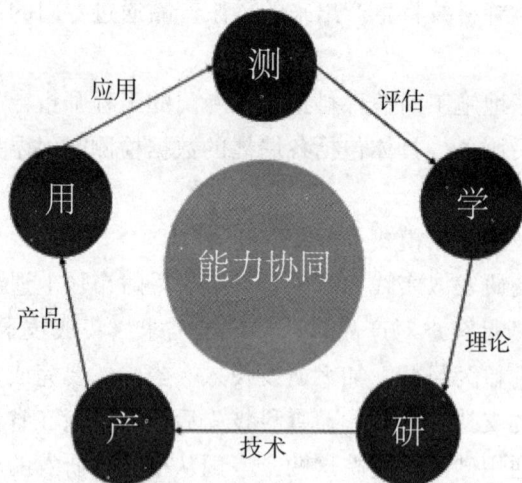

图1-4 益森科技"五位一体"联合发展模式

2015年，益森科技挂牌"新三板"，成为全国预拌砂浆行业上市第一股，标志着益森科技率先在行业领域进入资本市场，创新发展模式，创造更大的发展空间和更强的发展动力，创造更多的成长机遇，成为全国砂浆行业的成功典范和行业发展的领跑者。在此之后，益森科技的研发专利数量逐年上升，在刚刚迈入"新三板"的第二年，获得授权的专利数量就达到了 26 项，刷新了企业自成立以来获授权专利数量的记录（图 1-5）。

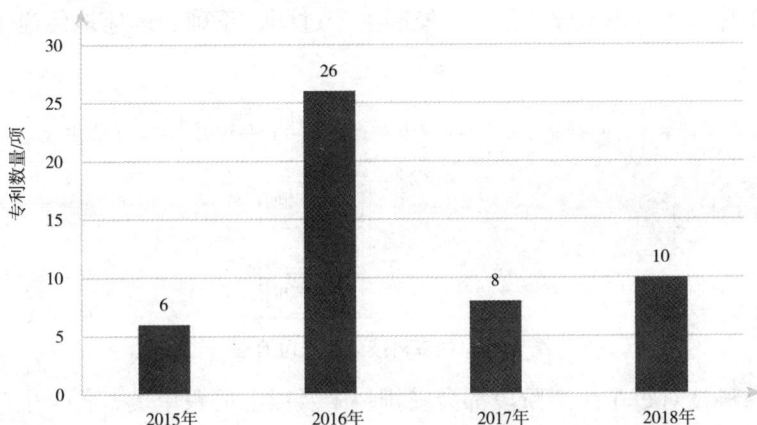

图 1-5　益森科技 2015—2018 年获得授权的专利数量

2. 益森科技的生产方式

与大规模生产方式产生一定量的次品相比，以客户为主导、"非标"的生产方式在建材行业尤其是像益森科技这样的建筑原料生产企业有着独特的优势，制造的时候人力成本大幅度减少，由计算机高效地控制生产的各个方面，灵活地调配生产资源。益森科技以用户需求为审查目标，实现平衡，强调无库存，生产的每一个步骤环环相扣，一道工序完成之后直接由计算机控制进入下一道工序。可以说，在深入了解客户的需求之后，益森科技在生产砂浆时不仅不牺牲生产的连续性，还减少了库存，避免了资源不必要的浪费。由于益森科技对客户的需求是实时掌握的，所以如果市场变化也能快速反应把握机会。

计算机系统对生产过程的实时记录大大减少了随工单数量，保证了信息传递的准确性。车间管理人员通过计算机系统将物料或半成品安排到指定设备进行作业，并在作业中提供指导，提示工作人员作业步骤。计算机系统的数据收集功能能够实时收集现场的质量、物料信息，并自动记录作业人员与作业时间等信息。生产作业中的异常情况也能在计算机系统中实时记录，以保证日后的统计分析。益森科技的计算机系统还会自动记录客户的需求信息，当客户再次需要同样的产品时，系统会快速调出相关产品的原料配比信息，快速为客户生产，减少客户的等待时间。

为了应对需求变化，提高经营效益，益森科技只在客户下达订单时，才会生产和搬运与订单数量相匹配的原料进行生产，实现最佳的生产效益，通过"后工序领取（拉动式生产）"控制生产过剩，正确、迅速地传递生产信息（图 1-6）。

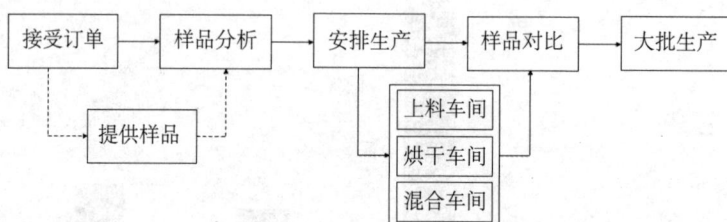

图 1-6 益森科技订单交付流程

益森科技对每个生产阶段都会安排一个及以上的跟单员，各个生产阶段的生产进度是不一样的，每个阶段的跟单员缺乏有效的沟通，所以需要通过看板系统协调各个生产阶段的进度，同时根据每个生产阶段的生产能力进行工作量的调整。针对上述情况，用设计工序内看板、工序间看板以及临时看板建立起益森科技的看板管理系统，使管理者能够系统地了解各个环节的生产情况，及时地调整生产计划，面对突发情况可以快速采用应急措施以控制整个生产过程（图 1-7）。

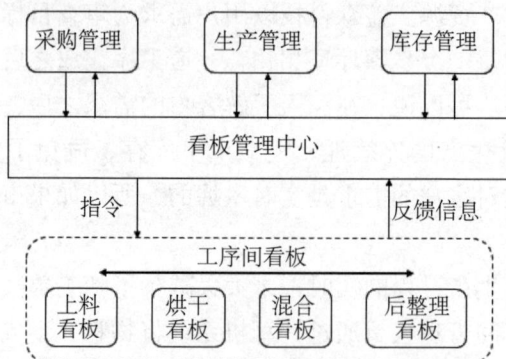

图 1-7 益森科技看板管理系统

益森科技的生产线由六大系统组成：上料系统、烘干系统、提升及粗选筛分系统、原料储存系统、计量系统、混合成品系统。生产线为阶梯式结构设计，密闭型物料输送、分级筛选多库储存搭配、负压式生产运行，双重计量自动报警与快速查询功能配置，模块化设计集中央控制，生产线自动化、智能化高度融合。

同时，益森科技在努力创造绿色的作业环境。益森科技的生产线整体用钢结构全封闭标准厂房设计建设，作业环境具有较好的隔音、吸音、防尘等功能。绿色环保、清洁生产，这样的绿色生产线在建材行业中也是少有的，具有行业示范性，因此益森科技的生产线被评为全省预拌砂浆示范生产线。

3. 益森科技的物流配送

益森科技会实时跟进客户对产品的要求，明确客户的最新需求，在砂浆产品生产出来之后，会将产品运送到客户指定的地址。在完成指定产品生产之前，益森科技通过终端电脑调配，让专业的运输车在产品出库口"待命"，等产品生产出来后直接完成装车，实现了生产运输的无缝衔接。

益森科技通过多次实践，研发出了散装移动筒仓，这样的筒仓可以做到三防：防离析、防磨穿、防堵料。散装移动筒仓融合了多种专利技术成果，打破了一般砂浆罐需要有限量保存5吨的做法，可以做到最低储存1吨以下，提高了工地搅拌的效率。散装移动筒仓已经大量投放市场，系列产品全部采用无尘化作业，经久耐磨，操作方便，选择灵活。

在调度送料的过程中，益森科技拥有实时监测系统，每只罐和每辆车都配置GPS定位系统，物流信息能实时采集、全程共享、精准协同，实现物流各环节、各工序无缝对接和高效运作。计算机系统根据客户的需求准确感知物流状态，精确分配物流任务，精准控制物流作业。计算机远程监控实现信息化的网络管理，使砂浆生产、销售与运输存储有机结合，科学合理调度，确保供货的及时性和可靠性，全方位满足建设工程的服务需求，无须企业二次订购原料，益森科技会在最合适的时间补充原料，做到无产成品库存。

益森科技的每辆预拌砂浆储料罐均配置了称重计量显示器，改变了以往散装水泥在使用过程中入库数量难以掌控的弊端，具有连续显示和实时记录的功能。这样不仅方便接受客户的监督，还为计算机后台处理调度提供了数据。运输车上还装有车载除尘器——专门用于解决干混砂浆等粉粒状物料向散装移动筒仓送吹料时产生粉尘污染的一种新型环保装置，解决了运输车在吹灰作业时的二次扬尘问题，提升了客户对物流的体验感。

4. 益森科技的服务体系

益森科技以客户需求为导向、以情感交流为纽带，构建自身的服务体系，将客户真正的需求作为企业生产的关注点和落脚点，与客户维持良好的关系。在生产特定砂浆之前，益森科技会事先了解施工地的详细情况，注意细节，搜集相关的资料，力求生产出符合客户要求的"针对性"产品。在砂浆产品使用之前，与施工地的施工人员进行售后简短的交流，使施工人员完全了解使用时的注意事项。不同的楼层和墙体、不同工人的施工速度以及不同的季节、温度、风力等都会对建材产品产生不同的要求。益森科技拥有自己的预拌砂浆技术研究中心，对配方的研发非常迅速，短则 2 ~ 3 天、长则 5 ~ 6 天便可以调试完成，投入使用，提升客户对产品的满意度。

四、精益管理思想下的益森科技成功揭秘

（一）精益管理内涵及要求

精益管理源自精益生产（lean production）源自丰田生产方式的一种管理哲学。它能够通过提高客户满意度、降低成本、提高质量、加快流程速度和改善资本投入使股东价值实现最大化。

精益管理的目标可以概括为企业在为客户提供满意的产品与服务的同时，把浪费降到最低程度。企业生产活动中的浪费现象很多，常见的有以下几种：错误——提供有缺陷的产品或不满意的服务；积压——因无需求造成的积压和多余的库存；过度加工——实际上不需要的加工和程序；多余搬运——不必要的产品移动；等候——因生产活动的上游不能按时交货或提供服务等候；多余的运动——人员在工作中不必要的操作；提供不需要的服务和产品。努力消除这些浪费现象是精益管理的重要内容。

精益管理的思想要求企业做到以下几点（图 1-8）：

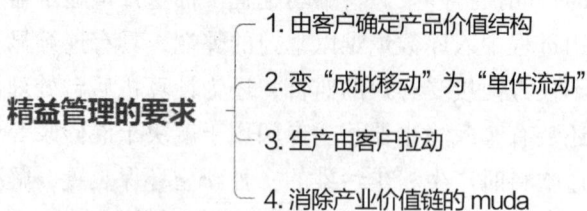

精益管理的要求
- 1. 由客户确定产品价值结构
- 2. 变"成批移动"为"单件流动"
- 3. 生产由客户拉动
- 4. 消除产业价值链的 muda

图 1-8　精益管理的要求

1. 由客户确定产品价值结构

企业竞争的焦点是如何利用工业社会的规模优势和信息社会的信息低成本优势满足客户个性化的需求。这时，产品的价值结构由客户确定。精益管

理的出发点是产品价值结构，而价值结构只由具有特定价格、能在特定时间内满足客户需求的特定产品（商品或服务，或既是商品又是服务的产品）表达时才有意义。

2. 变"成批移动"为"单件流动"

成批移动指在制品成批地在各工作地加工，并按工艺流程成批地经过各工作地移动。在成批生产条件下，生产具有重复性，产品品种较少，每种产品的产量较大，形成多品种周期性的轮番生产的特点。

事实上，如果产品按从原材料到成品的过程连续生产，即单件流动，那么工作能更好、更有效地完成。在单件流动中，因为在每个工段中各工序衔接在一起，前一个工序做完一个在制品，立即"流"到下一工序继续加工，工序间几乎没有搬运距离，也没有在制品，因此在制品数量可以大幅度降低，生产空间也跟着缩小了。更重要的是，生产周期大幅度缩短，更能满足市场多变的需求。由于不必为每台设备单独设置入口存放处和出口存放处，场地也节省了许多。

3. 生产由客户拉动

采用拉动式系统可以真正实现按需生产。一旦有客户需要的时候能设计、安排生产和制造出客户真正需要的产品的能力，就意味着企业可以抛开销售预测，直接按客户的实际要求生产。也就是说，企业可以让客户按需求拉动产品生产，而不是把客户常常不想要的产品硬推给客户。当客户需求叫以及时得到满足时，客户的需求就变得稳定多了。

4. 消除产业价值链的 muda（浪费）

在分析每个产品（或产品系列）的产业价值链时通常会暴露大量的、错综复杂的 muda。产业价值链中的 muda 和企业中的 muda 一样，可以分为两类：有很多活动虽然不创造价值，但是在现有技术与生产条件下是不可避免的，为一型 muda；有很多不创造价值并且可以立即去掉的步骤，为二型 muda。

精益管理必须超出单个企业的范畴，去查看生产一个特定产品所必需的全部产业活动。这些活动包括从概念构思经过细节设计到实际可用的产品，从开始销售经过接收订单、计划生产到送货，以及从远方生产的原材料到将产品交到客户手中的全部活动。形成精益企业确实需要用新的方法去思考企业与企业间的关系，需要一些简单原则规范企业间的行为，以及改善产业价值链的所有环节。

综上所述，虽然精益管理诞生于国际汽车计划组织（IMVP），但在《改变世界的机器》一书中也曾言明：精益生产方式的原理可以应用于全球每一种工业。或许行业存在个体差异，但是都要求企业从上述四个方面做到精益求精。产能过剩是大批量生产的必然现象，而精益管理下的产品只会供不应求。

（二）精益管理思想下的益森科技实践

1. 由客户确定产品价值结构

在大众的眼中，建材行业尤其是水泥砂浆都是非常粗放低端的，水和砂运到工地上之后，工人根据实践经验确定比例，但如果提出"为什么砂不能多点"的疑问，多半答案都是"多了就不行"，无法具体解释原理。

可正如上文所言，随着科技的日新月异以及经济的飞速发展，各行各业都在进行创新和改革，市场也对砂浆行业提出了新的要求。益森科技成立了浙江省预拌砂浆技术研究中心（以下简称"砂研中心"）和浙江省通用砂浆研究院（以下简称"通研院"），正是对"由客户确定产品价值结构"理念的实践。

其中，"砂研中心"专注于预拌砂浆的研发和服务，根据实际生产和交易中益森科技遇到的各种技术问题进行研究，提供解决方案。例如，在四面通风的高层施工中，需要解决砂浆过快凝固的问题；在完全封闭的地下，需要解决室内砂浆速干的问题。面对不同的情况，益森科技在"砂研中心"的支持下可以高效研发出具有特定价格、能在特定时间内满足客户需求的特定产品。"通研院"作为三方控股的子公司，主要从事新材料的研发。两家科研企业双管齐下，益森科技能够保证完成客户确定的价值结构，做到有效研发、价值精准。

2. 变"成批移动"为"单件流动"

益森科技的砂浆产量虽然能达到平均 17 360 吨 / 月，但实际上也是"单件流动"。砂浆在投入生产前，要先通过"砂研中心"进行研发测试，直到产品各项均达标之后，才会根据确定的配方投产。因为益森科技的生产过程已经实现全自动化，通过厂外的几台电脑控制全部生产流程，车间内没有人工操作。益森科技的订单化管理能够做到零产成品库存。生产过程全部在监控之下，"单件流动"的生产方式也使人能第一时间确定是由于哪一台机器出现问题，产生了不良品。

在这种情况下，对于产销量都极大的传统建材企业来说，可以节省很大一部分库存成本和场地成本；对于目前竞争非常激烈的成熟期市场来说，降低成本意味着价格优势，能为产品的销售提高竞争力。

3. 生产由客户拉动

"生产由客户拉动"要求物流和信息流是结合在一起的，整个过程相当于从后（后工序）向前（前工序）拉动。益森科技的订单化管理可谓是对"生产由客户拉动"非常成功的实践。在与客户签订合同后，益森科技先派遣技术人员前往施工场地进行实地考察，进行设备基础图的设计以及施工要求的沟通，然后根据不同的情况研发不同的配方，一栋高楼的建设甚至能形成上千种不同的配方。

与前文的"单件流动"类似，在建材行业中，"生产由客户拉动"除意味着企业可以抛开销售预测，直接按客户的实际要求生产，对价格的竞争力助力斐然外，还能够提供精益求精、绝对满足客户需求的服务，以及绝对的产品质量保证。

4. 消除产业价值链的 muda

在最后一点中，必定要涉及物流和供应链的管理问题。益森科技为了保证自身产品的"精益"，逐步成立了六个子公司，专业从事水泥—石膏基系列砂浆产品的研发、生产、销售、装备制造和技术服务，形成预拌砂浆行业较为完整的全产业链实体企业。除了原材料的供给外，益森科技从产品的研发、生产到销售、再到售后服务全部由自身独立完成。

在全产业链的管理下，二型 muda 的消除便相对简单。常见的 6 种二型 muda 有库存的 muda、过量加工余量的 muda、流通中的 muda、等待的 muda、返工的 muda、走动的 muda（图 1-9），益森科技基本能够通过"由客户确定产品价值结构""单件流动""生产由客户拉动"消除 muda，使效率大大提高。

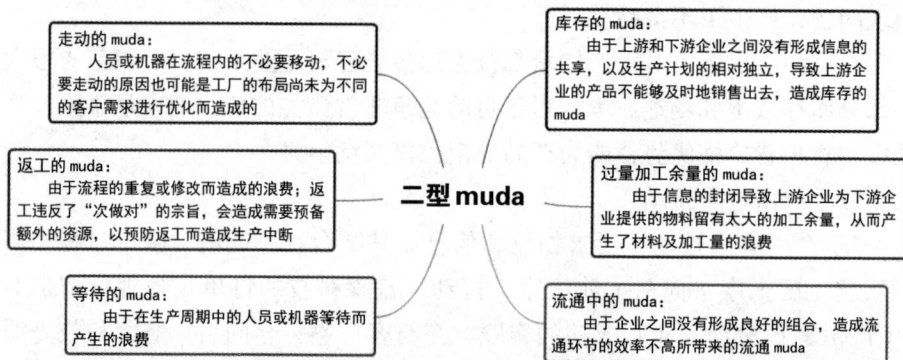

走动的 muda：
　　人员或机器在流程内的不必要移动，不必要走动的原因也可能是工厂的布局尚未为不同的客户需求进行优化而造成的

返工的 muda：
　　由于流程的重复或修改而造成的浪费；返工违反了"次做对"的宗旨，会造成需要预备额外的资源，以预防返工而造成生产中断

等待的 muda：
　　由于在生产周期中的人员或机器等待而产生的浪费

库存的 muda：
　　由于上游和下游企业之间没有形成信息的共享，以及生产计划的相对独立，导致上游企业的产品不能够及时地销售出去，造成库存的 muda

过量加工余量的 muda：
　　由于信息的封闭导致上游企业为下游企业提供的物料留有太大的加工余量，从而产生了材料及加工量的浪费

流通中的 muda：
　　由于企业之间没有形成良好的组合，造成流通环节的效率不高所带来的流通 muda

二型 muda

图 1-9　常见的二型 muda

此外，益森科技对整个订单全过程的精益管理包括生产实时监测以及物流和砂浆罐的 GPS 定位，实现物流信息实时采集、全程共享、精准协同，实现物流各环节、各工序无缝对接和高效运作。可以说，消除二型 muda 是精益管理中至关重要的环节，它贯穿整个精益管理的全过程和所有要求。因此，益森科技从产品的精益求精出发，不断找到各类二型 muda 并且进行消除，才能真正将精益管理因地制宜地付诸实际运用。

五、案例分析引发的行业思考

（一）行业现状及问题

我国建筑砂浆完整经历了石灰砂浆、水泥砂浆、混合砂浆到干拌砂浆的发展历程。2008 年 8 月 29 日正式颁布的《中华人民共和国循环经济促进法》第二十三条中明确规定了"鼓励使用散装水泥，推广使用预拌混凝土和预拌砂浆"，为预拌砂浆的发展提供了有力的法律依据和行政执法保证；德国 maxit 集团、汉高公司、法国圣哥班等公司给中国带来先进的技术和设备的同时，也带来了国际先进的管理经验。这些都对促进我国预拌砂浆行业的发展起着重要的推动作用。国家体育场（鸟巢）和国家游泳中心（水立方）这些著名建筑都采用了预拌砂浆作为主要材料，预拌砂浆市场正在日益扩大。

但是，在我国预拌砂浆行业的发展取得一定成果的同时，发展进程中的问题也日益凸显。这些问题体现在以下几方面：我国预拌砂浆发展仅靠市场推动难度比较大，目前主要靠政策强制推动；预拌砂浆行业门槛较低，监管力度差，进出相对较易，物流设施投资成本大，因此我国大多数预拌砂浆生产企业为了谋得更高的经营利润而采取比较简陋的生产设备，没有经过严格的计量，其生产出来的产品质量很难得到保证，出现了"楼脆脆""楼裂裂"的现象，这也是导致中国建筑寿命短的原因之一；生产砂浆产品的相关原材料价格不断上涨，国家禁止开采砂浆原材料，预拌砂浆在生产使用时遇到较大的阻力。

（二）益森科技案例对行业发展的启迪

行业的发展离不开各企业的努力，企业不仅应该及时抓住发展的契机，还应该主动承担起解决行业中日益凸显的问题的责任。通过对益森科技如何运用精益管理思想应对行业出现的问题的分析，进一步探讨作为预拌砂浆企业如何促进自身发展。本文在益森科技案例的启示下对其他的企业提出如下建议。

1. 革新观念，树立精益意识

精益管理源自精益生产，精益生产又称为准时制生产、零库存生产，其基本思想可以概括为 just in time（JIT），即只在需要的时间，按照需要的量，生产所需要的产品。部分企业为了降低生产成本采用简陋装备，而不考虑生产出来的砂浆产品是否符合标准；也有部分企业追求大规模生产，引进国外先进技术装备，片面追求高自动化和高生产效率，而不考虑整个生产过程和需求的均衡性。

益森科技正是以客户需求为审查目标，实现平衡，强调无库存，不仅不牺牲生产的连续性，还减少了库存，避免了不必要的资源浪费；事先了解施工地的详细情况，注意细节，搜集相关资料，力求生产出符合客户要求的"针对性"产品，做到了精益生产。只有拒绝经验主义，革新观念，树立精益意识，按时、按量、按质生产，企业才能提高资金、资源的利用率，增强自身竞争力。

2. 加强对精益思维的学习和研究

要重视对企业文化的建设，因为文化影响人们的交往行为和交往方式，影响人们的认识活动、实践活动和思维方式。精益管理文化贯穿于企业的各个层级，要加强组织建设，确保精益文化理念落到实处。同时，要关注人才培养工作，要努力开展好岗位培训，不断提升企业各部门员工的专项技能，为员工规划出清晰的职业规划愿景，不断激发队伍活力。

在建筑行业发生质的发展的同时，随之涌现的弊端给现代砂浆行业提出了新的要求，要形成精益企业文化就需要用新的方法去思考企业与企业间的关系。益森科技成立浙江省预拌砂浆技术研究中心和浙江省通用砂浆研究院，以实践为基础，以精益为目标，扩展行业的技术培训，增加行业间的学术交流，同时与当地政府、高校共同致力研发，积极开展"研、产、用、测、学"联合发展模式等，这些都是加强精益思维的学习和研究的有效途径。"我们有 5 000 年的历史，却少有 50 年的建筑。"加强学习和研究精益思想迫在眉睫，要以"精益"为中心，开展精益服务、精益营销、精益管理等，认识到实施精益生产方式的必要性，引导企业员工向企业的目标方向不断地努力。

3. 做到精益思想的"精"

"精"指少投入、少消耗资源、少花时间，尤其减少不可再生资源的投入和耗费。"精益思维"的核心是以最少资源投入，包括人力、设备、资金、材料、时间和空间等，准时地创造出尽可能多的价值，为客户提供新产品和及时的服务。

做到益森科技那样精于生产的绿色化，专业培养各种人才、专业解决各种短板、专业研究生产技术等在各方面达到专业化。由计算机高效地控制生产的各个方面，灵活地调配生产资源，生产过程实现全自动化，可大大减少对时间和劳动力的投入；不断改革创新，在基于客户需求的基础上，形成一套属于自己的订单化管理流程，使产品变"成批移动"为"单件流动"；"生产由客户拉动"，再根据自身的生产能力决定是否与客户签订合同，提供精益求精、绝对满足客户需求的服务，以及绝对的产品质量保证，力争做到"精生产""精服务""精管理"。

4. 追求精益思想的"益"

"益"指多产出经济效益，实现企业升级的目标，更加精益求精。结合企业现状采用合适的精益管理办法，灵活运用精益模式。完善生产运营与生产现场管理：加强生产运营管理、注重生产现场管理、设立精益管理部门。

益森科技以行业健康发展为己任，在发展过程中扩展行业的技术培训，增加行业间的学术交流，提供技术服务，引导和扶持专业施工队伍，主动承担起带动同行业其他企业发展的责任，以期达到促进整个行业经济发展的效果；为适应新市场，益森科技加大对科研的投入，不断寻求新的发展模式，建设更高水准的科技型企业，研发新设备，创造新产品，提供新服务，发挥新优势，开拓新市场，以使企业实现升级，在同行众多企业中脱颖而出。

参考文献

[1] 赵正香.创新是散装水泥发展的不竭源泉：浙江散装水泥工作调研纪实[J].散装水泥，2018（3）：49-51.

[2] 王喜勤.发展预拌商品砂浆的重要性及现状[J].甘肃科技，2010（8）：133-134，125.

[3] 闫秋.邳州市预拌砂浆行业现状和发展趋势分析[J].中外企业家，2019（19）：109.

[4] 章文松.预拌砂浆在建筑中的应用现状及发展[J].民营科技，2014（2）：165.

[5] 崔建法.浅谈常州市预拌砂浆行业发展现状及思考[J].散装水泥，2015（5）：26-29.

[6] 唐岱新.墙体建筑的发展和应用[M].哈尔滨：哈尔滨工业大学出版社，2001.

[7] 郭延辉，赵霄龙.墙体保温材料及应用技术[M]北京：中国电力出版社，2006.

[8] 张艳峰.预拌砂浆在建筑施工中的应用及发展研究[J].四川水泥，2019（5）：300.

[9] 黄小湲，方斯琛.浙江水泥行业的绿色转型分析和展望[J].时代金融，2017（10）：34，36.

[10] 沈春林.商品砂浆[M].北京：中国标准出版社，2007.

[11] 杨春，殷海瑞.浅析抹灰石膏在住宅工程中的应用前景[J].施工技术，2017（2）：1437-1439.

[12] 梁波，李乖琼.科学发展观对企业创新发展的引领作用分析[J].中共福建省委党校学报，2016（9）：98-103.

[13] 王椿阳，朱永新.践行科学发展观，建设企业良好社会形象[J].大庆社会科学，2010（1）：86-89.

[14] 杨晶.建筑设计中的细节问题分析 [J].江西建材，2015（22）：63，65.

[15] 李少和.在市场经济竞争中树立企业良好形象 [J].计划与市场，1997（4）：37-38.

[16] 唐悦隆.浅谈企业品牌形象的塑造 [J].市场周刊（理论研究），2015（2）：60-61.

[17] 樊纲.比较优势也是竞争力 [J].企业天地，2003（3）：35.

[18] 赖卫东.企业兼并风险防范 [J].闽西职业技术学院学报，2010（3）：49-52.

思考题

1. 在粗放式运行管理方式盛行的传统建材行业，案例研究企业益森科技推行订单化管理并取得了巨大的成功，这对你有何启发？

2. 结合案例内容，思考传统制造型企业要成功实施精益生产管理的关键因素有哪些？

案例编写：黄燕语（工商 171） 林梦爽（工商 171） 邹䶮（国贸 172） 姚明健（会计 172） 黄秋玲（国贸 172）

指导老师：严家明

案例2

山区小厂，产品走世界：万事达的全过程质量管控

——以浙江万事达汽车用品有限公司为例

摘要：汽车内部装饰用品是每一辆汽车都必不可少的东西，主要包括汽车座套、汽车坐垫、汽车脚垫、汽车方向盘套、汽车挂件、内部摆件、收纳箱等。随着经济的发展、人们收入水平的提高，有车一族对汽车内部装饰用品的质量有了更高的要求。

浙江万事达汽车用品有限公司是一家集科、工、贸于一体的主要生产汽车座套、坐垫、靠枕等汽车装饰用品的制造公司，公司秉承"质量是最佳的推销员，崇尚客户至上"的原则，狠抓产品质量，把质量管控落实到每一个细节。

本团队主要针对浙江万事达汽车用品有限公司进行考察与实地调研，运用多种分析方法剖析浙江万事达汽车用品有限公司对质量的严格控制，了解浙江万事达汽车用品有限公司质量管控的具体内容。具体来说，探究在中国汽车装饰用品行业面临新的需求挑战的环境下，浙江万事达汽车用品有限公司在不大量使用智能化机器设备的情况下，如何利用全过程质量管控保证产品持续高质量产出，坚持"安全、舒适、环保"的定位不动摇，确保万事达成功走向世界，同时探讨了浙江万事达汽车用品有限公司自身的不足与应做的改进。目前，中国汽车装饰用品制造行业正处于生产和发展的有利时机，浙江万事达汽车用品有限公司在全过程质量管控方面已经取得了一定的成绩，通过本文的研究希望给相关企业带来一定的启示。

关键词：全过程质量管控；质量；汽车内饰；安全；舒适；环保

一、引言

（一）研究背景

根据中国产业信息网数据显示，从 2012 年到 2018 年，我国汽车保有量不断增加，截至 2018 年底，汽车保有量达到 2.4 亿台，年复合增长率为14.47%。伴随汽车保有量的增加，汽车后市场将保持井喷式增长。汽车内饰产品市场作为汽车后市场重要组成部分，在近年更是呈现出较强的发展态势。

本案例选取的研究对象——浙江万事达汽车用品有限公司（以下简称"万事达"）是以汽车坐垫为核心产品的中小型车饰品企业，它一直将"安全""舒适"和"环保"作为品牌理念。该公司每日成品出货量达 20 万件，其中坐垫出货量达 18 万件。万事达一直奉行"质量是最好的推销员"，狠抓产品质量，把质量管理落实到每一个细节。对于质量的高度重视使它从家庭工作坊发展成为一个现代化生产企业，并且能迅速适应客户日益多元的需求，保持活力。

（二）研究的目的及意义

制造业是一个国家经济实力的主体和关键要素。国家统计局数据显示，2019 年第一季度，全国规模以上工业增加值同比增长 6.5%。其中，制造业统计数据抢眼，第一季度规模以上制造业增速达 7.2%，同比提高 0.2 个百分点，3 月份制造业增长明显。在"高质量＋高技术"的制造业革新背景下，汽车内饰龙头企业有足够的实力引入高新技术，可以采用大数据进行客户需求分析，实现生产车间全程智能化，但是中小型企业不具备这样的实力。那么，它们如何才能在激烈的竞争中存活下来呢？

万事达有 200 余名员工，员工年龄结构集中分布在 40 ～ 50 岁，学历多为小学、初中毕业，设备并未实现智能化，但是万事达却从众多同行中脱颖而出，为欧美经典坐垫品牌沃尔萨、汽车地带等国际巨头供货，并实现了7.2% 的年净利润率。本团队通过多次访谈、实地调研等方式探究万事达的成功之道，从而为其他中小型车饰品企业提供参考和借鉴。

二、案例企业介绍

（一）公司简介及发展历程

1.公司简介

浙江万事达汽车用品有限公司位于浙江省台州市仙居县，是上海俊达汽车用品有限公司的下属公司，万事达占地面积为 3 万多平方米，是一家集科、工、贸于一体的企业，也是全球最大的汽车座套、坐垫等汽车装饰和美容用品的制造公司之一。截至 2016 年 12 月底，万事达的主营业务收入达 8 386.91 万元，年净利润率为 7.2%。

2.发展历程

自 20 世纪 90 年代以来，万事达在台州汽车装饰用品产业发展的背景下不断成长和壮大。

1996 年 9 月，万事达工艺品有限公司成立，其前身是一家家庭式手工作坊——双庙胶棉厂。

1997 年，有一位欧洲客户下了 1 000 多万元的订单，对当时的万事达来说是机遇也是挑战。

1999 年 8 月，因外国客商从上海虹桥国际机场到仙居需要 8 小时，耗时过长，公司决定在虹桥国际机场附近建造奉贤邬桥工业园区，方便外国客商往来。

2004 年，公司将厂房搬迁到城关镇城南开发区，整个工厂建筑面积近 2 万平方米，公司的生产装置也得到改进，配备了先进的电脑缝制设备和一流的作业流水线，还拥有一支强大的技术开发队伍，用于提供全新整车内饰设计服务和定制产品。

2005 年，为实现企业跨越式发展，万事达做出"科技武装企业，经工带贸，以贸促工"的大胆决策。2005 年 4 月，万事达在浦东新区金融中心陆家嘴投资注册了一家专门从事国际贸易的公司——上海露益杰晟国际贸易公司，其拥有的自主进出口权让万事达的自营外贸业务发展得到了一个质的跨越。

2006 年 2 月 22 日，万事达工艺品有限公司更名为浙江万事达汽车用品有限公司。

2014 年，万事达产品合格率骤降，遭遇总公司批评和客户口碑下降危机。

2015 年，受经济危机影响，俄罗斯一个大客户突然断崖式地撤单，800多万美元的订单业务不翼而飞，公司总体业务量同比下滑。对此，万事达管理层立即做出了相应的决策，给予了客户业务授信，采用了赊账营销的方式，以刺激和扩大销售量。2015 年，万事达通过整改，提高了产品合格率，赢回了口碑。

2017 年，万事达获得检验检测机构资质认定证书和中国合格评定国家认可委员会实验室认可证书。

3. 公司组织架构

浙江万事达汽车用品有限公司的组织结构属于直线职能制。这种结构反应快速、灵活、维持成本低且责任清晰。

万事达设总经理一位，总经理下辖 6 个部门，其中生产部门又分为 2 科和 6 个车间，分工明确、责任清晰。裁剪车间下设 11 人，包装车间下设 10人，发料车间下设 17 人，针车车间下设 127 人，复合车间下设 16 人，压发车间下设 12 人，品管科下设 15 人，资材科下设 12 人。

4. 产品种类

公司的经营范围包括汽车坐垫（套）装饰件、汽车零部件、工艺美术品、橡塑制品、纺织制品、机械设备、仪器仪表、五金产品、日用品制造、销售、货物进出口、技术进出口等。万事达核心产品结构如图 2-1 所示，主要包括各类汽车坐垫、座套、腰靠、旅游毯、护垫等。

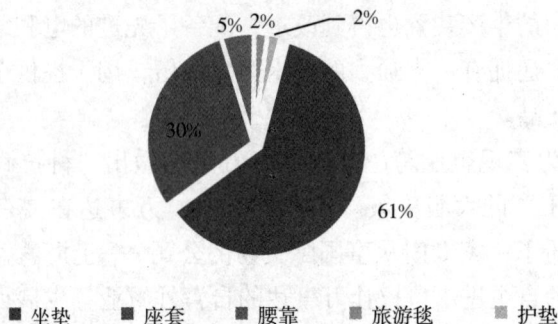

图 2-1　万事达核心产品结构

5.客户

万事达产品主要出口到欧美和中东地区，业务量每年以30%的速度递增。

万事达的主要客户包括欧美著名的一些销售商和渠道商。万事达最大的客户是美国汽车地带（AutoZone）。汽车地带、汽车零件公司（Advance Auto Parts）和奥莱利汽车配件公司（O'Reilly Automotive）一同被市场分析研究者誉为新的"汽车三巨头"。汽车地带于1979年在纽约股票交易所上市，其连锁卖场主要集中于美国东部及西海岸经济较发达城市。万事达第二大客户沃尔萨（Walser）是全球最大的座套企业，为奔驰和保时捷提供汽车内部的皮革纺织制品，为宝马、奥迪、大众、丰田等全球汽车企业提供座椅座套，也是安全气囊座套CLIX的发明者、欧洲经济委员会（ECE）车品安全规范撰写合作企业之一。

万事达除了给车饰品销售企业提供产品，还为一些品牌车型提供定制内饰，如给大众新高尔夫GTI定制Clark格子布运动座套。

（二）市场格局与趋势

1.市场需求现状与趋势

全球汽车内饰市场规模和我国汽车内饰市场规模总体上呈上升趋势，前景乐观（图2-2）。市场需求量逐年递增，与此同时客户的需求呈现多元化、高端化特点。究其原因，可从国内和国际市场两个方面进行分析。

图2-2　2017—2030年全球汽车内饰和国内汽车内饰市场规模及预测

（1）国内市场

2017 年 10 月 18 日，习近平在党的十九大报告中强调，中国特色社会主义进入新时代，我国社会主要矛盾已经转化为人民日益增长的美好生活需要和不平衡不充分的发展之间的矛盾。对于车饰品行业来说，消费者不再满足于廉价、千篇一律、空间小的汽车内饰，转而去追求个性化、高质量、安全、舒适、环保的汽车内饰。中国产业信息网智研咨询发布的《2019—2025 年中国汽车内饰市场全景调查及发展前景预测报告》显示，消费者在选购汽车时，有 43% 的消费者认为汽车内饰非常重要，会直接影响汽车的购买决策（图 2-3）。

■ 直接决定购买策略　■ 非首要考虑因素　■ 完全无所谓

图 2-3　消费者购车时汽车内饰的重要程度占比

（2）国际市场

随着中国人口红利逐渐消失、劳动力成本提高、土地租金上涨，我国的制造业不再具有价格优势，国外客户选择生产商时更加注重产品质量问题。其中，欧美客户不仅对产品的质量要求高，还格外关注产品包装、贮藏等细节。

以美国为例，2019 年 1 月，美国汽车销量下跌 37%，创下 1982 年以来的新低。美国是一个汽车大国，汽车保有量在 2 亿辆左右，平均每 3 人有 2 辆车，95% 的家庭都有汽车。可以说，美国的汽车市场已经趋近饱和，这也影响了车饰品的市场规模。因此，低端、廉价的汽车内饰产品难以再占据美国市场。与美国类似的趋近饱和的欧洲市场亦是如此。因此，许多以出口为主的车饰品制造企业不得不改变生产模式，适应市场变化。

综上所述，无论国内市场还是国际市场都促使车饰品制造企业生产高质量、个性化的优质产品。

2. 行业竞争格局

相关资料显示，中国汽车装饰品市场销量较 2017 年同比下降 2%。汽车装饰品市场的发展正处于成熟期，此次数据波动属于正常范围，显示市场更趋完善、消费更趋理性。汽车用品行业受宏观环境影响，发展放缓，未来几年将进入理性缓慢增长阶段。华东、华南和华北地区仍是我国汽车装饰品的中心区域，而西南地区已经迎来汽车装饰品市场新的增长高峰。我国汽车装饰品行业已经在激烈竞争中进入质量快速提升期，规模化和规范化成为行业新的发展趋势。

在行业的激烈竞争中，万事达也面临着挑战。2018 年入选中国汽车坐垫十大品牌的，除了浙江万事达汽车用品有限公司的总公司——上海俊达汽车装饰品有限公司（以下简称"俊达"）外，还包括河南牧宝车居股份有限公司、河南尼罗河实业有限公司、广州车邦汽车用品制造有限公司、河南澳祥皮业有限公司、深圳市爱车屋汽车用品股份有限公司、东莞市银声电子科技有限公司、台州宇森汽车用品有限公司、浙江新族汽车用品有限公司和浙江竺梅进出口集团有限公司（表 2-1）。

表2-1　中国汽车坐垫十大品牌

企业名称	企业标志	企业特色
河南牧宝车居股份有限公司	Mubo牧宝	主要生产高档汽车内饰用品，产品多元化，具有个性，极富设计感
河南尼罗河实业有限公司	NILE尼罗河	河南省著名商标，集产品设计、生产加工、品牌行销于一体的汽车坐垫专业生产企业
广州车邦汽车用品制造有限公司	车邦 AUTOBO	专业研发、生产、销售高边立体全包围安全脚垫的新锐企业
河南澳祥皮业有限公司	恒源祥 澳祥	国内较早生产销售羊剪绒制品的知名企业
深圳市爱车屋汽车用品股份有限公司	icaroom 爱车屋	提供高品质的汽车地毯、整车内饰产品，专业从事汽车用品的开发、生产及销售的企业
上海俊达汽车装饰品有限公司	JUNDA	集科、工、贸于一体，专业从事各类汽车内装饰用品的研发、生产、销售的企业

续 表

企业名称	企业标志	企业特色
东莞市银声电子科技有限公司	YINSHENG ELECTRON TECHNOLOGY	源自马来西亚的知名汽车脚垫品牌,国内中高档车型专用配套地垫的优质品牌
台州宇森汽车用品有限公司	YUSEN 宇森	集研发、生产、销售于一体的汽车内饰用品企业,较大的专车专用立体安全汽车脚垫、坐垫制造商
浙江新族汽车用品有限公司	SOJOY 新族 SOJOY LEADS YOUR LIFE JOY 让快乐与生活同行	始于 1992 年,浙江省著名商标,集研发、生产于一体的国内外贸易现代化企业,车居功能靠垫著名品牌
浙江竺梅进出口集团有限公司	竺梅集团 ZHUMEI GROUP	结合民间传统工艺,研发出一批批颇具特色的工艺品,远销日本、西班牙、加拿大等地

其中,浙江竺梅进出口集团有限公司也位于浙江省台州市,是距离万事达最近的强劲竞争对手。浙江竺梅进出口集团有限公司始创于 1988 年,秉承"健康人类,服务社会"的理念,实施多元发展战略,已经发展成为跨行业的现代集团,资本雄厚,企业文化建设突出,并于 2017 年被评为"全国民营企业文化建设三十佳企业"。

除此之外,台州宇森汽车用品公司也是万事达的主要竞争对手之一。宇森作为一家集研发、生产、销售于一体的汽车内饰用品企业,是目前国内规模较大的 3D 汽车脚垫的制造商之一。台州宇森汽车用品公司的亮点在于自主针对每一款车型进行内饰的定制化模具开发,其自主设计的产品曾获得"2017 年中国设计红星奖"。

(三)质量转型

在 2012—2014 年,万事达的投诉量一直居高不下,在 2014 年达到最高值(图 2-4)。客户投诉的最主要原因是对企业产品的合格率不够满意。

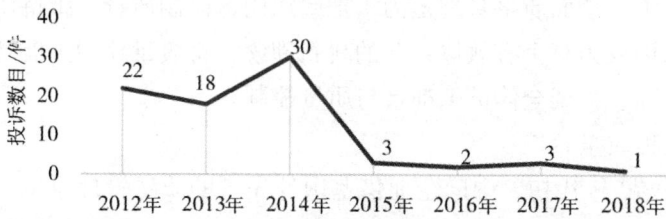

图 2-4　2012—2018 年万事达客户投诉情况

面对产品问题以及客户不满，2014 年底万事达对所有不合格产品进行了回收后分析发现，大部分产品并不是因为产品本身的质量问题被投诉，而是因为产品在运输途中出现了问题，加之万事达的产品以出口为主，欧洲客户对产品要求较高，不能忍受任何瑕疵，这才导致万事达的产品投诉率居高不下。在查明原因之后，万事达立即采取措施，开始完善产品从备料到出库送至客户手上的所有流程，确保每一个细节的完善。例如，为了避免座套上出现白点问题，万事达通过实验得出仓储车间的最佳温度和湿度，避免原料和成品发霉。

采取了这一系列措施后，万事达产品合格率明显提高，客户投诉也直线下降（图 2-4）。这次质量转型不仅增强了客户黏性，还取得了许多新中高端客户的信任，获得了更多、更大的订单。在 2015 年成功转型，万事达保持充足活力至今。

（四）理论支撑

1911 年，著名管理学家泰勒的著作《科学管理原理》公之于世，开创了精细化质量管理思想的先河。泰勒注重量化工作的标准与规范，将质量管控与其他职能分开并独立运行，随着企业生产规模的扩大和产品复杂程度的提高，产品有了技术标准，各种检验工具和检验技术也随之发展。

1. 质量管理的发展

1931 年，美国统计学家休哈特的《产品制造质量的经济控制》一书将统计学引入质量控制，为精细化质量管理提供了理论支撑和控制图等工具。1950 年，美国管理学家戴明强调大多数质量问题是生产和经营系统的问题，他的"为质量而精细化管理"在日本取得巨大成功，著名的丰田汽车就是其中一个鲜活的证明。美国费根堡姆博士于 1961 年出版了《全面质量管理》

一书，提出了"全面质量管理是为了把组织内部研制质量、维持质量和提高质量的活动构成为整个有效体系"的崭新理念，将质量控制扩展到产品寿命循环的全过程，强调全体员工都参与质量控制。

2. 全过程质量管控

20 世纪 70 年代初，中国企业借鉴国外先进的质量管理思想，根据行业及企业特点，提炼并形成了全过程质量管控的思想。"全过程质量管控"强调"全过程"，即从接受客户订单进行质量设计开始，在整个生产过程中进行质量监控、质量预测、质量判定、质量追溯、质量分析和质量改进，最终实现 PDCA 质量管理提升（图 2-5）。"质量管控"不同于"质量管理"，"控"比"理"更注重程序和准确度。"管理"是一个方向性的决策，是利用各个要素完成该组织目标的过程，比较宽泛且模糊；"管控"则一定要规范细节，强化执行，落实考核，更加注重事前控制和精确性。

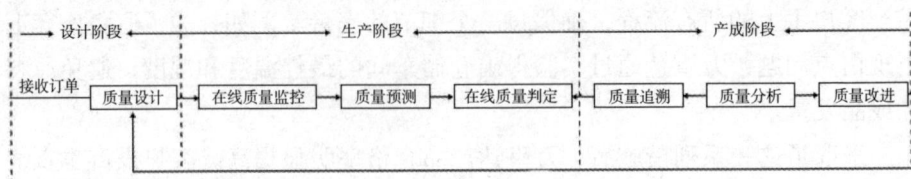

图 2-5　全过程质量管控示意图

3. 全过程质量管控在万事达的推行

万事达作为制造型企业，产品质量是衡量其实力的主要标准。面对不断缩短的交单时间和市场更高的质量需求，万事达需要寻找一种在保证成本不变和生产周期缩短的条件下，还能提高生产质量和效率的生产和管理模式。

全过程质量管控有利于缩短总运转周期、降低成本、缩短库存周转时间、提高生产率和最大限度获取利润，在保证自身利益的同时快速回应市场需求。2014 年，万事达在以往良好的产品品质管理基础上，参考多家企业全过程质量管控的制度和实践效果，结合自身情况，在企业内部推行了具有万事达特色的全过程质量管控（图 2-6）。

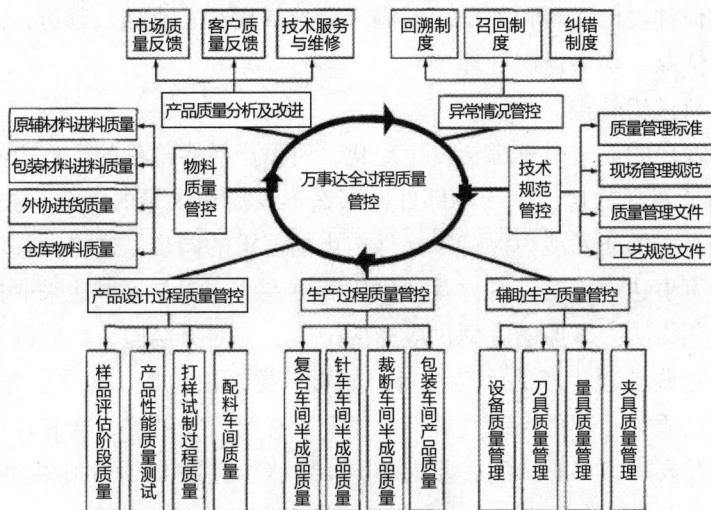

图 2-6　万事达全过程质量管控示意图

万事达采用全过程质量管控的方法，严格把关从原材料选购到成品出库的每一道工序，并辅之必要的常规和非常规制度，将自身打造成了持续产出高质量，"安全、舒适、环保"产品的企业。

三、案例主体介绍

从生产流程的第一步选料开始，万事达便始终积极响应客户的需求。考虑到客户对"安全、舒适、环保"的高度关注，所以万事达从接入订单开始，就对商品的生产流程层层把关，以确保流程的每一个步骤都被严格管控。

（一）原材料管控

1. 主料进货管控

原材料进货检验，这是第一道质量检验的管卡。供应商需要将样品、自检报告单、合格证、生产许可证、营业执照和注册证书原件或复印件等交由采购部门，采购部门开具《原材料请验单》，并将供应商提供的材料送至质检部门，质检部门安排质检员进行检验，质检员填写《原材料检测记录》。所有原材料初检后，质检员清点合格数，计算出合格率，并将次品挑出，说明次品原因后进入退次流程。不论是提花布、网眼布、毛圈布、仿皮布、还是其他任何种类的布料,如出现漏洞、漏丝、横纹、直挡、紧边,同批材料有色差等情况,均做退次处理。

2. 辅料进货管控

因为客户的需求时刻都会发生变化,所以产品零部件的生产也必须紧跟市场,如果万事达自己生产零部件,那么不仅需要大量的资金与技术投入,还要有强有力的研发能力保持零部件与市场需求的同步,这将大幅度增加成本,况且万事达也确实没有比其他供应商更专业,于是万事达采取把零部件的生产外包给实力雄厚的大型供应商的措施,与对方结盟,共同满足客户需求。对于这些外包生产的辅助材料,如彩卡类、铁钩类、客户安排说明书、成分标、品质标、部件标、气囊标、座套彩标类、拉链等,会有详细的进货要求、包装要求,如彩卡类,要求每包 400 张,且每 50 张用白板纸隔开。

3. 供应商筛选与管理

万事达会针对客户的订单,选购一些特殊化的面料进行生产。万事达原材料的来源甚广,几乎覆盖所有品种的面料。

严格挑选供应商,与供应商虚拟组合,建立合作伙伴关系。万事达拥有一整套供应商遴选认证制度,对供应商的考核标准主要是看其能否源源不断地提供没有瑕疵的产品。考核的对象不仅包括产品,还涵盖整个产品生产过程,要求供应商具有符合标准的质量控制体系。要想成为万事达的供应商,必须在成本、技术、服务和持续供应能力四个方面具有优势,特别是供应能力必须长期稳定,以防因供应不稳定而影响万事达对最终用户的承诺。

(二)仓储管控

1. 仓储布局

万事达的主营订单都是大批量订单。较大生产规模需要相应的仓储吞吐量。合理安排仓储是保证产品质量的一部分。原材料进行加工后的半成品需要很大的仓储空间,然后运送到生产车间做进一步的加工。

2. 材料保存和出入库

万事达的产品型号众多,意味着材料的种类繁多。万事达会将材料有序堆放(按照使用用途进行编号),并且保证材料在储存期间质量良好。另外,需要规范化保存,需要较多的装卸工人进行材料搬运,也需要技术人员控制仓库的温度、湿度,以及合理规划仓库布局,做到精确查找堆放材料（图 2-7）。

图 2-7　万事达仓库规范化放置

一楼的整层都是仓库，除了各大小料（辅助材料）的储存外，还有加工的主要原材料——布料。布料要按照材质和使用工序进行分类，再进行具体的仓储管理，并且为了储存有序，要将布匹卷起后堆放。

3. 物料定额管控

物料定额指在一定的生产和技术条件下，使用现有的设备和材料进行作业，完成单位工作量或生产单位产品时，合理消耗的材料的数量。科学、准确、规范的物料定额是编制物料供应计划的基础，是企业物料组织、物料控制、物料核算的依据，也是企业绩效考核、评比奖励的主要参照数据。万事达生产的主要原材料为海绵，其实细分也有很多的部分材料，如面子单复、边侧单复、里子、接缝条等。每个部件用料都有具体标准，如果未按标准进行生产，次品产生的概率就会大大增加。生产进度实时跟进，在固定周期内确保生产进度稳定，如表 2-2 所示，16 号客户要求的面子单复和边侧单复在 2019 年 4 月 15 日前和 4 月 20 日后的物料定额表中都有详细明确的记录。

表2-2　万事达16号客户物料定额表（部分）

WSD 16-0368单用料定额

部件名称	材料名称	颜色	门幅/m	单位	套用料	损耗率	套数	总用料	采购需求		4月15日前到30%	4月20日后每天平均	到货合计	到货率
面子单复	棉布印花（印花棉布的干、湿磨霉达	灰色0201	1.54	m	1.207	35%	25 030	31 268.6	31 268.6	m	9 380 m	每天 800 m	319 228	102%
		蓝色4052	1.54	m	1.207	3.5%	61 991	77 441.9	77 441.9	m	23 232 m	每天1 800 m	77 833.8	101%
		深灰4005	1.54	m	1.207	3.5%	12 712	15 880.4	15 880.4	m	4 765 m	每天 400 m	16 099.9	101%
		浅灰0000	1.54	m	1.207	3.5%	25 029	31 267.4	312 674	m	9 380 m	每天 800 m	30 352.9	97%
	仙居海绵	深灰	1.53	m	1.207	3.5%	124 762	155 858.3	8 584.7	kg	根据材料通知再进		0	0%
边侧单复	网眼布	黑色	1.8	m	1.055 3	3.5%	124 762	136 269.5	18 396.4	kg	6 000 kg	每天600 kg	16 039	8%
	仙居海绵	深灰	1.82	m	1.055 3	3.5%	124 762	136 269.5	8 928.4	kg	根据材料通知再进		0	0%

可以说，企业如果没有物料定额，一切物料管控工作都将无从谈起。用料定额为物料使用提供了数量的控制标准，有了这个标准，产品整个生产流程都有了依据，才可能从源头上避免物料的浪费。

（三）生产车间管控

1. 车间的生产流水线工程

万事达的生产流程为"原材料进货到材料仓储车间 — 复合车间 — 裁布车间 — 加工车间 — 包装车间 — 出货仓储车间"，其流水线工程看似简单，实则操作流程及其隐藏的生产关卡很多，质量管控体现在每一个环节中。

生产的主体工程车间是"复合车间 — 裁布车间 — 针车车间 — 包装车间"（图 2-8）。复合车间将海绵与布料进行第一步加工，进入仓库；转向裁布车间，将布料按规格进行裁剪，并有序堆放；再进入针车车间，将各个零部件拼装在一起，成为坐垫、座套等产品的成品；最后进入包装车间，将包装好的成品正确装箱。

（a）　　　　　　（b）

（c）　　　　　　（d）

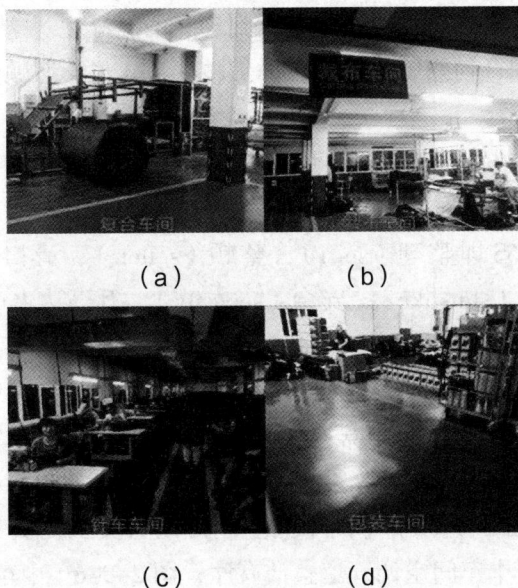

图 2-8　万事达车间展示

（1）生产流程的日程计划

日程计划是生产管理中最重要的环节之一，如何对计划进行的生产预先设定时间、顺序、产品、批量的衔接等都是日程计划要明确的事项或中心内容。企业的生产活动是一个涉及面广而复杂的体系，要使这个体系顺畅运作，就要有系统的生产日程计划和安排，为各部门生产提供依据。万事达的生产经营过程非常有秩序。由于订单量庞大，生产流程的顺序一定不能出错，按照企业制定的生产流程进度安排规则，严格执行进度表。在接收订单之后，先将订单的生产加入企业的工作计划中，规定各个部门的可用生产时间，确保在出货时间内可以完成订单的整个生产流程。

（2）车间温度、湿度控制

在生产的过程中，万事达的严谨不仅体现在设备的选用上，还体现在生产的中间流程上，大到定期检修设备，购买先进的机器，淘汰过时的机器，小到把控生产车间的额定温度与湿度。

作为生产高端定制内饰的车间，每一个生产车间的温度与湿度对产品的质量有着举足轻重的影响。温度太高、湿度太低会使皮革制品和毛发或纤维制品变得干燥发硬，无论手感还是观感都会大打折扣；温度太低、湿度太高也不会达到想要的成品质量。所以，万事达对车间温湿度比较重视，会每天监测车间的温湿度并进行调控，使其达到理想的温湿度。这也是万事达出彩的地方，不会遗漏任何影响产品质量的细枝末节，也会照顾到生产车间员工的舒适感。

（3）生产车间 6S 环境管理

万事达将"6S 管理模式"应用到了生产车间，6S 管理模式是 5S 管理模式的升级，6S 即整理（seiri）、整顿（seiton）、清扫（seiso）、清洁（seiketsu）、素养（shitsuke）、安全（security）。万事达生产车间主要由三个针车车间组成，每个车间都是生产流水线工程中的顺序工程。在生产车间中，为了使生产更加高效、产品质量更有保障以及生产车间中的员工舒适度更高，管理层对生产车间的环境实行规范化管控，控制每个针车的前后左右距离、布料堆放区域以及电灯、电扇的安排位置等，如图 2-9 所示。在万事达针车车间中，图 2-9（a）中的中央空调可以为员工提供一个舒适的生产环境；图 2-9（b）中车间空调管道整洁有序；图 2-9（c）中车间材料的堆放、针车距离严格按照消防要求管控；图 2-9（d）中货架按照消防安全标准排列，整齐有序。

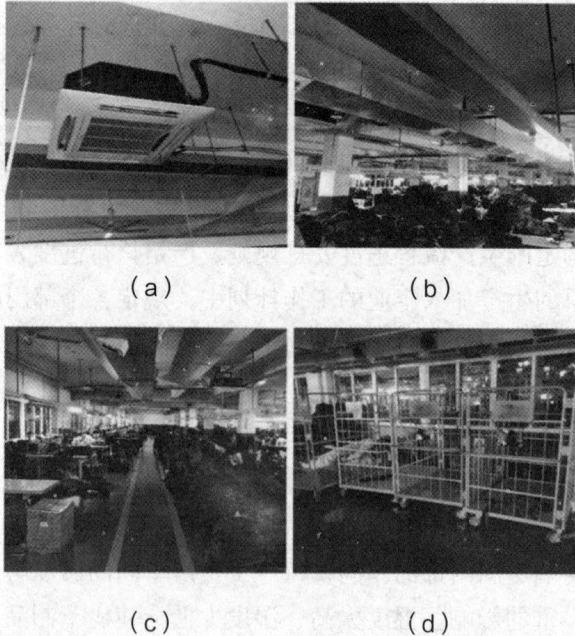

（a）　　　　　　　　　（b）

（c）　　　　　　　　　（d）

图 2-9　万事达针车车间

2. 生产过程的质量异常处理

在生产车间员工完成订单加工之后，质检员对每一批成品进行检验，当出现加工错误、布料质量问题时，会被要求重新加工，也就是改料（图2-10）。如果有工序是不可逆的，需要加工错误的员工承担部分材料成本，员工拿着审批过的物料（品）领用单到仓储部门去补上相应数量的材料（图2-11）。

图 2-10 万事达生产车间员工正在改料

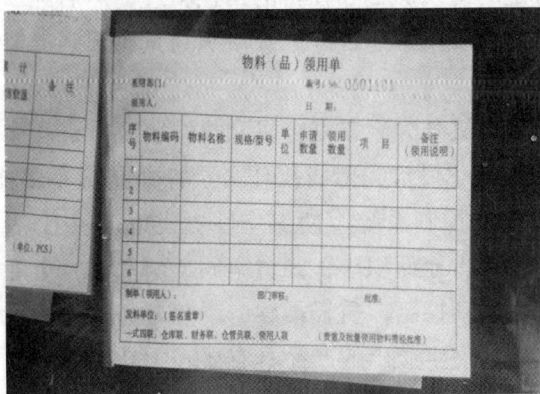

图 2-11 万事达物料（品）领用单

（四）生产技术和设备

1. 设备管理——现代设备管理理念
设备管理当前面临的主要挑战是在既有的各类管理理论和方法的基础

41

上，寻找一种新的方法和途径，将设备管理的知识、技术方法和信息控制能力融合在一起，并将相关的各类主要因素构建成一个开放的控制与反馈系统，使设备在其寿命周期内各个阶段的管理都可按各自的特性有机结合在一起，由此实现设备资产投资价值的最大化和运行效能的极限化。

万事达在设备管理方面采用了现代设备管理理念，并且在不断探索中较好地解决了现代设备管理所面临的挑战，使企业的设备在一定程度上达到了投资价值的最大化和运行效能的极限化。

2. 设备管理——智能化设备应用

在生产车间中，智能化电脑针车可以应对四线、侧套、正套、反套、坐垫等许多产品加工。每种材料也分多种参数，只需要将参数要求输入电脑，即可完成量化，持续进行生产。数据量化的另一个好处就是产品加工的规范化程度提高，使产品加工的这一流水线工程更加完善，产品具有更高质量。

3. 生产设备质量管控

万事达的制造工厂分为复合车间、裁断车间、针车车间、包装车间，所有车间统一采用高端且先进的技术设备。其中，第一车间主要负责的是复合面料车间，所做的工作也是整个公司第一道工序——复合面料。复合面料采用超细纤维在特定的纺织加工和独特的染色整理，然后经"复合"设备加工而成。由于复合面料采用了超细纤维，该织物具有很强的清洁能力，即去污能力。

复合面料的复合机分为涂布复合机和热熔胶复合机。涂布复合机的优点如下：机台采用人性化设计，节省操作人员；兼具少量多样化的生产设计，节省成本；数位化的控制系统，使操作性更良好。PUR热熔胶复合机的优点如下：节省能源，占地面积小；黏合牢固，耐水洗，牢度好；黏性强，节省成本；复合过程联动控制，质轻柔软，手感好。这样的机器可以在很大程度上节约人力成本，使生产出的产品具有质轻柔软、手感好等特点，不仅保证质量，还兼顾环保。复合机的右侧有电脑控制程序，只需要技术人员设定参数，即可进行不同面料的高效率出料。

万事达每天都有来自世界各地数以万计的生产订单，想要按时交货就必须缩短生产周期，想要缩短生产周期并保证质量不下降的出路就是选择高度自动化的机器，它们的生产效率更高，生产的产品质量也更好。

（五）包装与出货

1.定量包装具体化

要规范企业产品包装作业的运作，保证产品满足环境试验的要求，保证产品在搬运、储存、开包过程中避免意外受损，保证包装箱内产品的完整性，保证产品性能和特性符合客户要求。

从生产加工到成品且经过质检员检验合格可进行销售的产品会进入包装车间，由专门的技术工人进行包装，如图 2-12（a）所示。包装车间为一个独立的大流水线车间，对不同品类的产品按照质量管控要求进行包装，如图 2-12（b）所示。定量包装精确到个体单位，如一包中有多少材料，包装方式是捆扎还是装袋等。成品包装有具体要求，不仅要保证产品使用功能一切正常，产品信息图、生产标号图、生产许可证、生产条码等各种零部件齐全，还要保证运输过程中不会出现包装破损、产品发霉变质等意外情况。包装车间要求将包装好的产品码放整齐，如图 2-12（c）所示，以准备装箱，待检出货，如图 2-12（d）所示。

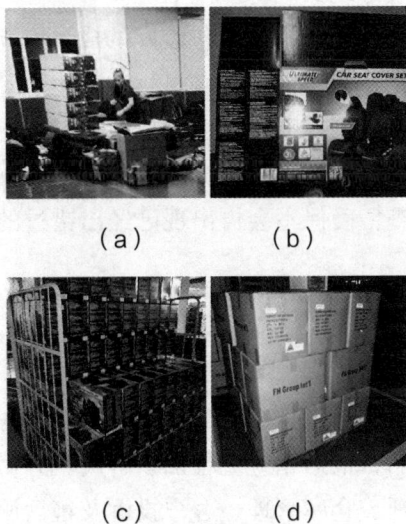

（a）　　　　　　（b）

（c）　　　　　　（d）

图 2-12　万事达包装车间内景

2.成品出货检验

成品出货检验是万事达作为制造型企业，在生产制造的环节中对质量的最后一道管控关卡。万事达在这一环节特设两名质检员，对每天要装车出货的产品进行抽查质检。

材料要求：（花型、颜色、克重等）符合订单要求，刺绣位置、方向、配色线、做工质量等是否符合客人要求，各规格海绵厚度、密度是否符合要求，产品是否有起层、起皱、海绵破洞等不良情况，成分标是否符合订单要求。

生产加工要求：各规格拉链质量及缝制质量是否符合标准，产品结构是否符合订单要求，各种成分标志及其他标签缝制是否端正、位置是否统一，产品压线是否均匀、是否有出现弯曲或凹凸不平现象，产品面料是否有次点、漏丝、破洞、油渍、污点、掉毛等问题，产品四周包边质量、成品尺寸是否符合订单要求。

包装装箱要求：PVC袋正面右下角是否印有环保标记或客户标签等，包装套件是否符合订单要求，包装附件是否齐全（如坐垫和挂钩是否规范），同套（张）座套、坐垫的产品颜色是否统一、协调，彩卡质量及彩卡放置位置是否符合订单要求，各彩卡、外包装袋或其他外包装及附料等是否与产品吻合，各种条形码是否符合客户要求，产品重量是否达到客户要求，产品是否有出现严重气味或发霉现象。

最终成品出货检验，还包括检验包装好的成品有无破损，以及装箱好的成品是否堆放正确，是否有可能在运输过程中产生质量问题。万事达的全过程质量管理通过层层关卡把控质量，出现任何质量问题，都会有一套有针对性的方案进行处理：临时处理—原因分析—责任落实，以及在一个长期的生产周期中进行质量复查，确保不会再出现已经出错过的情况。

（六）产品质量的检测和管控

1. 产品质量检测流程

采购回来的物料及其半成品、成品、包装均依据《检验控制程序》进行检验，若发现不合格品，根据相应流程加以解决，并做相应记录。在制样过程管理、生产过程管理、仓库管理、客户投诉及售后服务中发现的不合格的产品由责任部门负责通知或报告质量管控负责部门，由品检员根据《检验控制程序》及实际情况做相应处理。

2. 目标：确保产品质量

将高质量的产品提供给客户一直是万事达努力追求的目标。万事达会按照规定的方法、程序和标准实施产品质量检测。每一批订单只有通过层层的质检确保全部合格后才能出货。同时，结合客户反馈，进行查漏补缺，直到让顾客满意。

3. 售后质量问题处理

（1）质量投诉会议

在月度会议上阐明产品的问题，如在销售中产品外观出现问题，在加工过程中出现颜色错位、拼接错误、包装不当等问题，追究相应部门的责任，提升工作质量。不管存在问题的产品数量有多少，均会予以严肃、认真处理并持续跟进，以确保产品质量和客户满意。有时出现问题的产品较少，如 MAGNAT 款椅套表面起白点，影响客户销售，合计 4 套；有时出现问题的产品较多，如有一款皮革拼花点绒的椅套存在黑色拉链颜色迁移到米白色PU 皮革上的问题，合计 361 套。

（2）客户投诉分析

企业一直认为，接收到的不良投诉对生产加工进步和完善有推动作用。有来自客户的质量投诉，大家才能看清在生产的整个环节中自己的哪一部分工作失职，没有做好本职工作。企业每年都会做年度质量投诉信息表，以此为反向推动力，把每一个生产环节中的每个员工都正向推进，促进生产的高质量化。企业一直努力提高产品质量，减少质量投诉反馈。

四、案例分析

万事达自 2015 年成功转型后便一直保持着高质量的产出，满足了全球30 多个国家和地区的供应商的不同需求。这都要归功于万事达在全过程质量管控方面所做的努力。无论是生产之前的质量设计、生产环节的质量管控，还是生产之后的质量改进，万事达都做得十分严谨、细致。万事达身为中小制造企业，能让全过程质量管控在企业内全面推行并取得良好的效果并不是一蹴而就的。这一部分内容主要从制造基础、制度规范、人力资源培训、员工福利四方面深入剖析万事达成功推行全过程质量管控的管理基础。

（一）实力基础，助力转型

2015 年之前，万事达已积累了大量的生产经验，通过了各种相关检验标准，获得了大量稳定且优质的供货商和客源。无论在生产制造环节，还是销售环节，万事达都具备了深厚的基础。

1. 良好的制造基础

万事达作为制造型企业,从 1996 年其前身仙居万事达工艺品有限公司开始,就非常重视生产环节。到 2006 年,其正式更名为浙江万事达汽车用品有限公司,将汽车装饰用品作为主要生产方向,更是加大了对生产制造环节的管控力度。早在 2002 年 10 月,万事达就通过了 ISO9001 国际认证,之后又相继通过了 SSQ、CMA、CNAS,并且生产的产品都是通过德国权威检验机构 TUV 检验的优质产品。2015 年之前(包括 2015 年),因在制造过程中出现质量错误而带来的投诉率平均仅 0.54%,低于企业 0.5% 的目标;年产值在 2014 年也已突破亿元。万事达在 2015 年之前已拥有 6 个生产车间,自动化、半自动化机器设备 200 余台,年平均可生产座套 300 多万套、坐垫 200 多万张、其他汽车用品 200 多万件。

2. 稳定的员工基础

从万事达员工经验方面看,大多是几十年来一直跟随企业的老员工,或是多年从事汽车用品生产制造的熟练技工,工龄一般都在 20 年左右,最长工龄达 25 年,员工的经验丰富。从万事达的人员流动来看,除临时工以外,新员工(入职一年之内)与老员工的年平均流出率的占比分别为 12% 和 8.3%。从公司管理层方面看,从 2006 年更名至 2015 年,万事达的车间主任及以上的管理层共计流动 8 人次,可见企业员工特别是管理层的稳定性及可靠性都比较高,有利于全过程质量管控的长期稳定推行。员工信赖万事达能为其提供稳定的工作环境,万事达也确信员工可以根据企业的规则和目标工作。在这种互相信赖、环境稳定的企业中,员工会更加支持推行全过程质量管控,对有经验的员工来说,执行起来也比较顺利。

3. 高质量的供应商与客户基础

万事达建厂 25 年来,依靠俊达带来的客户订单和自身牢固的制造基础,在世界汽车装饰用品行业中具有一定的影响力,也赢得了一大批长期合作的供应商与客户的信赖和肯定,长时间的合作让万事达供应商和客户之间形成了稳定的关系。万事达知道客户的需求,供应商了解万事达的标准,从而降低了中间环节的风险系数。客户和供应商的稳定性确保了万事达在推行全过程质量管控的过渡期,不但没有过多流失客户和订单,反而使 2014—2015 年订单数量增加,并且稳定的客户群体有利于万事达更好地甄选供应商。2015—2019 年,共有 15 家供应商被淘汰,28 家供应商持续合作。到 2019

年6月，万事达共与32家供应商形成合作关系。在这种质量管控模式下，万事达可以更好地满足顾客的质量需要。

4. 认准方向，转型成功

截至2014年，万事达制造汽车装饰用品的技术已经非常成熟，也有了一大批稳定的供应商和客户。但世界市场变幻莫测，行业竞争更如逆水行舟，万事达只是众多中小型企业中的一员，安于现状必然会被市场抛弃。正值我国2015年提出供给侧结构性改革之际，要求生产制造行业提高质量与效益，减少无用库存。故此，既缺少大量智能化机器设备，又缺少高素质人才的万事达选择将发展方向转为紧紧把握客户对产品质量提出的更高标准的要求，利用自身已有基础推行更加完善的质量管控系统，谋求企业转型升级。因此，万事达推行全过程质量管控是应时而动，也是必要选择。

（二）规范制度，完善管控

1. 生产的常规制度设计

万事达要求从原材料的质量开始把关，经过复合、裁断、缝纫包装，直到仓储出货为止，让每一个环节都能成为高质量的保护者。万事达将质量管控过程分为设计阶段、生产阶段和产成阶段三个阶段，包含生产的全过程（图2-13）。在这套管控制度中，生产环节在原有基础上更加标准化，还增加了严格的对来料的质量要求、用料要求、仓储和包装出货的要求等。制定规范化的制度除了规范生产流程外，更重要的是保证产品质量。万事达采用PDCA循环系统，对产品按照不同需求制订生产计划、实施计划，检查计划实施效果，有效保证每一件出厂的产品都是高质量的，"安全、舒适、环保"的。

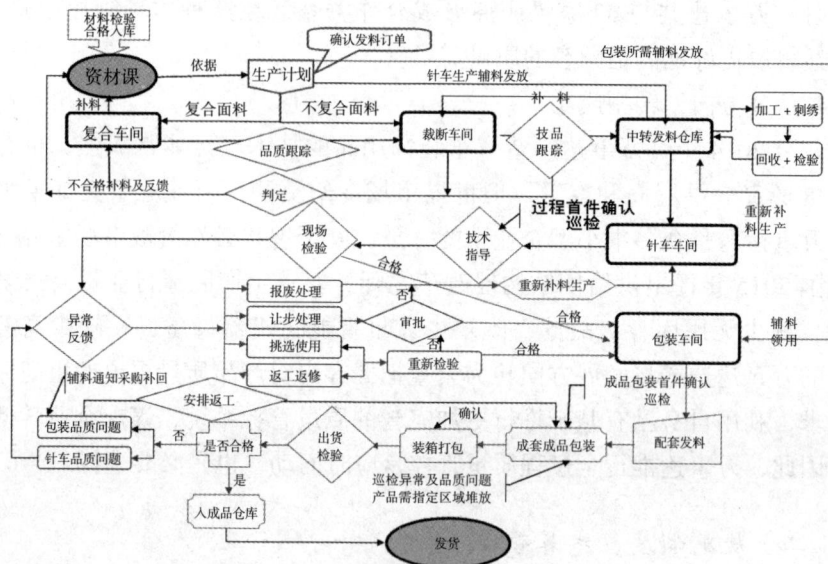

图 2-13　万事达过程生产流程品质控制及次品管理流程

2. 例外事件的制度设计

除了常规制度以外，万事达还针对例外质量事故设计了一套比较完备的例外事件制度，用于应对产品中间环节和最后环节质量不合格的问题。

对于最终质量不合格等问题，采用"产品回溯制度"和"产品召回制度"。"回溯"是从生产环节的最后一环一直向前倒推，直到检查出是哪个环节出现了错误，确定职责分摊并且更正错误。一步一步挖掘最终原因的制度让万事达的纠错方法不再是表面工程。"产品召回制度"是发现不合格产品流入市场以后的一套应急防御制度，虽然这个制度自制定以来没有实施过，但万事达仍然制定出来，以备不时之需。

3. 配套制度

除生产方面严格规范的制度体系外，万事达还有很多协助生产的配套制度，如防火事故应急预案演练制度、设备管理制度、辅助生产工具制度、食堂卫生管理制度、物流管理制度等。其中，最为重视设备管理制度和防火事故应急预案演练制度。

万事达是制造型企业，且产品的原材料都是以海绵、布料等易燃品为主，尤其要注意防范生产过程中可能会出现的安全事故，严格的安全制度和定期培训演练是必不可少的。设备的保养和维修在很大程度上影响了设备的运作和产品的质量，所以万事达制定了完善的设备管理制度，做到设备"天天检修，时时保养"，以保证每个生产环节的顺利进行。另外，相应的工作人员每天还要提交点检表，对设备情况做出非常明晰的记录。

（三）多举并施，落实制度

1.领导层的重视和参与

万事达的领导层非常重视全过程质量管控在企业内的推行，并积极参与推进过程，起到监督、推动、模范作用。

在推行全过程质量管控的过程中，为了更好地整合企业内部资源和企业相关的外部资源，改善企业业务流程，万事达充分应用了互联网平台。为了使企业各部门实现快速沟通与联动，万事达自2018年推出"OA办公系统"以来，无论沟通、呈报还是审批等都可以在该办公软件上完成，还能与俊达取得实时联系，各部门之间高效合作。OA办公系统的使用大大缩短了文件和信息在子、母公司之间的传递周期，让办公和生产更加高效。

任何制度由上而下的传达与推行都少不了中层和基层者的指导与督促。万事达全过程质量管控的推行也少不了各科室的合理安排、各车间主任的严格落实和悉心指导。基层管理者以万事达的车间主任为例，他们是企业一线员工的管理者，也是一线员工中的一员。车间主任由拥有丰富生产经验和熟知质量管控的老员工担任，他们每天都要检查各自负责车间的员工和机器的生产进度，当员工遇到生产上的问题时，会用自己丰富的生产经验和娴熟的手艺手把手地进行指导。每天生产结束，这些值班的管理干部还要认真检查各个车间的设备和环境问题，以便随时纠正，及时防范。

为了检查全过程质量管控的执行力度和员工的执行情况，万事达的领导层还会经常到车间进行巡视或抽检，并要求不合格的车间重新制订培训计划，让每一位员工都牢记自己的职责，明白自己在万事达推行全过程质量管控中所起的作用。全过程质量管控要求"事前介入"，即提前预知市场的需求，并做出快速反应。万事达的领导层长期关注市场动向，并根据市场需求合理安排生产计划，引进必要的技术设备和人才，以保证万事达能快速回应市场需求，稳定客户。

2.人力资源培训

万事达对员工质量具有双指标要求，分别是专业能力和素质能力。因为员工的质量水平高低，除了体现在专业能力方面，还体现在自身素质上。员工的素质会影响企业内部的工作氛围、生产积极性、生产效率等，甚至会影响企业文化的形成。万事达会定期对员工和管理层进行针对性的培训，包括专业技能、素质能力和管理技能。2015 年开始，万事达员工每年需要参加一次俊达组织的培训。

（1）普通员工培训

万事达对员工的培训内容由各车间生产内容决定，每月 1～2 次，由万事达的领导班子亲自上阵。比如，仓储部门员工进行的是办公软件、账目管理方面的知识培训和物流管理的技能培训；生产部门员工进行的是生产技能的提升和优化培训。除线下培训外，还有定期的线上培训，如线上讲座或资料的发放。技术培训是为了让员工在自己的岗位上做得更好，互相配合，提高生产效率。素质能力培训是让所有员工都能明白企业经营理念与企业文化，了解企业价值系统与事业认知的内容，让每一位员工都学会分析行业发展的趋势、企业产品知识、团队协作与沟通的技巧、时间管理与工作组织技巧、压力情绪管理等。

（2）管理层人员培训

万事达对管理层人员的培训内容如下：高层管理人员重点培训战略决策和企业运营管理方面的能力；中层管理人员重点培训沟通协调能力、发现并解决问题的能力；基层管理人员重点培训业务知识、实际操作能力及一般管理能力（表 2-3）。无论是哪一层的管理人员，其培训内容都重在提高管理者的管理能力，为企业运营提供更好的保障。

表2-3　上海俊达集团管理人员培训的内容

人员类别	主要工作职责	培训内容的重点
高层管理人员	制定组织的总目标、总战略，并评价整个组织的绩效	战略决策和企业运营管理方面的能力的培养
中层管理人员	贯彻执行高层管理人员制定的重大决策，监督和协调基层管理人员的工作	沟通协调能力、发现并解决问题能力的培养
基层管理人员	直接指导和监督下属员工的现场作业活动，保证各项任务的有效完成	业务知识、实际操作能力及一般管理能力的提升

（3）外出交流学习

闭门造车的企业是无法进步的，必定会被市场抛弃，善于学习的企业。

不仅会反省、修正自己，还会和同行业的其他企业进行交流学习，取长补短。万事达的所在地台州是我国最大的汽车用品生产基地，拥有多家实力雄厚的汽车装饰用品制造企业。万事达高层管理者每年都有几次外出交流学习的机会，借此可以充分了解竞争对手，取长补短，不断完善全过程质量管控。

3. 工资与福利

企业长期发展需要稳定性强的员工，万事达在留住员工方面进行了多方面的探索：通过组织环境、工资、同事关系、监督指导等有效管理措施消除员工的不满情绪，保证较高的工作效率；给予员工成就自己的机会，适时地奖赏员工，提高工作本身的意义及挑战性，让员工更富责任感，提供晋升和发展的工作条件等，以进一步激发员工的工作热情，提高员工的工作绩效。故此，万事达对员工的薪酬、福利也制定了相应的制度。

（1）员工工资

普通员工工资按工时计算，根据车间员工的工作能力和工作经验略有不同，每个小时 10 ～ 11 元不等（图 2-14），这在当地制造企业中属于高工资标准，是具有竞争力的薪酬结构。

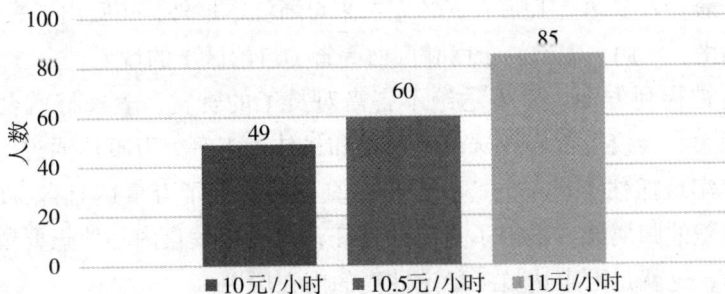

图 2-14　2016 年万事达员工工时定价

管理干部定价采用"基本工资 + 福利 + 奖罚"的薪酬结构，如复合车间主任底薪 1 800 元，再加上福利和奖罚之后可达到 4 000 多元（图 2-15）。这在当地制造企业的基层管理者收入中算是不错的，也是万事达基层管理干部的流动性非常之低的原因。

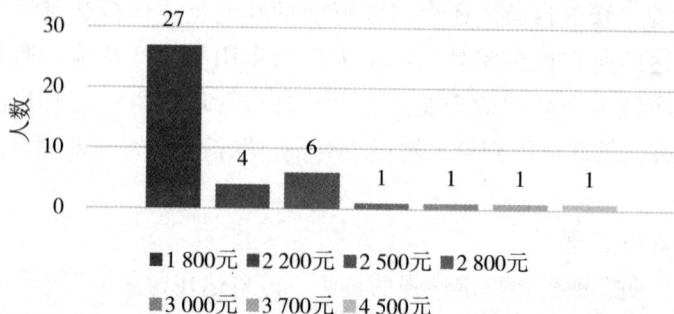

图 2-15　2016 年万事达管理干部定价（月基本工资）

（2）员工福利

工资不能完全激发员工的生产积极性，还要搭配员工福利。万事达同时关注员工的物质需求和精神需求，不仅提供物质福利，还注重精神福利。

在物质福利方面，如提供丰盛的工作餐，为员工缴纳五险一金，对于租房的员工给予每月 30 元的租房补助，节假日发放相应礼品，每月评选的员工之星可公费旅游，等等。万事达员工的学历普遍偏低，90% 以上员工为小学和初中文化水平，对于这些员工来说，万事达的薪酬制度和福利制度还是有吸引力的，这也是万事达吸引当地新员工的同时能留住外省老员工的一大原因。目前，万事达员工除了 70% 左右来自浙江本地外，还吸引了来自重庆、贵州、湖南、江西、安徽、云南和广西等省（自治区）的员工。

在精神福利方面，万事达绝不吝啬对员工的赞赏，表现好就会得到表扬，各种大小会议上都会评选员工之星和最佳员工等。万事达通过优厚的福利制度牢牢地抓住了员工的心，让员工真切感受到了万事达对自身的重视，产生了强烈的归属感，赢得了员工的信任，让员工发自内心地想要留下来为企业工作，这就是万事达员工稳定性高的内在原因。

4. 善于利用外部环境

台州市除万事达之外，还有许多优秀的汽车装饰用品制造企业，万事达应与它们"同台竞技"、公平竞争，用其他优秀企业的成果作为自身寻求更好发展的外在动力。万事达在发展的过程中学习其他企业的优秀成果，结合自身条件加以改造并应用，集百家之长。

拥有如此多家优秀企业，作为我国最大的汽车用品生产基地的台州自然也有适宜汽车用品制造企业发展的政策环境。台州市政府推出过很多有利于汽车用品制造行业发展的政策，为汽车用品制造企业提供了极大的便利。"好风凭借力，送我上青云"，万事达善于利用外部环境的优势让企业更好地推进全过程质量管控，为企业转型打下了坚实的基础，也为转型后的发展做好了长足准备。

五、启示与建议

万事达作为山区小厂能成为俊达优秀的生产基地，并凭借其产品的优秀品质走向世界是有原因的。下面将对万事达的成功之道加以总结，并提出相应的发展建议。

（一）启示

质量管理活动中使用的质量的"计划、控制及改进"称为"质量三元论"（图2-16）。万事达全过程质量管控也是采用这种三段式的方法，根据国际市场的不同需求，在拿到订单后进行质量规划，充分利用区域平台通过采购和甄选得到最适合的原材料，然后在生产过程中进行严格的质量控制，并综合国际市场需求做好质量改进工作，努力做到紧跟国际市场，快速回应客户需求，让产品质量在全过程质量管控的三段式循环下不断提高。但全过程质量管控的推行并不是一帆风顺的，所以这将是一个螺旋式上升的过程。

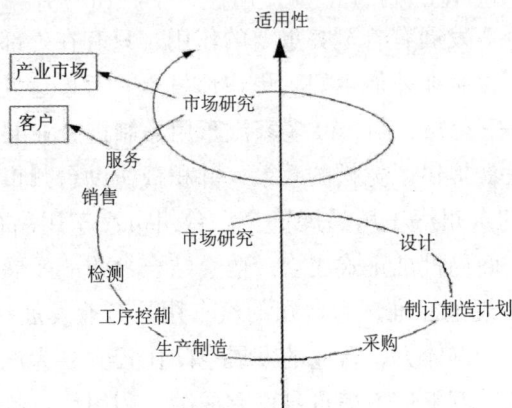

图2-16 "质量三元论"示意图

1. 探寻并确立发展之路

万事达地处仙居县，又是中小型企业，既缺少大量智能化的机器设备，又缺少高素质的人才。对此，万事达因地制宜，选择将发展方向转为利用自身已有的基础，推行更加完善的质量管控模式——全过程质量管控。全过程质量管控比较灵活，需要规范的制度和稳定的客户、供应商与员工作为基础，但是对科技水平、信息化程度和规模并没有过多要求。万事达将全过程质量管控作为发展之路是正确的选择。

2. 适应并满足客户需求

万事达前身是工艺品制造企业，虽然其取得了不错的成绩，但还是毅然地选择了转型生产汽车装饰用品。原因在于万事达企业家的长远眼光和深谋远虑，当时市场上工艺品制造行业已趋于饱和，且当地工艺品制造企业也多不胜数，激烈的竞争和微薄的利润让万事达意识到转型才是存活与发展的出路。2001 年，中国加入世界贸易组织，与世界的交流、贸易更加方便，汽车装饰用品的需求量不断上升，万事达看中了广阔的海外市场，结合自身的工业基础，2005 年将目标放在了汽车装饰用品制造方面。随着经济的发展，市场对汽车装饰用品的质量提出了更高的要求，万事达适时推出全过程质量管控，利用对质量的严格管控满足市场需求，并在 2015 年成功转型升级。当意识到需要转型和采用全过程质量管控的时候就要干脆利落地去学习理论和制定规范，合理地进行系统性安排，使企业运行处于有条不紊的状态。

3. 借力并用足区域平台

外部环境对企业发展有着至关重要的作用，只有在外部环境适宜、政策条件允许的情况下，企业才能更好、更快地发展。万事达处于全国最大的汽车用品生产基地——台州，与 360 多家汽车用品制造企业共同发展。台州为汽车用品行业的发展提供了宽松的政策，并积极协助台州市汽车用品行业协会举办一年一次的台州汽车用品展览会。台州市汽车用品行业协会于 2009 年 9 月 1 日经市工商局批准正式成立。协会结合台州的发展现状，推出了汽车用品行业的管理规范标准，为台州的汽车用品行业发展打下了制度基础。台州产业覆盖面广，群体大，行业的发展空间比较大，为汽车用品行业提供了良好的商业基础。万事达不满自身已有成绩，利用优惠政策和协会提供的便利条件与其他企业公平竞争，和区域经济一同成长。

（二）建议

万事达是非常注重实用性的企业，无论人、设备还是环境等都是按照生产所需进行配比的，没有过多无用的要求。万事达以质量为核心，紧紧依靠全过程质量管控进行生产工作，以质量为基础、以质量求生存、以科技求发展，努力做到不接受不良品、不制造不良品、不流出不良品。为了使万事达更好地以质量为核心持续生产出更高质量的产品，团队根据企业情况提出如下三点建议。

1. 适时引进智能化生产设备

自动化和半自动化的设备可以借助电脑和大数据辅助生产，万事达不应再囿于传统的生产设备。万事达订单量每年都在增加，员工的工作量和工作压力也在增大。使用智能化生产设备可以降低人工成本，大大提高生产效率，更加规范产品的规格，也能更好地把握产品质量，由此可以在提高生产效率、保证质量的同时，减少员工的压力，是一举多得的措施。万事达应学习台州宇森汽车用品公司和浙江竺梅进出口集团有限公司的生产制造技术，引进智能化生产设备，通过新技术的变革延长企业的生命周期。

2. 增强企业的凝聚力

万事达虽然成功地推行了全过程质量管控，但是要达到理想效果还需要员工与企业　同长期努力。持续的发展少不了稳定的员工，要想让员工自愿为万事达工作，增强企业凝聚力是关键。企业的凝聚力要靠企业文化和薪酬福利共同维持。薪酬福利是员工特别重视的部分，万事达的所在地仙居县制造企业众多，为了留住现有员工，万事达应当合理规划薪酬结构和福利制度，让员工的劳动价值得以体现。在企业文化方面，虽然万事达提出了自己独特的务实文化和精益求精的质量文化，但并不是所有的员工都将这两种文化作为核心价值观并形成了相应的行为习惯。因此，建议万事达在企业文化上加强建设，引导广大员工真正理解、接纳、消化、吸收企业文化，并在融会贯通后付诸日常工作之中，使之成为企业发展中的推动力量。

3. 增加后备人才

万事达大部分员工年龄在 35～60 岁，面临着员工老龄化问题，万事达应当增加后备技术型人才，以便在老员工退休后及时弥补空缺。这些职业技术型人才并不要求有高的学历，但要求专业技术对口。仙居职业技术学校的优秀毕业生就是不错的选择，该学校很多专业都与汽车装饰用品制造有关。万事达所要做的就是以更好的薪资福利吸引这些技术型人才，增加企业的人才储备量，并建立一套完整的晋升机制，与俊达形成联动，打造员工向俊达迈进的晋升渠道，让年轻人在万事达能够有更多的机会。

参考文献

[1] 中国产业信息网.2018 年中国汽车后市场规模及发展趋势 [EB/OL].（2018-03-16）[2019-04-11]. http://www.chyxx.com/industry/201803/619781.html.

[2] 张杰.2019 年汽车后市场年中盘点 [J]. 汽车与配件，2019（14）：42-43.

[3] 柳擎浣.汽车后市场，新蓝海风高浪急 [J]. 产城，2019（7）：60-63.

[4] 张颖.阿里、腾讯、京东，在汽车后市场以何攻城掠地？[J].汽车与配件,2019(12)：65-67.

[5] 董俊.基于解决汽车后市场配件经销商滞销库存研究 [J]. 现代商业，2019（18）：17-18.

[6] 刘一乐.中国重汽：深耕汽车后市场，打造"亲人"服务新格局 [J]. 商用汽车新闻，2019（4）：13.

[7] 胡军波.后市场行业呈现三大巨头加五大势力的格局 [J]. 汽车与配件，2019（8）：28-29.

[8] 李海东.汽车用品销售系统的构建与实现分析 [J]. 现代营销（经营版），2019（3）：48.

[9] 栾绍峻.钢铁企业全流程质量管控研究冶金 [J]. 冶金经济与管理，2018（3）：23-26.

[10] 王颖.提升产品质量管理的思考 [J]. 科技情报开发与经济，2011（12）：209-211.

[11] 熊先青，郭伟娟，黄琼涛，等.家具数字化制造质量管控技术研究 [J]. 林业工程学报，2017（4）：152-157.

[12] 高鹏，杨守武，张成成，等.关于空调器用线束生产过程质量管控的研究及推广 [J]. 家电科技，2016（1）：37-41.

[13] 刘红梅.浅谈新形势下企业员工素质教育的地位和作用 [J]. 安装，2012（1）：20-21.

[14] 陈劲，阳银娟.外部知识获取与企业创新绩效关系研究综述 [J].科技进步与对策，2014（1）：156-160.

[15] 李二青.企业文化建设中的人力资源管理问题研究 [J].山东社会科学，2014（1）：155-158.

思考题

1.作为一个位于山区的小企业，浙江万事达汽车用品有限公司经营的成功之道是什么？

2.在未来经营中，你认为浙江万事达汽车用品有限公司会有哪些潜在风险？

> 案例编写：张蒙（工商 183）　卢晨浩（工商 183）　余璇（工商183）
>
> 指导老师：雷宇

产业升级篇

案例 3

麻道成功：需求导向与内生增长双轮驱动的吉麻良丝转型升级之旅

摘要：随着大健康理念的普及，人们不再满足于服饰款式的新颖时尚，开始留意衣物原料是否天然环保、绿色健康。在大健康理念的号召下，吉麻良丝积极应对外部环境变化，抓住汉麻这一绿色原材料，果断采取措施，进行转型升级，谋求自身发展新出路。本文以内生增长为理论指导，在市场机遇和社会消费理念变化两方面外部需求推动的基础上，从人力资本、知识、技术三个内生因素角度，着重分析吉麻良丝如何通过学习改造、技术创新、有效管理等措施实现公司的转型升级，总结公司转型升级过程中的优势与不足，提炼其中的价值与借鉴意义，为纺织公司和行业的转型升级提供一个优秀的范例。

关键词：大健康；汉麻；内生增长；公司转型升级

一、引言

（一）研究缘起

1. 大健康理念及产业兴起

大健康就是紧紧围绕人们期望的核心，让人们"生得优、活得长、不得病、少得病、病得晚、提高生命质量、走得安"，不仅是"治病"，更是"治未病"，追求健康状态、提高身体素质、减少痛苦，做好健康保障、健康管理、健康维护，使民众从透支健康、对抗疾病的方式转向呵护健康、预防疾病的一种新健康模式。

大健康产业前景广阔，伴随"十三五"规划建议落地，"健康中国"正式升级至国家战略。与美国、日本等发达国家，甚至与很多发展中国家相比，中国的大健康产业还处于起步阶段，仅占 GDP 的 4% ~ 5%。为进一步激发大健康产业巨大潜力，我国提出建立覆盖全生命周期、内涵丰富、结构合理的健康服务业体系，打造一批知名品牌和良性循环的健康服务产业集群，并形成一定的国际竞争力，基本满足广大人民群众的健康服务需求。大健康产业毫无疑问是朝阳行业，未来将拥有百万亿级的市场，潜力巨大。

2. 汉麻——大健康消费领域的新宠儿

近年来，消费者的消费理念变化非常明显，迎合大众目前产生的一种合理的、健康的消费模式是产业发展的必然方向。目前，消费领域涌现了一批批新颖的消费产品和模式，大健康产业概念之下全新的消费时代正在被构建。随着消费者消费理念的变化，现有部分看似传统的消费品正在与健康深度融合，相对健康的消费品已获得越来越多消费者的青睐。巨大的市场需求转变使各行各业的转型升级更多围绕大健康展开，面向为消费者提供健康环保的绿色产品，迎合市场需求。汉麻制品作为衣物健康领域的代表，是衣物与健康的完美融合。汉麻本身具有优异的吸湿排汗性、天然的抗菌保健性等六大性能，能够为人体健康提供保障。同时，以汉麻制品作为贴身衣物，能够对人体健康展开全方位的保护，完全符合中医"治未病"的理念。随着各大公司科技研究的进步，汉麻制品在细菌抑制方面有了更大的突破。此外，在款式风格上，各公司为了迎合消费者需求也在不断创新，以汉麻为原料设计的服装在各大国际时装秀上相继亮相，并获得一致好评。

3. 吉麻良丝——汉麻领域的行业标杆

吉麻良丝自 2011 年完全转型为汉麻纺织服装企业，抓住外部市场机遇，投入 8 000 万元科研费用，建立专家院士工作站，最终形成贯穿整个汉麻生产链的四大技术（汉麻微生物脱胶技术、汉麻高支高配纱技术、创新型壳聚糖纤维技术和汉麻面料印染后整理技术），大大提高了汉麻制品的抑菌率，在汉麻高端消费领域独占鳌头。在衣着款式上，吉麻良丝也进行了精心设计，并参加了韩国、法国等各大国际服装周，获得了一致好评。同时，吉麻良丝在绍兴、杭州相继建成汉麻美学生活馆和汉麻美学博物馆，宣传汉麻文化和大健康理念。吉麻良丝凭借自身过硬的产品质量，作为行业标杆，在麻纺织业中居于领先地位。

基于以上缘由，本团队以该公司为案例，为国内传统纺织公司转型升级提供指导方向，为其实践大健康理念提供案例参考。

（二）研究意义

1. 社会——顺应潮流，传播理念

"十三五"规划第一次将"健康中国"上升为国家战略。所谓大健康，就是对生命实施全程、全面、全要素的保护。大健康理念不仅体现在医疗领域，还体现在人们日常穿戴的衣物以及各种面料的衍生品上。吉麻良丝要做的就是以汉麻为引，从抵抗细菌开始，持续维护大众的身体健康。目前，吉麻良丝已成功研发四大技术，对常见的三大菌类抑制率达到92%以上。未来，吉麻良丝还将继续坚持汉麻技术的研发，为大众健康保驾护航。

2. 政府——响应号召，坚定路线

随着消费水平的提高，人们的消费需求也逐渐转移到对自身健康的保护上。政府根据时代发展、社会进步与健康需求的演变，提出大健康这一全局理念。国家政策从"十一五"规划到"十三五"规划，战略方向从"节能减排"到构建"健康中国"（图3-1），每一步都在深入大健康理念。这完全符合国民消费理念，也满足国民健康这一硬性需要。吉麻良丝每一次重大变革都顺应时势政策，努力贯彻大健康理念，坚定自身发展路线。公司对政府政策的响应使吉麻良丝不仅提高了自身经济效益，还扩大了社会效益，为"健康中国"战略的实施添砖加瓦。

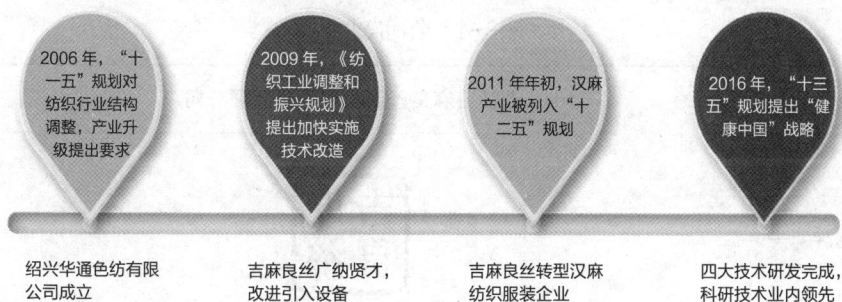

2006年，"十一五"规划对纺织行业结构调整，产业升级提出要求

2009年，《纺织工业调整和振兴规划》提出加快实施技术改造

2011年年初，汉麻产业被列入"十二五"规划

2016年，"十三五"规划提出"健康中国"战略

绍兴华通色纺有限公司成立

吉麻良丝广纳贤才，改进引入设备

吉麻良丝转型汉麻纺织服装企业

四大技术研发完成，科研技术业内领先

图3-1 政策相关联系

3. 产业——总结经验，提供指导

吉麻良丝在大健康理念逐渐深入人心，消费者对绿色健康的高品质产品的需求日益增长的大背景下，抓住市场机遇，利用人力、知识、技术三个内生增

长要素顺利完成转型升级。团队针对该公司的经营模式与生产投入及公司成功转型升级的经验总结，为传统纺织公司转型升级提供了具体可行的指导，同时通过转型升级的内生因素研究，为这一产业链构建升级提出可行的解决方案。其研究成果可以为国内传统纺织公司转型升级提供指导方向，对这些公司的高质量成长具有重要借鉴意义。

4. 公司自身——督促自身，挖掘潜力

吉麻良丝虽然目前在汉麻领域处于领先地位，但同样有竞争对手存在，要有居安思危的意识，时刻警醒自己。创新是公司发展的不竭动力和保持公司活力的源泉。在创新方面，吉麻良丝现已做到了理念、技术、产品的创新，并不断进行创新研发投入，后续在技术创新的同时将进一步推动管理、营销等方面的创新，提高吉麻良丝的品牌知名度，扩大目标消费群体，保持公司的生产经营活力。同时，吉麻良丝要坚持麻文化的传承与传播，与时俱进，在新时代赋予麻文化新的意义，使其更加符合大众的消费观念。在信息爆炸的时代背景下，吉麻良丝应当坚持贯彻大健康理念，响应创新驱动发展战略，做到"人无我有，人有我优"。

二、研究对象

（一）公司简介（表 3-1）

表3-1　公司简介

公司名称	浙江吉麻良丝新材料股份有限公司
品牌标志	
品牌理念	体验品质完美生活，分享舒适烂漫人生
品牌定位	吉麻良丝以品质生活为载体，演绎独有的品位、舒适、奢华的优雅人生

续　表

公司使命	扎根在麻桑沃土，致力健康生活
公司愿景	以工匠精神重塑麻桑文化
公司价值观	细节积淀成功，品质决定完美。激情成就大业，诚信铸就辉煌

　　浙江吉麻良丝新材料股份有限公司前身为绍兴吉玛良斯服装设计有限公司，成立于 2011 年，注册资金 4 000 万元，法定代表人为季国苗，现有职工 192 人。公司位于全球最大的纺织品集散中心浙江省绍兴市柯桥区，在滨海工业区拥有总建筑面积 15 万平方米的生产基地，是一家集纱线研发、面料设计研发、成衣设计研发、成衣生产一条龙产业的国家高新技术公司。旗下运营品牌——吉麻良丝（GIMARAS），主营汉麻服饰及汉麻居家产品，现已成功研发十六大汉麻终端系列产品。2017 年实现销售收入 7 714 万元；2018 年销售收入高达 1.2 亿元。2019 年 6 月，公司正式挂牌上市。公司室内的实景图如图 3-2 所示。

（a）

（b）

图 3-2　公司实景

（二）重大事件

　　2006 年以来，公司经历的重大事件如下。

2006 年，公司董事长季国苗创办绍兴华通色纺有限公司（简称"华通色纺"），着手研发汉麻的前端工艺。

2011 年，浙江吉麻良丝新材料股份有限公司前身绍兴吉玛良斯服装设计有限公司成立，公司最初从事普通纺纱面料的研发生产，但伴随着人们生活水平的提高，绿色健康消费观念的升级，公司进行转型升级，开始从事天然抑菌纺织品——高端汉麻终端产品的研发设计。

2013—2016 年，在自有的纱线研发技术已经成熟的前提下，公司先后成立两个以汉麻研究为中心的专家院士工作站，组织国内外纺织领域顶尖专家对汉麻进行深入研究；与香港理工大学、东华大学等 6 所高校开展产学研合作，并于 2016 年 2 月在香港科学园成立吉麻良丝研发设计中心，重点研发"汉麻微生物脱胶""汉麻高支高配纱"及"汉麻面料印染后整理"技术，现阶段公司汉麻纤维研发技术处于国内领先水平。

2014 年至今，旗下品牌吉麻良丝汉麻美学生活馆及博物馆在绍兴及杭州等周边地区陆续设立，致力向消费者传播汉麻文化和绿色健康理念。

2015—2017 年，吉麻良丝连续三年成为博鳌亚洲论坛的指定服装品牌。

2016 年 9 月，吉麻良丝成为 G20 杭州峰会的合作伙伴和赞助商。

2017 年公司完成了股份改制，经国家工商行政管理总局（现为国家市场监督管理总局）核准，正式更名为浙江吉麻良丝新材料股份有限公司。

2017 年至今，公司作为麻纺织品行业的龙头公司，牵头制定行业及制造标准。

2019 年 6 月，浙江吉麻良丝新材料股份有限公司正式挂牌新三板，证券代码为 873249。

（三）主营产品

吉麻良丝前身吉玛良斯主要从事传统棉花及其纱线、面料的交易，公司经过转型升级后，形成了一系列半成品和产成品的生产链，其主要加入汉麻这一新材料，在保留原有纺织生产链的基础上开创了汉麻生产链。吉麻良丝目前的经营范围是为功能性纱线、功能性面料以及终端功能性产品。终端功能性产品是其主营产品，可将其归纳为汉麻床品系列、汉麻装饰系列、汉麻卫浴系列、汉麻贴身衣物系列、汉麻服饰系列，具体如表 3-2 所示。

表3-2 主营产品目录

名 称	图 片	产品介绍
汉麻卫浴系列产品		
床上用品		天然汉麻与棉、真丝材质的完美结合造就了汉麻床品透气柔软、抗菌防螨、吸湿爽洁、抗辐射等特点 床品 A 面：100% 桑蚕丝 床品 B 面：汉麻 + 精梳长绒棉
冰凉席		与荷兰皇家帝斯曼公司的冰凉丝原料混合而成的冰凉丝汉麻凉席，在同等温度下比全棉材质体感温度低 4 ~ 5 摄氏度，同时保持持续凉感。汉麻材质的特殊性能增加了其抑菌防螨的效果；优异的吸湿排汗性能使凉席不易粘身 冰凉席面料：乙纶 + 棉 + 聚酯纤维 + 汉麻 + 莱赛尔
汉麻装饰系列产品		
墙布		汉麻墙布系列保留汉麻原有的特性，使产品具有天然吸附性功能，能有效应对甲醛危害，同时具备天然抑菌、防螨、防霉、抗紫外线及消音吸波功能 墙布面料：汉麻 + 棉
地毯		羊毛汉麻混纺的地毯既柔软舒适又防虫蛀，不易发霉。含阻燃尼龙成分的地毯阻燃性能优良，其重量比纯羊毛地毯轻 20% 以上 地毯面料：汉麻 + 羊毛 + 阻燃尼龙
汉麻卫浴系列产品		
方巾毛巾浴巾		天然环保的棉麻面料具有超强的透气吸水性，纤维细，柔软滑爽。汉麻不仅有抗菌、抑菌和天然的除臭功能，还有滋润皮肤、美容抗衰老的功效 面料：汉麻 + 精梳长绒棉

续　表

名　称	图　片	产品介绍
汉麻卫浴系列产品		
浴袍		汉麻与棉的混纺面料，同时兼具棉的柔软与麻的抑菌性，亲肤健康 面料：汉麻＋棉
汉麻贴身衣物系列产品		
防臭袜子		基于人机工程学的设计，运用最新的纺织科技打造。汉麻具有独特的臭味吸附、吸湿排汗的功能。脚尖、脚后跟针数加密，手工对目，精准不磨脚 面料：汉麻＋精梳长绒棉
内裤		汉麻纤维独特的中空分子结构，保证水分与浊气的排出及穿着的干爽。另外，汉麻纤维的抑菌作用有效保护皮肤不受细菌侵扰；汉麻材质中富含的原生养肤因子不断游离，智能捕捉异味分子，快速地从根源扫除异味困扰 面料：汉麻＋棉
汉麻服饰系列产品		
工装		天然环保的棉麻面料兼具棉麻的吸湿透气性、亲肤、舒适度高等特点，同时保留汉麻特有的抗菌、抑菌、抵抗紫外线等性能 提供工装春秋款定制，剪裁合理，多口袋设计，修身舒适，面料挺拔 面料：汉麻＋棉
校服		织面机理细腻，轻薄柔软，不起球不变形。设计中融入汉麻技术，增加衣服机理的特别性，同时保留汉麻面料的抑菌、吸湿、排汗、防紫外线等性能 提供款式定制，制造原料环保健康，其产品款式新颖，穿着舒适 面料：汉麻＋棉

（四）合作伙伴

现阶段，吉麻良丝的合作关系主要由供应、生产研发与销售三部分构成。在供应和销售环节，吉麻良丝选择国内诚信经营的中小公司进行合作，在互利共赢的基础上，共同助力汉麻健康事业的繁荣发展；吉麻良丝还与国内众多高校开展研发合作，运用高校强大的学术科研能力，使公司技术资源得以不断改进与更新，在增强自身的技术竞争力的同时，扩大品牌影响力，进一步助推汉麻产业链升级。

（五）行业地位及公司荣誉

2016 年是大健康理念兴起之年，也是吉麻良丝收获众多成果的一年。图 3-3 为 2014—2018 年公司部分荣誉展示。

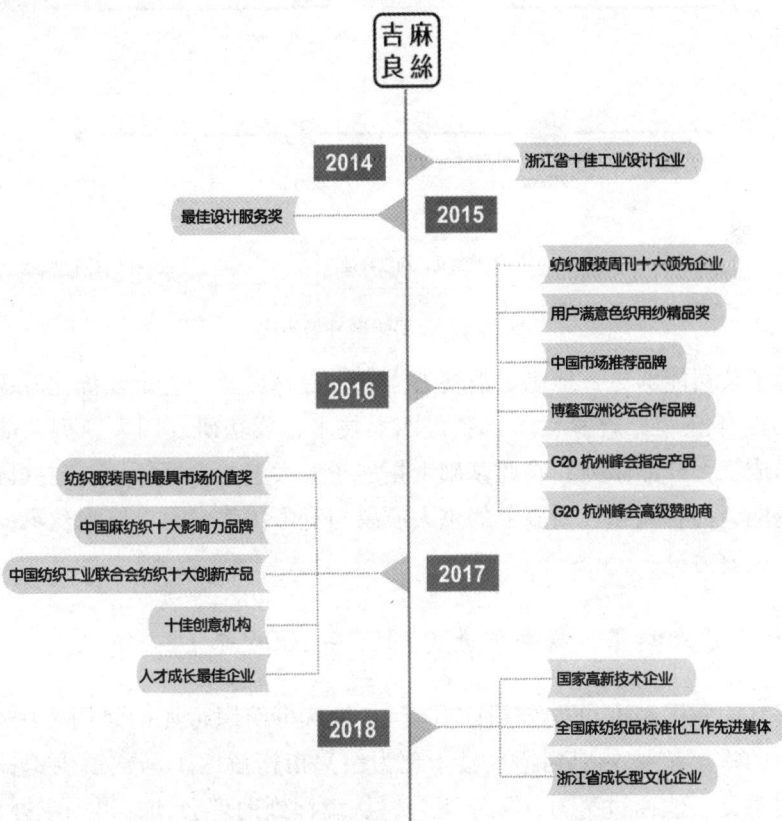

图 3-3　公司部分荣誉

三、案例主体介绍

吉麻良丝的转型升级之旅不是一蹴而就的。它积极应对复杂多变的市场环境，在2006年以前，吉麻良丝董事长季国苗先生在纺织行业摸索前进，在人力、资本、管理经验等方面奠定了基础。2006年成立华通色纺后，在2006—2010年不断调整产品结构，从棉白纺纱到棉色纺纱再到棉麻混纺纱，顺应时代绿色健康消费的发展潮流，成为纺织行业转型的排头兵。2011年至今，吉麻良丝通过建立全面质量管理体系，保障汉麻产品品质；与高校合作，建立专家院士工作站和香港研发设计中心，并结合引入改进纺织设备，学习创新汉麻相关技术，巩固提升公司的技术水平，促成公司的优化升级与持续发展。公司转型升级历程如图3-4所示。

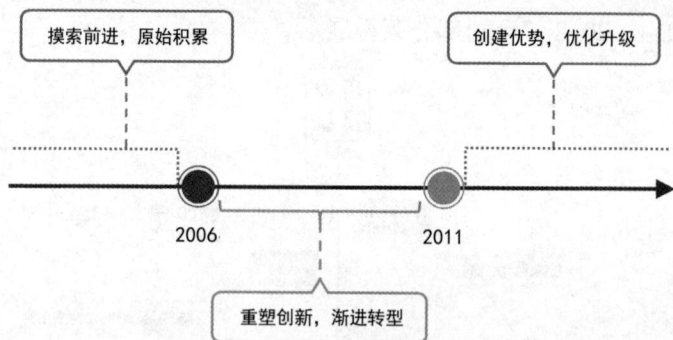

图3-4　公司转型升级历程

为了公司能够更好地满足消费者需求，吉麻良丝一直走在优化升级的路上。2011年至今，吉麻良丝已获得四大技术，成功研发四大新型功能性纤维，形成三大产品系列，在此基础上拓展了五大消费应用领域，建立国际合作交流网，拥有文化传播服务的重大成果与竞争优势，是吉麻良丝巩固行业标杆的重要力量。

（一）原始积累，摸索前进（1987—2006年）

董事长季国苗在创办公司前有着10年从事纺织行业的经历。1987年，毕业后的季国苗被分配到绍兴县（现为绍兴市柯桥区）马鞍镇供销社当了一名收银员。他通过努力，一路提升，从统计到助理会计，再到主办会计，一直到主任助理。1997年，他当上了县供销合作社第二棉花收购站的经理，独当一面。2003 年, 他创办了绍兴柯桥滨江特产棉花有限公司并任董事长兼总经理, 开始了自己的资本积累, 从此与棉花结下了不解之缘。他知道要真正做好、做足棉花这篇文章, 打造公司航母产品, 就必须延长产业链。于是, 2006 年他又做出了一个大胆的举措, 在绍兴市滨海工业区征地 10 万平方米, 投资 1.45 亿元, 创办了华通色纺有限公司。

在长期的创业实践中, 季国苗深知, 一个优秀的企业家, 不仅要有开拓精神和战略眼光, 更要有高超的管理水平。为此, 多年来他一直十分重视公司的内部管理, 苦练内功。季国苗对纺织行业的独特理解和丰富的经验为华通色纺的创办和吉麻良丝的转型升级提供了坚实的管理基础。

在公司不断发展、经济效益不断提高的同时, 季国苗没有忘记他的公司应当承担的社会责任。季国苗在创办公司的过程中积极响应政府政策, 全面推进技术进步, 加快自主创新。他在获得经济利益的同时不忘回报社会的精神, 使他在未来与政府的合作上顺风顺水。

季国苗从纺织服装公司的小职员一步步提拔到总经理职位, 深知机会和环境对优秀人才的重要性。为此, 他长期坚持以人为本的管理方针, 一是不惜血本引进人才并积极发挥人才的作用; 二是大力开展 "留心工程" 和凝聚力工程, 以人性化管理善待职工, 如建造宾馆式宿舍、设立孝心基金等。充足的人才储备为公司未来的转型升级夯实了人力基础。

(二) 重塑创新, 渐进转型 (2006—2010 年)

董事长季国苗经过了十多年在纺织行业的摸爬滚打, 积累了一定的资本、人才储备和管理经验, 推动了公司的三次转型, 从而在纺织行业占据了一席之地。2006—2010 年, 公司完成了白纺纱到棉麻混纺纱三个阶段的渐进转型, 开启新征程。

1. 初出茅庐——白纺纱

2006 年是 "十一五" 规划——纺织行业结构调整、促进产业升级的关键之年。在上述时代背景下, 经历了前期的人力、知识、管理经验的原始积累与招兵买马后, 季国苗开始创立浙江吉麻良丝新材料股份有限公司的母公司——绍兴华通色纺有限公司。

最初, 吉麻良丝是一家棉花收购、加工、仓储、经营及纺织白纱的公司, 受未来纺织行业竞争将从 "价格和质量" 转向 "以高新技术为主导、以品牌竞争为焦点"的综合实力竞争影响,公司的市场定位从低端纺纱的生产转向中高端纺纱的生产。但白纱采用"先纺纱,再染色"的传统工艺,生产流程繁杂、成本较高,产品同质化程度高,市场竞争激烈,只有不断通过优化生产工艺、提高生产效率或降低生产成本,才能勉强在当前的纺织市场上获得一席之地。当时的棉色纺纱产品属于高端产品,与公司的市场选择相符,棉色纺纱采用"先染色,后纺纱"的新型工艺,缩短了公司后期的加工生产流程,降低了生产成本,具有较高的附加值,其性能也优于其他纺织产品,有较强的市场竞争力和较好的市场前景。然而,棉色纺纱生产技术、管理等都有着很高的门槛,需要更加充分的准备,因此白纺纱是吉麻良丝向棉色纺纱发展的一个过渡平台。

吉麻良丝于 2006 年从台湾地区引进先进棉色纺纱设备,经过一段时间的调试,2006 年 8 月开始投产棉色纺纱,成为当时业内色纺纱生产的先行者。

2. 初露锋芒——棉色纺纱

开始做棉色纺纱之后,季国苗发现棉色纺纱因其织造的面料外观上具有色纺纱独有的视觉感,省去了后道工序染色,并且节能环保,消费者对其需求大幅上升。于是,公司决策者积极应对市场变化,调整思路,决定生产棉色纺纱使公司能够顺应市场趋势,满足市场需求。正因为公司对市场变化的敏锐度高,公司生产的产品在市场上取得了不错的份额和效益,产品质优、稳定并且交付及时,为下游针织面料优良的品质打好了基础。公司还积极调整产品结构,加入了棉色纺纱的生产,跻身高技术和高管理门槛的色纺纱行列,继续引进先进设备和人才。当然,扩大下游市场的同时,上游的原料要把好关。华通色纺本身就是一个很大的棉花贸易商,保证了采用最优质的棉花作为纺纱的原料。

此外,公司还积极响应《纺织工业调整和振兴规划》"以技术改造为抓手,采用先进适用技术改造传统产业,提高纺织行业生产效率,改善产品结构,增强市场有效供给能力"的号召。在人才方面,公司不仅在内部培养技术人才,还积极从外部广纳贤才,招揽具有先进纺纱技术知识的人才,提升公司的技术创新和改造能力;在生产设备方面,公司不断改进原有设备,提高生产效率,同时花费大量资金引入先进设备,并对设备进行改造,使其符合公司的生产要求。

随着社会和经济的发展,再先进的技术也会慢慢地失去优势,季国苗深刻意识到白纺纱现状似乎就是棉色纺纱的未来，棉色纺纱将会逐渐被另一种新型材料所替代，所以寻找一种有技术含量的绿色环保的新材料是公司可持续发展和提高竞争优势的必由之路。

3. 脱颖而出——棉麻混纺纱

2006 年，在华通色纺成立之初，公司便有接触汉麻研发的前端工艺，但苦于对汉麻了解不深，公司无法实现从生产棉色纺纱到棉麻混纺纱的这一过渡，汉麻研发缓慢前进。2007 年，通过浙江新建纺织有限公司的介绍，公司和中国人民解放军总后勤部军需装备研究所取得了联系，在得知其正在寻找汉麻新材料的纺纱合作对象后，季国苗主动争取，最终以 1 000 余万元的研发投入与中国人民解放军总后勤部军需装备研究所下的汉麻中心达成合作。达成合作后，公司从浙江缙云华孚色纺织有限公司招揽了具有亚麻纺织经验的技术人员，加之汉麻与亚麻有着相通之处，公司最终成功纺织出了牢固且舒适的汉麻纱线。而后汉麻中心将汉麻材料制成的袜子赠送给季国苗，他在试穿后发现困扰自己多年的脚气得到改善，在感叹汉麻材质的透气性、抑菌性的同时，更加坚定了研发汉麻制品的信念，这也为后续吉麻良丝汉麻制品进入功能性家居内衣服饰领域埋下了伏笔。

传统纺织公司面临淘汰落后产能的现状，吉麻良丝同样处于公司转型升级的关口，在坚定研发汉麻制品的信念后，季国苗开始寻求政府的帮助，通过政府的科技资源平台与些高校搭建联系，使公司的技术研发更上层楼。2009 年，华通色纺投入 1 亿元，加入年产 6 000 吨的汉麻与棉混纺工程，使其成功跻身国家重点产业振兴和技术改造项目之列。同时，吉麻良丝成功对汉麻纤维进行改良，攻克了汉麻面料的痼疾，获得了"汉麻棉色纺纱"等新品专利，成功实现了由棉到麻的跨越，如图 3-5 所示。

图 3-5　公司产品结构调整

吉麻良丝在 2010 年被评为浙江省诚信企业，成为绍兴市纺织产业的龙头公司。其自主研发成功的汉麻棉色纺纱被评为浙江省新产品，获得科技成果证书，公司也被国家科学技术部推选为高值特种生物资源产业技术创新战略联盟理事单位。

公司实现了最初寻找绿色环保新材料的这一目标。在汉麻的种植环节，二氧化碳的排放量减少，同时由于汉麻纤维具有抵御各种细菌以及病虫害的功能，其在整个生长过程中不需要使用任何化学药物，是典型的绿色环保作物，对环境友好，安全无污染。

在产品生产过程中，公司通过领先的技术工艺水平和运行有效的ISO14001 环境管理体系认证、OHSAS18001 职业健康安全管理体系认证和ISO9001 质量管理体系认证，实施节能降耗减排，严格控制和削减"三废"、噪声对环境的污染，营造良好的生产环境，在确保产品的质量和生产安全的同时兼顾节能环保，其生产的汉麻产品不仅可以满足现代人自然健康绿色的生活需求，其后续还可降解处理，大大降低了对生态环境的压力，在一定程度上对公司以及社会的可持续发展有着重要意义。

（三）创建优势，优化升级（2011 年至今）

2011 年 3 月，主打家居内衣系列的汉麻服饰品牌"吉玛良斯"推出（后改为吉麻良丝），并成立了绍兴吉玛良斯服饰设计有限公司。2011 年初，汉麻产业被列入国家"十二五"规划，上海、云南、江苏等地出台政策，积极鼓励汉麻产业的发展，吉麻良丝也开始了升级之旅，其顺应时代绿色健康消费的发展，坚持以汉麻作为重点战略研究和产业塑造的起点，从纤维提取到纱线制造、从色纺到织物精研、从纺织到成品设计，以汉麻为核心不断深化汉麻材料的研究与开发，挖掘汉麻材料多层次的应用潜力，并积极采取各类优化升级的措施，率先成为纺织行业发展的先驱者。

1. 建立制度，保障质量

吉麻良丝在成立之初便致力打造高质量的产品，将产品质量视为公司生存发展的重要基石。公司内部各部门严格遵守原材料、产品检验标准，各司其职，相互沟通配合，严格把控产品质量，确保产品质量的"品牌化、标准化、流程化、精细化"。在管理上通过了 ISO9001、ISO14001 和OHSAS18001 体系的认证，并运用 FMEA、SPC 等质量统计工具和内部审核、自我评价、第三方审核或评价、QC 小组活动等使公司产品的质量得到稳定持续的保障。在此基础上，本团队在 PDCA 模式框架下，将吉麻良丝的质量管理体系整合为客户与环境、领导、资源整合、过程管理、结果五个方面。

（1）客户与环境

随着当今时代绿色产品的兴起，大众对于健康理念的重视程度不断加强，吉麻良丝产品设计研发以客户需求为中心，各部门定期搜集客户信息，解析后确定的客户需求信息按照不同细分市场进行分类总结，形成不同客户群的需求与期望数据库，并从中归纳出针对不同细分市场客户群总体需求特点的汇总资料，供产品规划、开发设计、过程控制等决策时参考，以此提供优质健康的绿色产品，满足客户对产品的需求。对于售后质量管理，吉麻良丝建立了客户回访制度，采取客户自愿形式，记录客户联系电话、产品型号、订购时间等相关信息，定期进行电话回访，并适时推介新款，提升客户满意度。另外，还建立了及时反馈用户投诉意见的快速反应机制，投诉或应急处理的响应时间一般不超过1天，对不可预测的变化，及时采取应对措施。最终形成口碑效应，使客户乐于成为长期的合作伙伴。

（2）领导

吉麻良丝高层领导始终遵循"服务完美、顾客满意，形成战略合作"的经营理念，严格遵循《中华人民共和国公司法》《中华人民共和国合同法》《中华人民共和国产品质量法》《中华人民共和国安全生产法》《中华人民共和国环境保护法》《中华人民共和国劳动法》以及行业的相关法律法规，加强员工法律知识培训，配合政府部门开展普法教育活动，鼓励表彰员工的"正能量"，使诚信守法的公司文化深入全体员工的内心。首先，在经营上，公司合同从未发生主动违约，从不拖欠银行贷款，逾期应收账款降至合理范围，公司高层、中层领导都没有违法乱纪纪录，在高层领导的领导下，员工违法次数为零，在用户、公众、社会中树立了良好的企业道德形象。其次，公司在产品研发生产过程中，充分理解客户需求及产品标准要求，经评审后切实履行并严格执行，从不弄虚作假，以次充好。最后，出于对产品和服务质量安全的重视，公司总经理还会参与品质战略制定与评审、每月质量例会、重大产品质量评审和改进、质量表彰活动、建立质量事故问责和质量安全问责制度等活动。这些都体现了吉麻良丝高层领导以身作则，积极贯彻公司使命、愿景、价值观等，对员工起到了很大的表率作用。

（3）资源整合

这里主要是对人力资源的整合。在体系运行过程中，公司始终关注员工的质量教育，基于 PDCA 的模式，结合运用各种科学、有效的方法，监视、测量、分析、改进质量教育活动。公司在人力资源战略规划中融入了员工的质量教育培训规划，定期对各级员工开展质量教育，并提供请进来、走出去方式，积极与外部进行沟通交流，适时邀请专家对公司员工进行专项培训。

为牢固树立全体员工的诚信意识，公司每年年初制订本年度的教育培训计划，并形成公司、部门、班组多层次的教育模式。各部门负责人根据公司要求，认真组织下属员工积极参与培训；各车间主任负责班组长及员工的诚信宣传教育工作。公司通过专题培训、宣传栏公示、网络教育、质量诚信先进员工经验交流、图片展示等多种方式对公司员工实施质量诚信教育。

（4）过程管理

最终产品的形成必然需要经过一系列烦琐的过程，吉麻良丝严格把控生产销售的每一一环节，制定了多项规范，以保证产品质量，其主要展现于设计、采购、生产过程方面。

①产品设计诚信管理

公司产品设计与研发严格依照《设计和开发控制程序》进行，从研发立项、过程监控（各类评审、验证、确认活动记录）、研发过程总结、管理考评等控制研发相关的整个过程，保证设计输出满足设计输入的要求，包括客户要求、公司要求、标准要求等。

②原材料或零部件采购诚信管理

公司根据物料对产品质量影响的风险程度，将物料分为 A、B、C 三类（图 3-6）。公司对所有物料供应商进行选择时首先考虑其经营的合法性，其次根据不同类别物料的供应商，选择不同的评审方式：对 A 类物料的供应商，除了必须符合法定的资质外，还要定期进行现场评审；对 B 类物料的供应商，先对该种物料进行风险分析，视供应商提供物料的质量情况决定是否需进行现场评审；对 C 类物料的供应商，一般只考虑其资质。公司对物料供应商进行资质审核及现场评审后，若符合要求，则作为合格供应商纳入公司采购管理控制范围，建立供应方质量档案，并根据物料质量情况，纳入供应方考核指标。凡未达到规定标准的采购物料一律不得入库使用。

图 3-6　物料风险程度

③生产过程诚信管理

公司根据行业特点及实际情况，加强生产过程的信息化建设水平，应用 ERP 系统的生产管理模块对整个过程进行数据采集和监控，对公司整个生产过程实行系统化管理，并挖掘内部潜力，发挥技术骨干人员的力量，开展对现有设备进行持续性改造或科技创新工作，对薄弱环节进行技术攻关；生产员工上岗前要经过培训及考核，建立全员培训档案，通过集中培训、班前会培训、"传、帮、带"、目视化等多种方式进行培训，强化其工作技能和质量意识。生产员工要严格遵守车间纪律。公司推行精细化生产组织模式，以缩短生产和交货周期，快速适应市场订单品种和数量高低起伏的变化，在降低库存的基础上，满足了客户对产品及时交付的要求以及对产品质量的进一步认可。

（5）结果

近几年，随着吉麻良丝在汉麻事业上的不断钻研与探索，公司已在行业内树立了良好的品牌形象，客户满意度一直呈上升趋势。公司在客户与市场方面的绩效结果正处于稳步上升期。

公司不断壮大"精、专、新"的研发队伍，持续改善产品技术水平和质量性能，近三年来产品多次获得客户和同行的认可，具体产品质量水平相关绩效结果如表 3-3 所示。

表3-3 近三年绩效结果对比

绩效指标	年 份		
	2015 年	2016 年	2017 年
第三方评审（通过率）	100	100	100
客户验厂稽核（通过率）	100	100	100
政府部门抽查（通过率）	100	100	100
发货及时率	78.13	83.63	82.80
客户满意度	98	98	98
废品率	3.174	2.119	1.905

2.学习改造，创新技术

吉麻良丝研究团队在成功解决大麻纤维相关处理技术问题后，又碰到了关于汉麻纱线的纺纱、印染、织造等新难题。吉麻良丝决定采取建立高校合作与两大技术支持的措施，积极主动地解决问题，形成公司特有的四大新型功能性纤维与四大技术。

（1）高校合作

吉麻良丝与香港理工大学、东华大学、上海大学、浙江理工大学、北京服装学院、绍兴文理学院等建立了校企合作关系，开展产学研合作。运用高校强大的学术能力，使公司扩充技术资源，攻克技术难关，增强自身技术竞争力，扩大品牌影响力，从而更好地开拓国内汉麻市场，进一步助推汉麻产业链升级。

（2）两大技术支持

截至目前，吉麻良丝研发共有两大技术支持：其一是院士专家工作站，其二是吉麻良丝香港设计研发中心。公司在 10 年里，投入了超 8 000 万的科研经费保障院士专家工作站和设计研发中心技术工作的有效开展。

①院士专家工作站

2013 年，在政府科技部门和相关院校的牵线搭桥下，经过双方的多次协商磨合，吉麻良丝与上海大学的孙晋良院士合作建立了公司第一个院士专家工作站，共同研究汉麻相关技术难题。孙晋良是中国工程院院士，是我国复合材料研制领域的领军人物，曾多次获得国家科技进步奖、发明奖。尽管从合作一开始，就遇到了专家与股东意见存在分歧的问题——是否替换纺织设备以获得高质量的汉麻纱线，但最后季国苗力排众议，勇于尝试改良汉麻设备。皇天不负有心人，通过一年多的努力，吉麻良丝的汉麻纤维以及纱线处理技术取得了优异的成绩。2014 年 6 月，舒适性汉麻纱线纺纱设备适应性专项研究取得重大突破。2014 年 12 月，汉麻纤维处理的相关技术成熟。

2015 年，吉麻良丝与东华大学俞建勇院士合作建成了公司第二个院士专家工作站，专家团队人员达 25 人，组织国内外纺织领域顶尖专家对汉麻进行研究，重点研发"汉麻微生物脱胶""创新型壳聚糖纤维""汉麻高支高配纱"及"汉麻面料印染后整理"技术。团队一次又一次对汉麻材料进行提取，仔细地探索麻线的改进，记录每一次汉麻实验的数据和结果，量变引起质变，最终实现质变的跨越。2015 年 1 月，汉麻精纺面料染色技术研发成功；2015 年 3 月，汉麻纱线纺纱工艺研发成功；2015 年 11 月，棉麻混纺、色纺技术研发成功。

② 设计研发中心

公司在自有的纱线研发基地已经成熟的前提下，结合香港理工大学的学术能力，于 2016 年 2 月在香港科技园成立了香港吉麻良丝实业有限公司（吉麻良丝香港设计研发中心），成为第一家在香港科技园入住的国内服装纺织行业的研发中心。2014 年 9 月与香港理工大学签订了创新型壳聚糖纺纱技术、服装设计及品牌营销等合作项目，壳聚糖功能性纱线已研发成功，并获日内瓦国际发明金奖；还联合山东华兴纺织集团，参加香港科技创新资助项目——"创新型壳聚糖纺纱系统研究"，实现汉麻与壳聚糖纤维的完美结合，研制出壳聚糖纤维医用材料——抗菌型无纺布。由于汉麻和壳聚糖纤维具有吸湿透气、抗菌、可降解等优良性能，这一新型绿色保健纤维已得到不断的开发应用。

（3）四大新型功能性纤维

随着对汉麻纤维的应用逐渐深入，吉麻良丝已不再局限于研究汉麻纤维这一种新材料，而是从纤维材质入手，深入分析未来消费市场的多元化和个性化需求，在汉麻研究的基础上，成功研发出四种功能性纤维。这四种功能性纤维均为环保型纤维，符合大众对绿色健康的需求。其研发比重如图 3-7

所示。

汉麻材料研发	比重50%
壳聚糖材料研发	比重15%
海藻酸材料研发	比重15%
PHBV/PLA 及其他功能材料	比重20%

新材料研究院成果

图 3-7　四种材料的研发比重

四种功能性纤维都有自身突出的优势，其特点如下：

①汉麻纤维

汉麻纤维具有天然的抑菌保健性、优异的吸湿排汗性、良好的柔软舒适性、出色的耐高温性、卓越的抗紫外线性、独特的抗静电性能。

②壳聚糖纤维

壳聚糖纤维具有优异的医学功效、可生物降解特点、优良的吸湿保温功能、较好的可纺性能、抗菌除臭功能、抗静电功能。

③海藻酸铜纤维

海藻酸铜纤维对大肠杆菌的抑菌率可达 97.4%，对金黄色葡萄球菌的抑菌率可达 66.2%，具有良好的抗菌性。

④ PHBV/PLA

有人把它称作"绿色塑料"，是一种可分解塑料，是一种生物聚酯，它能被细菌消化，在土壤中或堆肥条件下完全分解为二氧化碳、水和生物质。

将四类纤维互相组合能达到更好的效果，目前主要以汉麻纤维混合壳聚糖、海藻酸铜纤维形式出现，而 PHBV/PLA 尚处于未普及阶段。以混合性纤维制成的产品兼具各类纤维优点，满足了消费者绿色健康消费的需求。

（4）四大技术

吉麻良丝与院士专家工作站和香港吉麻良丝设计研发中心进行技术合作，在学习、吸收、改造、创新国内外先进汉麻技术后，形成公司的四大技术——汉麻微生物脱胶技术、汉麻高支高配纱技术、创新型壳聚糖纤维技术和汉麻面料印染后整理技术。站在汉麻纤维素纤维制造及色纺纱印染后整理的技术制高点，致力实现产品的大升级，使本公司的麻棉色纺纱真正应用于高档纺织面料。

①汉麻微生物脱胶技术

吉麻良丝发明了一种对汉麻纤维进行生物和化学一次性脱胶的方法并申请为专利。该发明节省了时间成本，避免了强酸强碱的处理，绿色环保，对纤维造成的损伤小，制得的汉麻纤维强度高、纤维分离度大、比较柔软、可纺性能好。吉麻良丝真正实现了汉麻纤维脱胶的"清洁化、连续化、自动化、高支化"。

② 汉麻高支高配纱技术

高支指纱线的细度，高配指汉麻的含量。汉麻纱线支数越高，含麻比例越高，汉麻面料的抑菌性越佳，但纺织难度越大。从 2015 年至今，吉麻良丝已基本掌握 50 支、50% 成分配比及以下的汉麻棉色纺纱生产工艺，在解决汉麻纤维染色差、易起毛、刺痒感等不足的同时，保留了汉麻特有的抗菌、防臭、抗紫外线等功能特点。

吉麻良丝针对汉麻纤维纺纱技术难题，研发了"双清双梳纺"和"紧密赛络纺"关键工艺和设备，解决了高比例、高支混纺的技术难题；开发了"潮态纺"工艺和设备，实现了汉麻纯纺的高支化、高效节能生产，突破了汉麻纤维成纱支数低、汉麻高支和高比例混纺的技术瓶颈。

③汉麻面料印染后整理技术

汉麻面料印染后整理技术极大地改善了汉麻面料的光泽度、缩水率和柔软度等性能。该技术采用真空蒸纱处理，提高纱线的强力、均匀度和柔软度，工艺技术不断突破，针织织造效率已提高 2 倍以上；采用重金属脱矿前处理技术、生物酶处理技术及氧—氯双漂技术，提高面料漂白的均匀性。实验证明，在面料进行水洗 20 次后，外观的平整度仍能大于等于 4.0 级，抑菌性能达 90% 以上，吸湿、抗紫外线性能依旧保持较高水平。

④创新型壳聚糖纤维技术

创新型壳聚糖纤维技术是从蟹壳里面提取带正电荷的高分子物质——甲壳素，在生产纤维制品时，一般采用甲壳素的衍生物，即壳聚糖。用壳聚糖制成的纤维具有"抗菌、消炎、止痒、吸湿"等保健功能，被人们称为"保健型纤维"。经多次实验，用壳聚糖纤维加工而成的医用敷料具有抑菌、止血、促进愈合、减少疤痕生成等功效，与普通纱布相比，用于伤口治疗可大大缩短愈合周期。

3. 挖掘潜力，开发价值

从绍兴华通色纺有限公司到浙江吉麻良丝新材料股份有限公司，从经营普通纺纱面料的研发生产到从事天然抑菌纺织品，再到高端汉麻终端产品的研发、生产、设计，其中融入的是超过十年的研发投入和诸多努力。吉麻良丝掌握了行业领先的汉麻技术——汉麻高支高配纱技术、汉麻微生物脱胶技术，同时形成了公司独特的整合型全面质量管理体系，一举成为汉麻研发的领军公司，创建诸多优势。

（1）三大产品基石以及应用面拓展

吉麻良丝在坚持以汉麻为核心的基础上，多年专注对汉麻材质的深入研究与开发，顺应时代的绿色健康消费需求，挖掘汉麻材料综合应用潜力，致力最大限度地开发应用汉麻材料。基于四大功能性纤维，现阶段已成功制造出功能性纱线、功能性面料和终端功能性产品，这三种产品共同组成了吉麻良丝现阶段的主营产品。一般而言，功能性纱线和面料主要销售对象为各纺织公司，即 B2B；终端功能性产品主要销售对象为消费者个人，即 B2C。终端功能性产品中主要为汉麻系列产品，其他纤维产品尚未完全普及。同时，公司在三大产品基石的基础上，通过技术研发突破，研发出五种衍生品。

①三大产品基石

功能性纱线指以新型功能性纱线为研发方向，成功研发出的具有超高抑菌性的汉麻混纺纱、壳聚糖混纺纱及海藻酸混纺纱等。

功能性面料指在功能性纱线的基础上，成功研发出的各类功能性面料，其中汉麻混纺面料达到了精纺工艺，被大规模应用于吉麻良丝品牌产品。

终端功能性产品指吉麻良丝主打功能性纺织用品，产品包括服装、卫浴、家纺、窗帘、墙布等，所有产品面料均为自主研发的功能性纺织面料。公司现有 16 大（汉麻）产品：居家服、职业装、校服、童装、旗袍、僧袍、床品、卫浴、无纺布、卫生用品、医用纱布、墙布、地毯、窗帘、车垫、汉麻文化周边产品等。

②应用面拓展

吉麻良丝的汉麻产品各项技术在高校和院士专家工作站的帮助下日趋完善。目前，吉麻良丝汉麻新产品及衍生品研发成果已有五种，分别是卫生巾、口罩、纱布、无纺布和尿不湿。未来的吉麻良丝将不断创新，研发设计出更多新材料产品，满足消费者的高品质生活需求。

（2）国际合作交流网建立

吉麻良丝从源头出发，与黑龙江克山县汉麻种植基地合作，保证汉麻的原生态，提高产品质量。将家居服饰、卫浴产品、墙布等主营业务与众多国际会议开展赞助合作，成为会议指定服饰品牌，甚至高级赞助商，获得了与会嘉宾和工作人员的一致好评。

2012 年起，吉麻良丝品牌服装参加韩国服装走秀、法国巴黎布歇尔服装展、中国香港春秋服装节等大型展会，其产品的功能性受到普遍赞誉。

2012—2015 年、2017 年至今，吉麻良丝一直是中国女排指定产品，为女排加油添彩。

2016 年成为 G20 杭州峰会的合作伙伴和赞助商，吉麻良丝品牌的汉麻服装在世界舞台上又一次得到展示。

2015—2017 年，汉麻 T 恤连续三年成为博鳌亚洲论坛的指定服装，公司也因此成为论坛的合作伙伴。2015 年 3 月，吉麻良丝成功牵手亚洲博鳌论坛，首次为博鳌论坛嘉宾和工作人员提供 5 500 套汉麻 T 恤，并成为"博鳌亚洲论坛指定服饰品牌"。凭借其独特的透气性和舒适性，吉麻良丝的汉麻服饰得到广大参会嘉宾的一致好评，众多与会嘉宾和工作人员对吉麻良丝汉麻 T 恤青睐有加。吉麻良丝还专门为菲律宾前总统暨博鳌亚洲论坛发起人之一菲德尔·拉莫斯定制了经典商务套装。对于吉麻良丝赠送的商务服饰，拉莫斯表示很特别、很舒适，格外赞赏其透气性和抑菌性能。2016—2017年，吉麻良丝在博鳌论坛上频频亮相，这为其下一步走出中国，走向世界做了充分的准备。

（3）文化传播服务

吉麻良丝为更好地向大众普及汉麻知识与传播汉麻文化，进一步开拓汉麻消费市场，传播大健康绿色环保理念，在线下采用展销结合的模式，在杭州和绍兴的部分地区率先试点开设了汉麻美学生活馆和博物馆；在线上运营微信公众号，或运用线上网络渠道，宣传具有品牌影响力的线下活动，进行汉麻绿色健康文化理念的推广。公司的文化传播方式如图 3-8 所示。

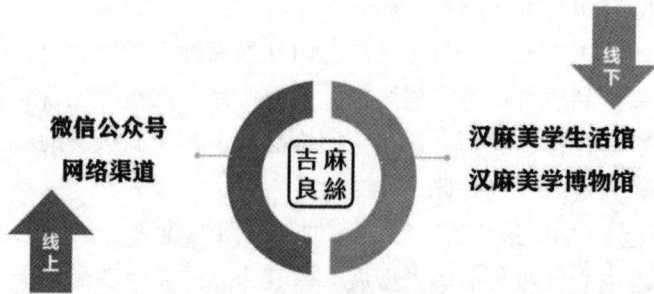

图 3-8 公司文化传播方式

走进吉麻良丝汉麻美学博物馆，通过观看汉麻从材料—纱线—面料—服装的整个工艺流程，欣赏陈列在柜台的各式天然健康的汉麻产品，聆听讲解员对汉麻今生前世的娓娓叙述，打破对汉麻古板守旧的固有认知，感受吉麻良丝独具一格的优雅奢华。

来到吉麻良丝汉麻美学生活馆，体验汉麻制品，进行互动问答，在寓教于乐的方式中，将汉麻绿色健康生活理念传递给普通消费者；向消费者播放汉麻相关视频，发放图文并茂的宣传手册，并循环使用。在将理论知识转化为通俗易懂的文字与生动形象的画面的同时，践行绿色环保的汉麻文化理念。

未来，吉麻良丝还将创新运用线上与线下方式，继续开展更多的汉麻文化推广与传播活动，实现构建汉麻健康产业的美好目标，满足现代消费者的高品质生活需求。

四、案例分析与讨论

随着国家经济发展水平的提高、人们生活方式的转变，人们对健康品质生活的重视程度增强，大健康观念融入人们日常的衣食住行中，影响着消费需求的变化。吉麻良丝抓住市场机遇，掌握消费理念转变规律，不断进行公司转型升级。同时，公司的发展离不开自身和外部力量的共同推动，成功的战略是必须将主要的资源用于最有决定性的机会上。外部需求因素对于每个公司来说，机会福利都是相同的，而在外部因素推动力相同的情况下，要在竞争中脱颖而出，成功占据市场，需要公司内部的发展完善。公司自身完善的实现，必然离不开技术的改革创新、人力资源的管理、知识的学习与积累，最终达到要素内生化。针对吉麻良丝的案例，我们选择内生增长理论对其转型升级进行分析，即市场机遇、消费需求是引发公司转型升级的外部因素，而内生增长是公司转型升级的路径和方法。内外因素驱动吉麻良丝转型升级的过程如图 3-9 所示。

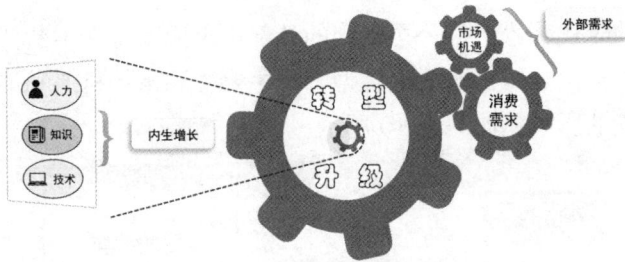

图 3-9　内外因素驱动吉麻良丝转型升级

（一）理论基础：内生增长理论的基本思想

以劳动投入量和物质资本投入量为自变量的柯布—道格拉斯生产函数建立的增长模型，与把技术进步等作为外生因素解释经济增长的新古典经济增长模型不同，"新经济学"（内生增长理论）认为长期增长率是由内生因素解释的。也就是说，在劳动投入过程中包含着因正规教育、培训等形成的人力资本，在物质资本积累过程中包含着因研究与开发、创新等活动而形成的技术进步，从而把技术进步等要素内生化。

内生增长理论产生于20世纪80年代中期的一个西方宏观经济理论分支，其核心想认为经济能够不依赖外力推动而实现持续增长，内生的技术进步保证经济持续增长的决定因素。虽然没有明确的、多数经济学家统一接受的基本模型，但对内生增长模型的研究思路主要包括两条：第一条是罗默等用全经济范围的收益递增、技术外部性解释经济增长的思路，代表性模型有罗默的知识溢出模型、卢卡斯的人力资本模型、巴罗模型等；第二条是用资本持续积累解释经济内生增长的思路，代表性模型是琼斯—真野模型、雷贝洛模型等。从20世纪90年代开始，有学者提出了一些新的内生增长模型。这些模型又可以根据经济学者对技术进步的不同理解，分成三种类型：产品种类增加型内生增长模型、产品质量升级型内生增长模型、专业化加深型内生增长模型。

综上所述，我们对内生增长理论所表达的经济增长的原因做出如下简单的非技术性陈述：第一，获取新"知识"；第二，刺激新知识运用于生产；

第三，提供运用新知识的资源。

（二）外部需求因素推动吉麻良丝转型升级

在不同的时代背景下，公司受到的外部需求因素也在不断变化，本文根据此案例分析得出吉麻良丝实现转型升级主要受到市场机遇和消费理念两个外部需求因素的影响，如图 3-10 所示。

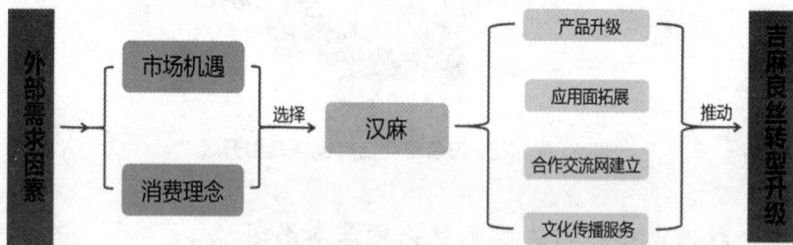

图 3-10　外部需求因素推动吉麻良丝转型升级

1.抓住市场机遇，推动结构调整

进入 20 世纪 90 年代以来，纺织行业的资源消耗与环境污染已引起人类的普遍关注。如何对资源进行可持续利用是各个公司经营所需要考虑的重要问题之一。汉麻的天然无污染和各项优良功能受到国际上的广泛关注，包括欧美发达国家在内的 30 多个国家允许并扶持汉麻的种植和产业化。根据中国麻纺网数据，从 1996—2002 年，天然纤维需求总量稳步增长，增幅为 10%～20%。从 1996 年起，汉麻需求开始稳步增长，2002 年达到 2 200 吨，之后逐年增长，表明汉麻产业发展正处于绝佳的机遇中。

随着市场需求的扩大，许多公司注意到汉麻这一新材料并投入汉麻的研究生产中，吉麻良丝在 2006 年首次试验了汉麻工艺。公司董事长季国苗在机缘巧合下接触了由汉麻制成的袜子，在亲身体验后发现汉麻的诸多益处，后续与汉麻行业从事者沟通及深入了解后发现汉麻还是天然无污染原材料，可以避免传统纺织公司对环境造成污染的情况，并且汉麻相较于苎麻、亚麻，具有生产周期短、用途广泛、原料价格低、加工品种丰富等特点，可以应运到医药、婴幼儿用品方面，其应用面相对来说较为广阔。同时，汉麻产业是国家鼓励扶持的新兴产业，其发展受到广泛关注，汉麻产品不仅在军用领域能保证一定的市场，还能与国内外公司、展会进行合作。吉麻良丝在选择汉麻之前和普通服装纺织公司相同，主要经营传统棉纺制品，在纺织市场上竞争力不大，基于对种种市场因素的考虑，吉麻良丝在汉麻市场初露锋芒之际，迅速抓住市场机遇，在汉麻领域进行资本投入与技术学习创新，成立了吉麻良丝这一品牌，一举成为国内汉麻纺织品的领先公司。如今的吉麻良丝也已实现产品结构的升级，从单一棉纺制品结构到棉纺＋麻纺的产品结构。吉麻良丝还积极深入研究汉麻混合纤维新材料，不断拓展汉麻产品应用面，现已成功研制出汉麻＋海藻铜酸纤维＋壳聚糖纤维的兼具各家之长的汉麻混合纤维新产品，如吸附过滤性强的口罩、抑菌性强的卫生巾、透气性佳的婴儿尿不湿等。吉麻良丝也与国内外峰会、论坛、服装展会、服装秀等进行了合作，扩大了汉麻发展的合作网。汉麻技术的学习研究需要投入大量的时间和资本，仍是许多公司不敢涉足的领域，先行者已分走了汉麻市场的一杯羹，吉麻良丝就是在最好的时间抓住了最好的机遇。

2. 消费理念转变，推动绿色经营

在我国的环境保护、资源节约政策和可持续发展战略基础上，尤其随着人们收入和生活水平的提高，大众的消费理念从满足传统的基本衣食住行需求转变为追求绿色健康的高品质生活。目前，我国的绿色健康产品消费发展态势良好，绿色健康消费品种不断丰富，绿色健康产品消费规模持续增长、政策不断健全、生态环境效益逐步显著。但仍存在着落实个人绿色健康消费意识困难、市场规范程度低、产品监管机制缺失、公司缺乏社会责任感以及有效供给和需求不足等问题。站在公司的角度，为提高消费者对绿色健康产品的购买信心，公司要做到诚信经营，保证产品质量，实现持续经营。

吉麻良丝坐落在历史悠久、文化昌盛的绍兴，拥有众多的人才。开放自由、创新进步的社会氛围使居民可接受科学先进思想与事物的程度高，对绿色健康理念响应程度高。

面对大众消费理念的转变，吉麻良丝充分利用社会有利条件，在加强国内麻纺织行业状况、消费者需求和消费者市场的动态特征关注的同时，采取积极主动的应对措施，结合公司实际情况进行转型升级，谋求未来更好的生存和发展，为引领汉麻健康绿色新潮流的美好愿景而不断奋斗。

在公司外部建立院士专家工作站与设计研发中心，集合各地优秀的汉麻研究资源，对汉麻工艺技术进行深入探讨，不断改进创新汉麻纤维技术，提升汉麻终端产品质量。同时，引进多种环保处理设备，一改原有纺织公司高污染的劣势，不仅在原材料上真正做到了可降解绿色循环发展，还在工厂后续处理环节坚持节能环保。在公司内部培养公司文化,增强员工的凝聚力和向心力,对员工进行相关培训,提高员工的专业水平和综合素养。吉麻良丝内外团结一致,坚守初心,在自身优化升级的四大功能性纤维和三大产品基石的基础上实现了绿色可持续发展。

(三)内生需求促就吉麻良丝转型升级成功

由吉麻良丝这一案例可知,公司的发展与内生增长存在密切联系,公司的发展离不开改革创新,而改革创新依赖技术进步,技术进步又是内生增长的表现。从这一层面看,内生增长推动了公司的发展,而公司发展成为行业的领头羊,又刺激公司进行新的技术创新,有助于公司进一步的内生增长。本案例分析以公司转型升级的发展为主线,综合内生增长的三大方面,研究汉麻产品的发展。从吉麻良丝自身的发展历程出发,在大健康背景下,根据消费需求,为进一步发展汉麻产业,提升公司价值,公司从以下三个方面实现内生增长:培养人才、知识积累、创新技术。培养先进人才可为公司发展注入能量;积累知识可为技术进步打下基础;技术创新可使公司保持核心竞争力,有助于公司占据市场,处于行业领先地位。

1. 人力资本——公司经营的源泉

随着知识经济的到来,知识的掌握者——人才成为公司的第一资源要素。在经济增长中,人力资本的作用大于物质资本的作用。生产力三要素之一的人力资源还可以进一步分解为具有不同技术程度的人力资源。高技术程度的人力带来的产出明显高于低技术程度的人力。人力资本理论把人力资本分为人力资源外在要素与内在要素、数量与质量两个方面。

卢卡斯的内生经济增长模型把整个经济分成两个部门。在第一个部门中,每个劳动者根据其拥有的物质资本(与产品同质)和一部分的人力资本生产消费品。在第二个部门中,人力资本可以自我增长。卢卡斯的模型实际上是"专业化人力资本积累增长模式"。卢卡斯模型揭示了人力资本增值越快,部门经济产出就越快;人力资本增值越大,部门经济产出就越大。卢卡斯模型的贡献在于承认人力资本积累不仅具有外部性,还与人力资本存量成正比。卢卡斯模型承认人力资本积累是经济得以持续增长的决定性因素和产业发展的真正源泉。

人力资本同时具有内部效应和外部效应,内部效应影响人力资本本身的生产效率，外部效应影响着全要素生产效率。

（1）内部效应

人力资源是现代管理的核心资源之一。不断提高人力资源开发与管理的水平，不仅是一个公司发展经济、提高市场竞争力的需要，还是公司长期兴旺发达的重要保证，更是一个现代人充分挖掘自身潜能、适应社会、改造社会的重要措施。通过采用现代化的科学方法，对人的思想、心理和行为进行有效的管理（包括对个体和群体的思想、心理和行为的协调、控制和管理），充分发挥人的主观能动性，以达到组织目标。马克思指出，教育不仅是提高社会生产的一种方法，更是造就全面发展的人的唯一方法。吉麻良丝依托互联网技术，积极开展员工培训，并通过老员工带新员工的方式帮助新员工快速融入公司。

结构资本将个体的人力资本转化成组织资本，是人力资本转化成组织财富的基础；人力资本只有经过结构资本的整合，才能上升为有效的智力资本。与公司人力资本相比，结构资本是公司所拥有的一种组织能力，其价值在于把人力资源凝聚起来，使人力资源在实现战略目标的过程中得到有效的利用。

吉麻良丝品牌成立后，为保证管理的有效性及产品的质量，形成了以绿色、创新、环保等为核心的公司文化，潜移默化地影响着公司员工，增强了公司员工的凝聚力、向心力。同时，公司制定了整合型全面质量管理体系，对领导、客户与环境、资源、过程管理、结果五个方面进行有效整合，制定了一系列规则标准，从根源上保障了管理的有效性。

（2）外部效应

外部效应对经济增长的意义是多元性的。人力资本投资形成的专业化知识能够使其他要素投入产生递增收益，进而使整个公司的规模收益递增。人力资本投资所形成的知识和能力，不仅能够提升公司自身的生产效率，还能够影响到与公司有交易往来的公司，促使其提高生产效率。吉麻良丝积极运用线上平台，邀请专家答疑解惑，线下成立院士专家工作站，优化吉麻良丝研究团队的资源配置，在汉麻纤维相关处理技术和汉麻纱线的纺纱、印染、制造等问题的研究上取得了重大成果。在政府科技部门的帮助下，公司积极与相关高校取得联系，开展校企产学研合作，同时广纳各大高校的优秀人才，为公司技术创新注入新活力。

2. 知识积累——公司发展的基础

在罗默的知识积累增长理论中，技术进步是一个内生变量，是知识积累的结果。罗默认为，知识积累是现代社会经济增长的新的源泉。为此，他建立了两时期模型和两部门模型。在两时期模型中，罗默把知识积累作为经济增长的一个独立要素纳入生产函数中，同时把知识分为一般知识和专业化知识，他认为一般知识会产生经济外部性，使所有公司都能获得收益，而专业化知识会产生经济内部性，给个别公司带来收益。但从整个社会看，知识积累可以使全社会产生递增收益，从而为经济的长期稳定增长提供保障。同样，公司的学习水平与收益增长呈正比，公司的知识储量越多，收益增长率越高。

知识作为公司循环发展的资源，已成为提高公司核心竞争力的关键因素。知识是在生产活动中互相学习的经验积累，是公司对物质资本投资时引起的知识存量的增加，通过知识管理和组织学习培养出来的技术创新人才，在其领域内更具针对性，较易成为公司专用人力资本，因而更具有垄断性和独占性，更容易成为公司的核心竞争力。此外，知识是内生能力的基础。公司要想优化产业结构，提高运营情况，需要在知识方面投入成本。知识有一般知识和专业知识之分：一般知识指普通公司必须掌握的、程序化的、行业要求的基础知识；一般专业知识指公司积累总结的经验所得，是其能够灵活应对市场变化的基础，构成了公司内生增长的核心优势。如何有效学习和管理这两类知识，使其价值最大化，是内生增长的基础。

现今处于开放共享的时代，一般知识与专业知识通过高新技术手段日新月异，且学习界限不断模糊，基本做到交融并包，形成了综合知识。吉麻良丝不禁锢于原有的传统程序化一般知识或主观经验的专业知识，而是以发展全面、共享交流的态度应对综合知识的吸收。吉麻良丝积极学习汉麻技术，建立院士专家工作站和设计研发中心，对研究人员进行相关的培训。在此基础上，吉麻良丝还参与制定了一些行业标准。相关企业在新兴行业标准的商讨中充分交流，分享各自对行业知识的综合见解，并结合专家学者的改进意见，有效实现了麻纺织业的可持续发展。

3. 技术创新——公司核心竞争力

技术创新是公司培育核心竞争力，提高竞争优势的重要途径。1962 年，阿罗（Arrow）提出了干中学效应（学习效应），以此说明动态规模经济的存在和发生过程。公司内生技术创新离不开人力资本、结构资本和物质资本的支持，物质资本是技术方面得以创新突破的必要条件，充足的资金有利于公司技术创新的实现，以及先进设备与优秀人才的引入。实践证明，公司研究设计投入与技术创新能力成正比，为了使公司自身技术竞争力提高，设备、资金的投入，专利的开发都是必不可少的。现今的公司中，技术对经济增长的影响力日益增强，技术不是独立于经济系统的，其包含在经济系统中，对技术研发进行直接的资本投入，以此提高公司的生产率，促进经济长期稳定地增长。

（1）"干中学"促进技术内生，实现公司转型升级

干中学指人们在生产产品与提供服务的同时积累经验，从经验中获得知识，从而提高生产效率，增加自身的知识总量。现实的生产过程不仅需要原料和资本，还需要把各种生产要素有效组合起来的能力。

干中学是技术内生化增长模型的主要内容，表明知识进步是累积性的，公司必须在发展过程中重视知识的积累和进步，看重人力资本的收益，结合实践进行学习、创新。技术变动是从观察实践中学会的，而不是经过专门研究开发出来的。这里所说的技术不仅是生产技术，还包括管理知识。通过"干中学"与"学中干"，人们不断获得知识，而学习又是经验的不断总结，经验来源于实践，经验的不断增加可使公司的知识积累形成技术进步。这一创新与积累的过程把技术内生化，推动了公司生产率的提高，最终推动了公司的发展。图3-11为"干中学"实现技术内生化示意图。

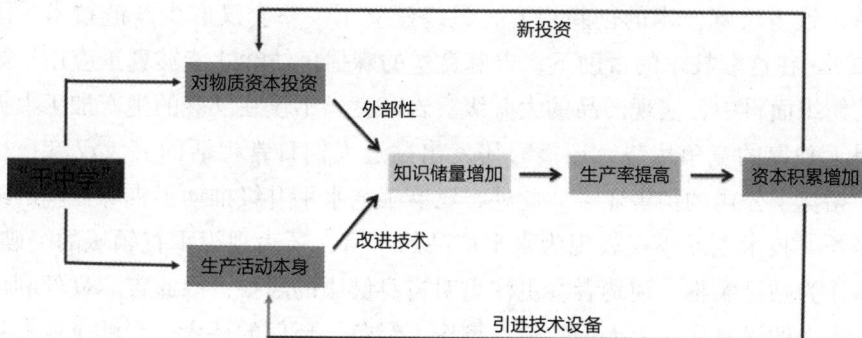

图3-11 "干中学"实现技术内生化

吉麻良丝的员工通过从实践中积累的经验和外部知识的学习，不断推动汉麻技术的进步，促进公司的转型升级。其具体逻辑如下：吉麻良丝运用改

进的机器设备提升汉麻产品的质量，通过引入新机器设备的刺激，解决重复行为使"干中学"收益递减的问题。与此同时，将汉麻新材料应用到生产过程中，通过前期研发投入和多年纺织经验知识的积累，汉麻产成品的生产率不断提升，发生了技术上的改变。对于进一步优化升级的吉麻良丝而言，将前期的资本积累用于研发和引进新的纺织加工技术，同时联合专家开展合作研究，在实际生产过程中进行创新和改良，公司能够取得技术进步，从而推动产品的迭代更新和公司的可持续发展。"干中学"要求公司结合瞬息万变的需求去学习，吉麻良丝在公司经营活动过程中不断吸收外来优秀知识，学习共享在实践中积累的经验，其产品也符合当下大众对大健康的个性化需求。

（2）直接研发和积累技术达到技术内生化，实现可持续发展

研究与开发指在系统研究的基础上所进行的创造性生产或者工作，其目的是增进社会所拥有的科技知识存量。基础研究指主要获得现象背后的规律和事实而看不到特定应用和实用前景的实验或理论研究工作。应用开发针对生产新产品、新工艺和新材料研究所获得或者通过实践经验获得的现有知识基础上进一步开展系统性的攻关，以期望获得系统化实用技术，装备新工艺和新系统，提供新服务，以及大大改进或者替代现有产品。公司通过设立专门的技术研发部门，技术的正外部性促进技术存量增加，技术的负外部性淘汰一些过时的技术，让技术与时俱进，从而保证公司生产率的提高，促使公司的转型升级。

吉麻良丝设立香港设计研发中心的同时，与专家院士合作。建立院士工作站，致力汉麻技术的创新提升，最终建立了一整套汉麻生产链技术（图3-12）。在这套技术的帮助下，吉麻良丝的麻棉色纺纱才能够真正应用于高档的纺织面料中，实现产品的大升级。吉麻良丝不仅在汉麻的生产加工上拥有得天独厚的竞争优势，还潜心研发出贴近人们日常生活的五大汉麻衍生品，拓宽了公司的销售业务。此外，汉麻工艺水平升级推动了吉麻良丝的经济增长。技术创新不仅表现为水平产品的丰富，还表现为垂直领域的突破。汉麻作为贴身衣物，消费者会更注重对自身健康的呵护，因此吉麻良丝利用天然生态的汉麻产品向人们传递大健康、绿色、环保的理念，帮助企业顺利完成了转型升级。

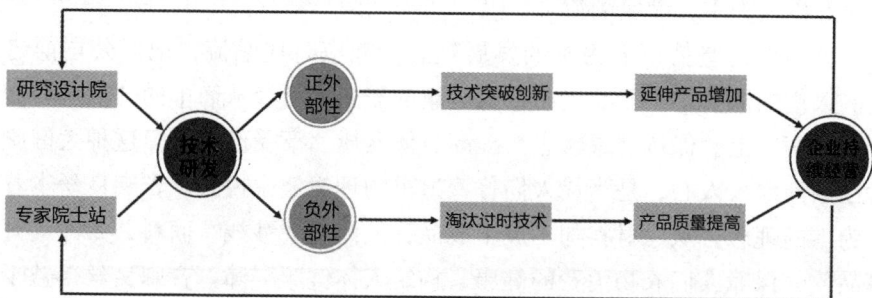

图 3-12　技术研发推动公司内生增长的作用机制

五、总结与启示

在本案例的分析中，我们团队几经波折，最终确定浙江吉麻良丝新材料股份有限公司为案例研究的主体。第一次前往公司时，相关负责人带我们参观了汉麻美学馆，并在沟通中让我们对汉麻材料有了一个大致的了解。后续我们又进行了多次拜访，将我们在撰写文稿时遇到的问题与负责人进行交流解疑。由于部分相关材料为内部资料，我们无法准确获得，但总体上有所收获且对吉麻良丝有了相对全面的了解。

（一）总结

吉麻良丝目前获得的成功可归功为以下几个方面。

1. 敏锐感知，主动出击

"站在风口上，猪都能飞起来。"雷军的这句话揭示了公司自身定位以及把握市场机会的重要性。市场环境的变化既是机遇又是深渊，止步不前，只会被消费者摒弃；稳中求发展，积极应对变化，才能把握更多的发展机遇。

消费者需求的转变是促进吉麻良丝积极转型的原动力。吉麻良丝的董事长季国苗敏锐地感知到消费者需求的转变推动着市面上产品不断优化升级，同时各路商家通过产品创新挖掘更多服务内容，创造新的附加价值。于是，他以超前的眼光做出判断，以坚定的信念进行了从白纺纱到棉色纺纱再到棉麻混纺纱的重大转型，并且成了汉麻领域的领先者。正是季国苗精准定位，抓住机遇，使吉麻良丝始终站在行业前列。

2. 以人为本，顺应潮流

公司始终坚持以人为本的发展理念，顺应时代潮流，把握公司前进方向。人们的消费水平日益提高，在健康的需求上已经从简单的"治病"转变到"防病"上。保持健康状态、提高身体素质、享受健康保障这种大健康理念已渐渐深入人心，是当代人们普遍追求的理想健康模式。吉麻良丝本着以人为本的理念，从原材料加工成半成品，最终变成纱线、面料，专注提升汉麻品质，保障人们衣物消费的健康，构筑人体健康屏障。吉麻良丝得益于自身精益求精的工匠精神，成功实现转型，成为汉麻领域的标杆企业。

3. 内生增长，企业升级

吉麻良丝面对外部环境及市场变化，从知识、人才、技术、制度这四个内生增长因素着手，积极主动地提高自身综合实力，稳步提升公司的竞争优势。在知识方面，通过建立院士专家工作站和设计研发中心，提升公司汉麻技术水平，还聘请权威专家学者开设相应课程、举办讲座，指导研究人员的学习提高，在此基础上共享学习经营经验，为自身转型升级夯实了基础；在人才方面，广纳并培养优秀汉麻人才，打造专业研发团队，与高校及研究院进行合作，建立产学研基地；在技术方面，在实践中学习改造，促进技术内生，实现公司转型升级，再运用直接研发和积累技术达到技术内生化，实现可持续发展，并拥有能够领跑行业的四大技术；在制度方面，执行整合型全面质量管理体系，确保各个部门各司其职、高效作业，认真贯彻绿色健康品质消费理念，保证产品质量。

4. 立足当下，展望未来

当下，吉麻良丝在汉麻这一原材料上投入了超 8 000 万元的研发费用，拥有先进的汉麻纤维及处理技术，赋予了汉麻服装独具一格的纤维品格与特征。吉麻良丝运用改进后的技术优化了工艺的流程，在尽可能不影响汉麻抑菌功能的情况下，成功提取汉麻纤维并推出七彩彩麻系列，改变了消费者对汉麻的传统认知。虽然现今的吉麻良丝还存在着产品缺乏设计感以及营销渠道狭窄等问题，但相信吉麻良丝能够结合市场需求，丰富产品设计，拓宽销售渠道，扩大品牌知名度与影响力，形成稳定的客户群体，树立品牌口碑。未来的吉麻良丝还将在坚持研发创新的同时，持续挖掘汉麻潜力，把汉麻纤维和原料技术应用到更多的非传统服饰领域，力求把汉麻做到极致，充分开发汉麻的价值，积极践行绿色健康品质消费理念。

（二）启示

截至 2019 年，公司研发投入已超过 8 000 万元，且还在持续地创新升级材料。除汉麻材料外，吉麻良丝还对壳聚糖纤维、海藻酸铜纤维等绿色抑菌纺织纤维进行研发生产。随着大健康理念的普及，人们都在追求绿色健康的产品。消费的升级转变带来的巨大消费红利，对公司来说，既是一个机遇，又是一个挑战。本案例以浙江吉麻良丝新材料股份有限公司为研究对象，总结其研发和运用汉麻新材料的成功经验，为同行业公司提供借鉴和参考。

1. 把握转型方向，抓住发展机遇

传统纺织公司面对激烈的外部竞争和市场压力，迫切需要谋求转型，而能否找准转型方向对公司未来发展具有决定性影响。结合本案例，吉麻良丝能够在纺织行业面临干旱困境时，通过管理者的慧眼识珠，把握住透进石缝里的一滴甘露——汉麻，并通过选择符合情况的培养方式——引入设备和改造技术，坚持进行"浇灌"，成功实现了企业的重塑转型。因此，纺织公司要针对自身现状，结合时代发展需要，寻找适合公司的发展方向，实现精准转型。在社会主义市场经济条件下，市场总是瞬息万变的，公司管理者更要善于从市场变化发展的趋势中捕捉发展机遇，只有具有一双火眼金睛和坚持不懈的毅力，才能把握住发展机遇，实现公司的可持续发展。

2. 注重创新，增加产品附加值

创新是公司发展的不竭动力和活力源泉。一家优秀的公司要持续不断地为公司注入创新精神，从而推动公司的长期发展，保持公司的生机和活力。结合本案例，吉麻良丝不断通过技术创新，增加产品附加值，提升汉麻价值。近年来，随着绿色产业的不断兴起，行业内竞争日益激烈，纺织公司要想在众多同类公司中脱颖而出，就需要"苦练内功"，从各个方面增强公司的综合实力。纺织公司需要不断创新工艺、技术，不断推进产品的更新换代，使产品在同类产品中独具特色，以提高产品的附加值和经济效益，使公司生产经营持续充满活力。

3. 围绕政策目标，集聚各纺织公司先进技术

纺织行业在我国地域上呈现先集聚、后扩散的态势。对于该产业而言，产业集聚有利于公司之间的深度分工，进而有利于技术创新和提高效率，有利于形成专业市场。随着国家出台《建设纺织强国纲要》及党的十八大提出

生态文明发展理念，纺织产业也应积极通过促进产业集聚，学习合作，创新纺织技术，实现技术更替，最终实现产业整体技术的提高，实现产业的优化升级。

4. 投入绿色健康纺织产业的建设中

纺织业在我国传承了几千年，已成为我国国民经济的重要支柱性产业之一。但现阶段的纺织公司多为高污染、高耗能公司，而生态文明建设又放在了突出位置。实现绿色产业不是仅靠一个公司就能做到的，而需要千千万万个公司一起行动。纺织公司应积极开展绿色制造，从原料开始实现绿色生产，同时积极研发废水处理技术，为生态文明建设贡献力量。守正出新、面向未来，中国纺织行业的发展必须要走绿色制造、责任发展的路线，以实现行业的可持续发展。

参考文献

[1] 闫希军，闫凯境，朱浩彬，等. 大健康与大健康观 [J]. 医学与哲学，2017（3）：9–12.

[2] 李桥兴，赵红艳. 大健康产业发展研究综述 [J]. 经济研究导刊，2018（7）：53–55，90.

[3] 张浩. 汉麻产业发展研究 [D]. 北京：中国农业大学，2007.

[4] 梁龙. 汉麻科技创新产业化走出行业新典范——纺织之光"汉麻产业化关键技术及应用"重点科技成果现场推广活动举行 [J]. 中国纺织，2017（1）：56–57.

[5] 陈功玉，邓晓岚. 企业技术创新行为的内部因素研究 [J]. 科技进步与对策，2005，22（12）：89.

[6] 黄锐，任锦鸾，张殊，等. 创新驱动发展机理分析与实证研究 [J]. 中国科技论坛，2016（8）：5–11.

[7] 李菲云. 基于内生增长理论的创新驱动发展战略 [J]. 发展改革理论与实践，2017（4）：32–38.

[8] 周为民. 管理性知识对罗默知识生产模型的发展 [J]. 管理观察，2016（30）：37–39.

[9] 戚湧.内生增长理论与高校产学研结合创新研究[J].江苏高教，2007（2）：134-136.

[10] 庄子银.新增长理论的兴起与知识经济的出现[J].经济评论，1999（6）：20-26.

[11] 张友丰，杨志文.知识积累、报酬递增与新型专业市场——以义乌小商品市场为例[J].华东经济管理，2014（7）：22-27.

[12] 郑健雄.罗默的内生增长理论与我国的创新驱动发展战略——兼论政府与市场的关系[J].福建论坛（人文社会科学版），2019（2）：11-17.

思考题

1. 在大健康理念日益深入人心的背景下，本案例对象吉麻良丝开发汉麻产品取得了成功，这对你有何启发？

2. 结合案例内容思考，传统纺织服装企业要成功实现转型升级的关键因素有哪些？

案例编写：黄舒婷（工商173）　黄娜（工商173）　杜静洁（工商173）　李蔚（工商173）　张圣斐（工商174）

指导老师：丁志刚

案例 4

基于全球价值链理论的企业升级之路

——以浙江巴贝领带有限公司为例

摘要：随着"工业4.0"时代的到来，制造业经济发展的内外部环境发生了深刻的变化，中国制造企业迎来了新的挑战：成本优势不复存在、高端要素欠缺、技术水平不高、产业层次较低等因素始终限制着制造业的发展。与此同时，近几年由于经济下行压力不断加大，国内众多实体企业遭遇发展的"寒冬"，升级或成为企业摆脱资源密集型、劳动密集型、处于价值链低端等现状，推动企业不断实现新的发展目标的有效途径，因而受到越来越多实体企业的重视。但现阶段很多企业提出的升级路径相对粗浅和片面，多受制于国内外经营环境的变化，被动地进行升级，缺乏前瞻性、计划性和应变性，不仅未实现预期的目标，反而加重了企业负担，造成了资源的浪费。

浙江巴贝领带有限公司是一家高档领带为龙头，装饰面料和家纺面料的成品、服饰、品牌经营相融合的公司。在公司20余年的发展历程中，早年靠引进先进技术设备与贴牌迅速占领市场高地，后耗费7年时间解决了世界性的难题——工厂化养蚕，又有强大的技术团队与大量资金的投入，且与国内外供销商达成了战略合作协议，目前公司已成为领带行业的领头羊。在全球价值链下，企业的发展离不开持续的升级，而企业升级作为企业管理的一种有效方法，通过过程、产品、功能三个层次的突破，推动企业的发展，这一点在浙江巴贝领带有限公司身上得到了很好的验证。

基于对浙江巴贝领带有限公司的实地考察与调研，本文针对其升级的三个层次进行探究，运用多种研究方法论述其升级之路，并将其带入嵊州领带产业的环境中，深刻剖析其稳居行业龙头地位的内在原因，同时探讨其在升级过程中带来的意义与价值，最后总结推动企业发展的方法并给予相关企业一定的建议。

关键词：全球价值链；浙江巴贝领带有限公司；企业升级

一、引言

（一）研究背景

2008 年发生的全球性金融危机在极大程度上影响了各实体经济的发展，全球制造业进入了多年来的低谷期。在全球化竞争日益激烈的环境下，任何企业都摆脱不掉企业的转型升级。与此同时，联合国在《2019 年世界经济形势与展望》报告中指出，全球经济 2018 年增长 3.1%，预计 2019 年和 2020 年经济增速将保持在 3%，但受贸易争端升级、全球金融环境收紧和气候变化加剧的影响，经济下行风险增加。这表明全球经济形势的动荡也必将引起全球领带企业的战略布局的变化，为我国相关产业进一步推进转型升级带来了历史性的发展契机。

作为中国领带之乡，嵊州领带产业从 1984 年初开始逐步发展，全市曾经有 1 300 多家集印染、织造、制作于一体的企业，拥有超过 3 亿条的年生产能力，产量占全国总量的 90%，占全球总量的 60%，产值超过 100 亿元。21 世纪初，嵊州领带模式、万向模式和温州模式被并称为浙江块状经济发展的三大模式，如图 4-1 所示。

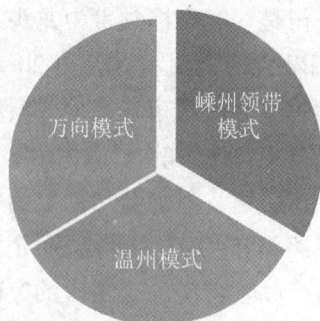

图 4-1 21 世纪初浙江块状经济发展三大模式

近年来，由于外部环境及内部等因素，我国领带行业普遍低迷，大部分企业被迫转行甚至关停。在全球经济动荡的影响下，嵊州领带产业园遭遇了前所未有的挑战。目前，嵊州领带与高新技术行业相比，还是处在现代产业集群起步的阶段。限制产业发展的主要因素如下：第一，产业链不完善，产业缺乏自主权，且结构不能满足经营需求，阻碍产业做大做强；第二，技术含量较低，高端人才缺乏，在设计、制作工艺与面料材质方面同国外龙头领带企业存在差距；第三，对产品的创新能力不足，多为企业贴牌生产；第四，社会服务体系、配套服务不完善。上述这些问题导致企业在极其复杂的国际形势下无法提出有效的对策来降低生产成本与物流成本，从而影响了经济效益。

但是，在如此环境下，浙江巴贝领带有限公司仍能自力更生、稳中求进，时刻走在行业的前列，这是一个值得研究的问题。

（二）研究意义

在全球化背景下，国外领带行业巨头为了获取全球性的资源优势和实现全球竞争战略，将领带价值链上的低端环节向海外低成本国家转移，集中精力发展处于领带价值链高端的环节。当国内领带企业通过"依附发展"已经达到较高层次，需要产业结构升级时，国外领带行业巨头有可能会由支持转为"抑制"，也就是说国内领带企业会遇到来自国外领带巨头掌握全球市场销售终端或品牌的国际大买家的"俘获效应"和"纵向压榨效应"。国外大型领带企业以其核心技术与品牌为基础迅速成为全球价值链中的"系统整合者"，对其价值链上、下游企业活动进行较大力度的整合与协调，从而继续维持其价值链的高端位置。现实情况并非库兹涅茨的"需求结构适应"和罗斯托的"经济增长阶段论"所预言的那样，国内的领带企业可以通过国际分工实现自然升级。

大量实践表明，在参与全球价值链的过程中，我国领带企业虽然在降低产品生产成本、增强即时供货柔性能力并在提升产品式样、质量、安全、环保方面取得了一定进步，但是在进入核心自主研发、品牌拓展和全球市场销售渠道等高附加值环节过程中，遇到了来自掌握核心技术、全球品牌以及全球市场销售终端渠道的国际领带行业巨头的压制，难以实现功能的升级和跨部门的升级。这说明在当前的环境背景下，研究国内领带企业的升级既有理论上的必要性，又有实践上的迫切性。

将升级的概念引入全球价值链分析中，为研究领带企业升级提供了一种全新的视角，也为我国领带企业根据自身已有条件和价值链的治理模式找到最合适的价值链增值环节，为制定未来发展战略，实现企业升级提供了理论指导。同时，分析领带企业是一个对全球价值链理论进行丰富和完善的过程，具有一定的理论意义。

二、案例对象介绍

（一）公司简介

浙江巴贝领带有限公司（以下简称"巴贝"）创立于 1993 年，公司设在中国"领带之乡""越剧之乡"——浙江省嵊州市，是一家以高档桑蚕丝为主要生产原料，集领带制造、染整、服饰品牌运营、家纺及产业投资于一体的民营控股集团公司，也是中国领带行业的龙头企业、国家高新技术企业。巴贝采用职能型管理模式，由董事会协商探讨进行公司的各项重大决策，总经理执行董事会的战略决策，实现董事会制定的企业经营目标，并管理、组织和领导各职能部门，总经理下辖生产经理、营销经理、财务经理和技术经理，分别管理和组织各自部门的员工。巴贝主要生产高档真丝领带，70% 出口美国、日本等发达国家，并在国内市场设立了 500 多个零售网点。巴贝以率先引进国际先进的专业领带面料制造设备而闻名于业界。公司核心品牌"巴贝"（图 4-2）被评为中国驰名商标，填补了嵊州驰名商标史上的空白。

图 4-2　巴贝商标

巴贝秉承"诚信、务实、创新"的核心价值观，以"品味生活的创造者"为使命，坚持不懈地挖掘、研究领带制造技术，成立自己的设计研发工作室，连续多年通过中国职业健康安全管理体系认证、质量管理体系认证、环境管理体系认证与其他工业产品认证，并且拥有自己的软件——基于图像特征的领带花型检索软件的著作权。在公司内部，巴贝专门建立了一个巴贝产品展厅及巴贝博物馆，展示领带工艺技术，打造企业文化软实力。

此外，巴贝以"铸百年企业，创国际品牌"为愿景，目前已发展成为全球最大的领带生产企业之一，连续十年领带产销量位居全国第一。此外，巴贝从 1996 年起一直独家代理"皮尔·卡丹"（Pierre Cardin）领带、头巾产品在中国的生产和销售。不仅如此，巴贝还积极与其他国际领带巨头合作，已与美国、日本、意大利等供应商建立了紧密的合作伙伴关系。在 2008 年全行业遭遇金融危机的重挫之下，巴贝仍然实现了营收超 11 亿元的目标，且近几年企业在营收方面依旧保持行业领先水平。

目前，巴贝正朝着更远、更高的目标稳步前进。

（二）公司发展历程

巴贝的发展历程可以概括为四个阶段：起步期、发展期、扩张期与成熟期（图 4-3）。

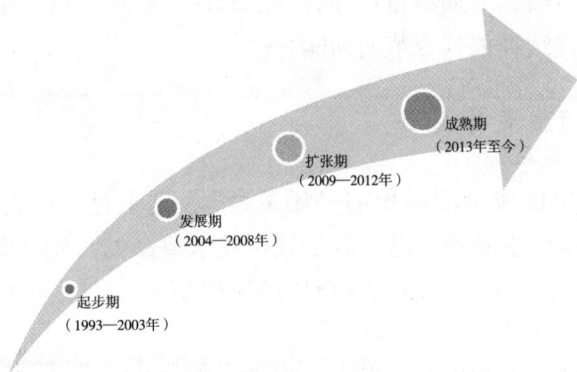

成熟期
（2013年至今）

扩张期
（2009—2012年）

发展期
（2004—2008年）

起步期
（1993—2003年）

图 4-3　巴贝的发展历程

1. 起步期：1993—2003 年

20 世纪 90 年代初，以"逆势而上"著称的金耀看准领带业发展前景，访西欧、上北京、跑部门、走市场，面对 70% 的负债率，毅然投资近千万元创办了巴贝公司，在中国首家引进多款国际先进的制造设备，其大手笔被当时众多媒体称为"中国领带面料史的一场革命"。

2. 发展期：2004—2008 年

巴贝开始涉足家纺行业，成立浙江巴贝纺织有限公司，专业生产家装面料和家用纺织成品。随后，在竞争激烈的中国家纺市场上占有一席之地。不仅如此，其面料为各大知名家纺企业争相订购，欧美市场中许多家纺客户都与巴贝建立了业务关系，而且国内几乎所有知名的家纺品牌企业都选择巴贝的高档真丝面料生产高端家纺成品。

3. 扩张期: 2009—2012 年

经过十几年的呕心沥血，巴贝已发展成亚洲地区生产规模最大、生产设备最先进、产品档次最高的专业领带生产出口企业。巴贝品牌连续三次被中国服装设计师协会推荐为中国流行趋势服饰类主导品牌。巴贝领带被评为中国名牌产品和国家免检产品，"巴贝"商标成为中国驰名商标，真正成了中国领带的第一品牌。

4. 成熟期: 2013 年至今

巴贝按照现代农业科技理念，创新形成了集蚕品改良、饲料配方、生产工艺、防病体系、环境控制、人工智能等多项技术于一体的规模化、标准化、集约化现代养蚕方式，实现了工厂化养蚕的产业化开发。此外，根据计划，继一期项目后，二期项目也即将动工兴建，建成后这个全球唯一的工厂化养蚕基地将持续释放其变革型动能。

（三）公司发展特点

从引发"中国领带面料史的一场革命"，到走过一段青涩的"贴牌时代"，再到拥有自主品牌，巴贝既是领带技术革命的"先行者"，又是中国领带潮流的"领舞者"。经过 20 余年的发展历程，巴贝也形成了属于自己的一系列特点。

1. 领带制造国内领先

巴贝是改革开放后国内最早的一批生产制作领带的企业。截止目前，它一直是国内领带行业的龙头。目前，巴贝的生产线上拥有几千名员工，每名员工在上岗前都会进行一段时间的培训。在这个几千平方米的厂房里，生产、加工互相运作、互不影响，每个生产车间每天、每周、每月都有一定的指标，员工也都尽力完成这些指标。在织布方面采用先进的织机，但也需要员工在一旁协助，每一个步骤都有员工参与，防止发生一些问题。所以，目前该行业基本属于劳动密集型产业。巴贝目前的销量也一直处于一种稳定增长的状态，每年都能够外销几百万条，在同类企业中处于顶尖水平。

2. 技术水平趋于完善

足以让巴贝傲视群雄的就是它的技术，包括针织、织布等。早年，金耀以过人的胆识斥巨资从德国进口了一批先进的领带制作设备，特别是织布机器。这批设备为巴贝迅速占领国内领带市场立下了汗马功劳，使巴贝从此迈向了一个新的高度。

巴贝投资了6 000万元引进德国提花织物"EAT"电脑设计系统，开发花型模拟系统，建立全球领带花型电子资料库，建设最先进的极具个性的领带网络销售的客户需求终端；与香港理工大学建立科研技术合作关系，从染色工艺到面料手感进行全方位提升；与浙江理工大学合作完成具有国际先进水平的"真丝数码纺印技术""真丝提花花纹闪色"技术两大新技术攻关。

3. 业务多元良性发展

巴贝早年的业务即领带，后来随着公司规模越来越大，为更好地发挥技术优势，巴贝开始拓展业务。公司产业众多，旗下有巴贝（中国）服饰有限公司、浙江巴贝领带有限公司、浙江巴贝纺织有限公司、浙江巴贝丝业有限公司、浙江维新纺织有限公司、嵊州雅戈尔巴贝领带有限公司、嵊州科墨后整理有限公司、浙江巴贝服装服饰有限公司、巴贝智慧科技有限公司等子公司。每个公司都负责一项业务，涵盖服装、领带、纺织、真丝、科技等，形成了多元化发展的经营理念。

4. 战略持续稳中求进

巴贝从发展初期一直坚持的就是以技术为核心、多元化开拓业务的商业战略，牢牢锁定中高端市场，盯住中高端客户，为他们提供量身定制的优质产品及服务。目前，随着国内外环境的变化，巴贝的经营战略也开始发生变化，原先的领带生产已经不能满足日益变化的客户需求，逐步拓展全新的竞争领域才是当务之急。正因如此，巴贝耗费7年的时间研究出了世界上首个"工厂化养蚕"的商业模式，这为巴贝未来战略的变化奠定了基础，使巴贝焕发出了新的生机与活力。

5. 政策导向趋于改变

巴贝领带的快速发展在一定程度上得益于政府政策对产业的倾斜和支持。20世纪90年代初，嵊县（今嵊州市）服装行业中占主导地位的国营、集体等大中企业都属外向型经济的窗口企业，主要业务是接受订单、对外加工及来料生产，以销定产，外销服装占90%，许多企业产品不需要通过本地市场销售。1992年1月，县委、县政府提出"建一个市场，兴一门产业"发展嵊县（今嵊州市）经济的思路，投建浙东服装城。

服装城开业翌年，市场就出现清淡局面，唯有在服装城设摊的8家领带经营户生意很有起色。县委、县政府因势利导，对市场功能重新定位。

6. 行业疲软后劲不足

以 2008 年金融危机为节点，之后的几年一直到现在由于多重因素的影响，消费者对领带的需求在逐年减少，领带销量也在不断下滑。深入分析发现，领带制作毕竟是劳动密集型行业，无论利润还是前景，都比不上近年来快速发展的高新技术产业。一方面，随着人们观念的改变，大约只有 5% 的人有使用领带的习惯，而且大部分人是因为工作需要才使用领带；另一方面，网络技术的发展对传统方式造成了冲击。行业上的发展滞缓也对巴贝造成了一定的困扰，但这种困扰可以通过技术方面的变革加以解决。

7. 劳动成本显著提高

伴随着中国人口红利的消失，要素资源价格上涨对纺织服装行业产生较大影响，尤其是劳动力成本上涨对纺织服装行业造成了较大影响。纺织企业工人工资普遍上涨，以珠三角为例，2006 年纺织工人的平均工资为 800 元 / 月，2007 年的平均工资则上涨到 1 600 元 / 月。有一些地区的平均工资甚至已达 2 000 元 / 月。近年来，我国纺织行业的生产原料、劳动力成本、能源成本逐渐上升，由于日益激烈的市场竞争，企业不能提高产品价格来转嫁成本，使销售成本增速高于销售收入增速，行业盈利能力逐渐降低。为保证企业盈利能力，企业只能提高出口产品的价格，这意味着我国出口纺织品的国际竞争力将下滑，销售利润将下降，对外贸易依存度高的行业损失较大，特别是领带出口企业。

8. 市场环境诡谲多变

国际上，受复杂的国际地缘政治、经济、贸易、金融和军事环境影响，全球经济贸易复苏势头可能进一步减弱。经济合作与发展组织（OECD）在其 2018 年 9 月份最新经济展望中指出，全球经济增长已经见顶，贸易不确定性阻碍跨国直接投资并将导致全球经济扩张速度放慢，所以该机构下调 2019 全球产出增长率至 3.7%。OECD 将全球 2018—2020 年经济增长调整为 3.7%、3.5%、3.5%。G20 经济三年增速分别为 3.8%、3.7%、3.7%。

从国内来看，2019 年中国经济增速在新常态下运行在合理区间，国内生产总值（GDP）增长 6.3%，比 2018 年减少 0.3 个百分点，就业、物价保持基本稳定，但劳动力成本呈上升趋势，竞争环境激烈。

（四）公司所获荣誉

巴贝从 1993 年创立到现在，在一路发展的同时收获了很多荣誉和称号，在领带行业里逐渐树立起了标杆（表 4-1）。

表4-1　巴贝早年所获荣誉和称号

时　间	荣　誉
2003 年	中国服装行业双百强企业
	全国重要技术标准研究试点示范企业
	浙江省优秀省级企业技术中心
2004 年	"巴贝"评为浙江省知名企业商号
	绍兴市技术中心示范企业
2005 年	"巴贝"牌领带被评为中国名牌产品
	十佳科技型企业
	浙江省企业技术中心
2006 年	"巴贝"商标被评为中国驰名商标
	年度技改投入先进企业
2007 年	浙江省劳动保障诚信单位称号
	绍兴市十大优秀慈善企业
	国家重点高新技术企业
	国家火炬计划重点高新技术企业
	企业自营出口竞赛先进单位金奖

三、巴贝的升级之路

回顾巴贝的发展历程不难看出，巴贝的成功取决于它持续不断地推进企业的升级。巴贝的升级战略有三个层次：第一个层次主要是原材料自主创新；第二个层次是优化生产系统；第三个层次是转变营销方式（图 4-4）。完成这三个层次的升级，巴贝才逐渐占领了市场高地、稳中求进。

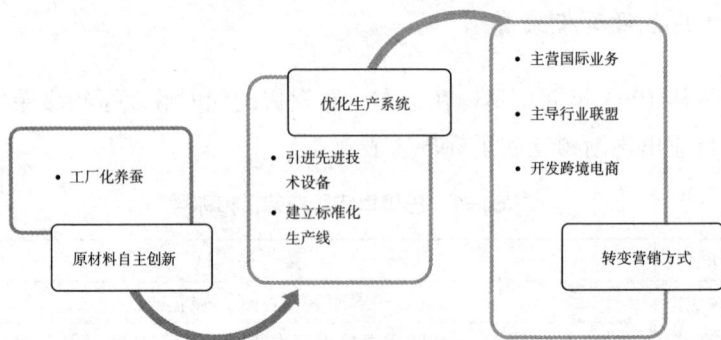

图 4-4 巴贝升级之路

（一）原材料自主创新

为了适应不断发展的时代和不停变迁的市场，嵊州的领带产业一直处于发展状态，产业链慢慢形成。巴贝通过自己的努力，在供应端花大力气进行科研，最终解决了领带原材料的供应问题。

制作领带的原材料一般由我国中西部地区供应，蚕桑市场价格波动变化很大，不易满足巴贝对制作领带原材料的需求。虽然巴贝早年在西南地区建立过大型的蚕桑基地，但着眼于未来发展，巴贝决定升级供应系统。

金耀当时认为，要控制真丝原料市场的话语权，必须进行变革。一次偶然的机会，他了解到浙江省农业科学院在进行人工饲料养蚕的实验，眼前一亮："能不能用人工饲料代替桑叶？"他认为，用经营工业的理念养蚕，用工厂化养蚕代替传统的养蚕方法，既可以增加产量，又能保证质量。

从 2012 年起，巴贝通过引进专业研发团队、打造重点企业研究院、开展院企战略合作等方式，专门组建了一个团队，正式开始工厂化养蚕项目的研究，并聘任浙江省农业科学院专家孟智启为巴贝首席顾问。

2014 年，巴贝在饲料配方、蚕具设备、环境变量等方面进行无菌试验；2017 年 11 月总投资 7 000 万元、占地 5 000 平方米的中试车间建成并投入使用，在更大空间内，用更长时间对气流、气温、湿度等环境指标进行调试控制，从而找到适合蚕生长的最佳环境。在此基础上，团队按照机械化、智能化养蚕的要求，对养蚕的饲养器具及关键机械设备进行了无数次的运行、测试、验证，为大规模产业化生产提供了关键设备的保障。

2018 年 12 月，巴贝投资 3.5 亿元，量产 1 万吨的一期工程正式投入生产，这也标志着工厂化养蚕从实验室阶段真正进入工厂化阶段，实现了蚕饲养的集约化、规模化、标准化和常年化。其中，企业在全行业缺乏生产先例的情况下，累计投入 1.5 亿元自主研发生产设备，针对蚕防病防疫的重要环节，进行疫病实验，寻找疫病的传播途径，总结疫病的防控方法。通过上百次试验，最终构建起系统、科学的防病体系，近几年来未发生过一次蚕疫病事件，从科研成果到实际生产的顺利转化的疫病"风险防护墙"已经筑成。

漫长的 7 年，一次次改良配方、改进设备、改造车间，在失败中总结教训，在教训中徐徐前行。最终，巴贝按照现代农业科技理念，创新形成了集蚕品改良、饲料配方、生产工艺、防病体系、环境控制、人工智能等多项技术于一体的规模化、标准化、集约化、常年化的现代养蚕方式，实现了工厂化养蚕的产业化开发。目前，巴贝已拥有各类专利 18 项，其中发明专利 3 项，实用外观专利 15 项；正在申请的专利有 50 项，其中发明专利 23 项，实用外观专利 27 项。

2019 年 1 月，巴贝发布"全龄人工饲料工厂化养蚕项目成果"。2019 年 6 月，在杭州举办的全国"大众创业、万众创新"活动周上被评为"全国十大颠覆性创新成果"。目前，巴贝 10 万吨规模的工厂化养蚕二期项目正在进行生产工艺和建筑设计，并动工兴建。项目建成后，巴贝将拥有全球最大的蚕丝生产基地（表 4-2）。

表4-2　巴贝工厂化养蚕发展历程

时　间	事　件
2012—2014 年	面对国内真丝价格波动情况，金耀提出"工厂化养蚕"的想法以掌握原材料话语权；筹备工厂化养蚕项目，包括厂房建造、车间构成、团队建立等；在饲料配方、蚕具设备、环境变量等方面进行无菌试验
2015—2016 年	进行无数次不间断的实验、改良配方、改进设备、改造车间
2017—2018 年	投资 7 000 万元、占地 5 000 平方米的中试车间建成并投入使用；投资 3.5 亿元，量产 1 万吨的一期工程正式投入生产
2019 年至今	发布"全龄人工饲料工厂化养蚕项目成果"；第一批鲜茧走向市场，更多鲜茧经丝厂缫丝后运回巴贝，公司用这些原材料做成新品，在杭州城中香格里拉大酒店发布，产品远销海内外；启动二期"蜘蛛基因植入蚕丝新材料产业化项目"建设

1. 工厂化养蚕管理运作

（1）巴贝工厂化养蚕管理系统

巴贝工厂化养蚕管理系统主要包括自动化物流设备、净化设备的硬件系统，以及通过三位一体的网络系统将所有的子系统上下打通，形成一整套工厂化养蚕管理系统，从而实现从养蚕前端的喂蚕到最后出丝的一条龙自动化作业。

（2）巴贝工厂化养蚕管理模式

巴贝的工厂化养蚕是集蚕品改良、饲料配方、生产工艺、防病体系、环境控制、人工智能等多项技术于一体的规模化、标准化、集约化和常年化的现代养蚕方式（图4-5）。

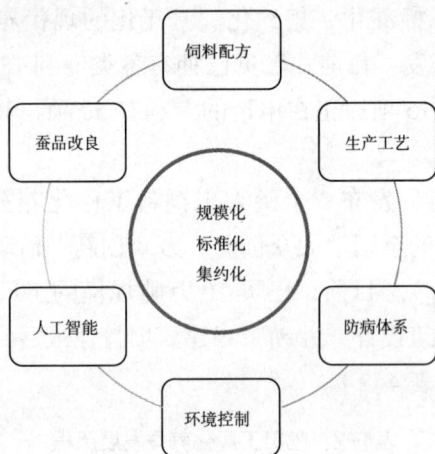

图4-5 巴贝工厂化养蚕管理模式

（3）工厂化养蚕研发团队

目前，巴贝拥有浙江省领军型创新团队，建有浙江省农业重点企业研究院和博士后流动工作站，现有专职研发人员60余人，涉及蚕学、制丝、分子生物学、机械、人工智能等研究领域，形成了多学科、高技术的海内外研发团队。

2. 工厂化养蚕原料供给

针对领带的上游产品——蚕丝，巴贝别出心裁地采用现代农业科技的理念，系统集成蚕品改良、饲料配方、生产工艺、防病体系、环境控制、人工智能等多项创新技术，开创了一套标准化、集约化、规模化、常年化的工厂化养蚕模式。巴贝在工厂里直接进行领带原材料的供应，用合成的饲料喂养蚕宝宝，进行全天候、不间断的养蚕。

（1）养蚕厂房

巴贝养蚕的工厂由一间间舒适又简约的胶囊房间构成。不管春夏秋冬，室内的温度和湿度一直都是恒定的。另外，养蚕区域均为无菌环境。因此，蚕生长的空间就不会像传统的厂房那么宽阔。在这里，蚕的生活空间非常小，养蚕的密度也非常大，但没有一条蚕出现生病、死亡的现象。这也是工厂不断实验、不断创新的结果。

（2）养蚕饲料

巴贝喂养蚕宝宝的饲料主要由豆粕、玉米粉、桑叶粉和维生素复合物混合而成，这也是浙江省农业科学院近些年研制出的新成果。这种饲料营养充足，能够保证蚕的健康生长。更重要的是，饲料不会像桑叶一样出现腐烂、变质等问题，而且用饲料喂蚕比用桑叶成本要低很多。正是有这种全新的饲料，工业化养蚕才能节约不少成本。

3. 工厂化养蚕真丝生产

（1）蚕茧抽丝

工厂养蚕之后的下一步就是对蚕茧进行处理，巴贝利用自动化设备对蚕茧进行抽丝，以便工作人员对其进行收集并进行集中化操作（图4-6）。

图4-6　巴贝蚕茧抽丝

（2）蚕茧制丝

巴贝工人利用自主研发的集成设备进行制丝，形成三位一体的流水线（图4-7）。

图 4-7　巴贝制丝

（3）蚕丝成品

在经历一系列的养蚕、抽丝、制丝环节以及通过数字化的管理系统之后，巴贝完成了对领带原材料供应的升级。

成功实现工厂化养蚕之后，巴贝生产的蚕丝量为以前的数倍之多，已经具备年产1万吨的能力，解决了领带生产的原材料问题，生产过程再一次被简化，而且有了这些先进设备和系统的帮助，巴贝最后的产品品质非常高，领带生产过程变得非常顺利，供应系统也得到了升级，进而实现了产业链的有效延伸。

（二）优化生产系统

巴贝的领带产品升级经历了从引进国外先进的技术设备到引进标准化生产线的过程，其中的每一步都充满了艰辛。

1.引进国外先进技术设备

1997年，巴贝投资了6 000万元引进德国提花织物"EAT"电脑设计系统，该软件系统由图案设计、扫描、打印输出、织造工艺设计、仿真"织造"五个软件包组成（图4-8）。

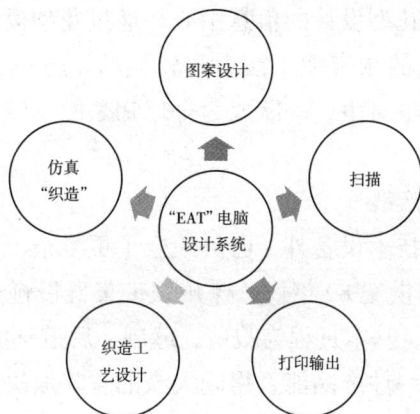

图 4-8 "EAT"电脑设计系统组成

此外，巴贝还开发了花型模拟系统，建立全球领带花型电子资料库，建设了领带网络销售先进的、极具个性的客户需求终端。有了这些系统，巴贝就有了更强大的创新能力，领带的设计变得更为多样化。只需要在电脑上设定好程序，配合先进的织机就能完成大部分的生产作业。因此，在1997年后，巴贝的领带变得更加多样化，在各方面的创新更加大胆，进一步提高了中国高端领带的水准。

有了设备系统，巴贝对设计环节进行了升级。花型设计是领带生产的上一个环节，是领带制作流程中附加值最高的环节之一，也是市场风险最大的环节之一。花型设计需要直接面对消费者，要求企业有效把握领带市场的流行趋势，快速设计出符合潮流的花型。这就需要长时间的积累与大量的前期投资，所以花型设计环节通常都被国际大品牌所占据。正是由于花型设计能力的不足，大多数的嵊州领带企业往往只能获得微薄的领带代加工费用。

面对这一现实，巴贝为了建立自身的品牌优势，在提升企业加工制造能力之后，开始把企业战略重心转移到领带面料、花型的开发方面。为了提高企业的花型设计能力，巴贝付出了很多的心血。

金耀认为，要想全面提升面料的质量，就必须注重后整理和染色技术等多种问题。其中，巴贝科技部门有效发挥了带头作用，将企业作为主体，与实施技术相结合，促进领带产品标准化工作的开展，通过产品终端服务有效提高面料的质量。巴贝企业开发的花型风格已被行业内人士誉为"巴贝风格"，在领带企业竞争的核心面料、花型设计方面具备了核心竞争力，成为国内领带流行趋势及花型设计的信息中心。通过花型设计方面的升级，嵊州领带企业具备了较高的领带加工能力和较强的领带设计能力，从而击败了德、韩、日等国的竞争对手，一跃成为全球知名的领带生产基地，获得了全球领带生产的话语权。

2. 建立标准化生产线

除引进外国先进技术设备外，巴贝建立了更复杂、更标准化的生产线提升产品的附加值。20世纪80年代，嵊州领带集群慢慢兴起，当时传统领带的生产流程比较简单，基本过程为裁剪、缝制、后道整烫、检验包装等工序。

对于巴贝来说，一件产品能否得到大众的青睐取决于它的质量、产品设计、包装等。就领带而言，材质特别重要，它能否很顺滑地系好，能否让顾客感到舒心是企业应该重视的问题。因此，生产环节也就成了任何一个领带企业的核心，巴贝也是如此。在具体的产品生产方面，相较嵊州领带集群，巴贝对生产线上的每一个环节都进行了创新性发展，进而实现了产品生产线的升级，如图4-9所示。

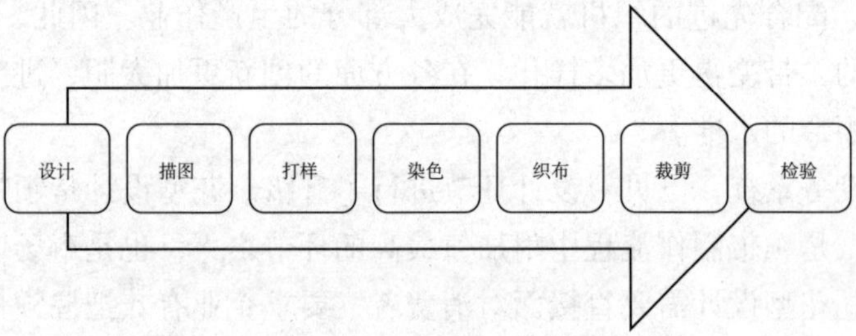

设计　描图　打样　染色　织布　裁剪　检验

图4-9　巴贝领带标准化生产线

（1）花型设计

领带花型设计师根据佩戴领带的各种人员的服饰、色调、最新市场需求以及时节的不同，设计能满足其需求的领带花型。巴贝聘请专业领带服饰设计师，其中公司首席设计师阿胡为中国十佳服饰设计师之一。同时，公司在多次交流和协作之下，成功收购了意大利一家领带设计销售公司，建立了世界领先的专业设计团队，为领带的花型设计添加了更多的文化元素。

巴贝重视花型设计的研发，积极创建领带服饰设计的培训基地，对设计队伍进行全面培养。另外，积极成立具有专业资质的设计研发中心，构建产业服务平台，定期组织设计人员进行沟通交流，进一步强化花型设计的理念，提高花型设计的水平。让顾客更为之倾心的是巴贝设计师坚持走领带的情感路线，致力突显人的个性与时尚魅力，设计出了各种花型不同的领带，主要有线条型、几何图案型、色块拼接型和碎花印花型。

（2）描图菲林

巴贝的菲林制作师根据设计师设计的彩稿或电子彩图制作菲林（胶片），这是为网框制作师感光制网而做的一道工序。菲林制作先是描图，对彩稿中的每一个颜色描出一张图，彩稿中有几个颜色就有几个图；每一个色图发片机将制作发出一张胶片；对于有云纹过度的颜色，菲林制作师会单独制作一张胶片，为感光制网和印花网纱漏色浆网孔大小而准备。

（3）产品打样

巴贝的打样师用配色师调好的浆料用网框在印花坯上刮出色条，色条再经蒸箱定色。印花坯使用设计师指定的专业印花坯，因为不同的印花坯对同一种颜色的吸湿程度不同而会有相应的色差。打样对高端的企业来讲是必不可少的，设计只有整合到一起后才能比较精确地体现出效果，起到打样设计可视化的作用。样品不会只有一个，样品出来以后，设计师根据样品展现出的效果进行微调，直到效果令人满意为止。巴贝的打样是一种先进的容错率非常高、成本非常低的试错方式。

（4）真丝染色

巴贝的配色师根据专业设计师提供的彩稿或配色表以及要求使用的印花坯的材质（不同的材质选用不同的化学颜料）等，选用相应的颜色调出合适的色浆，供印花师或打样师使用。配色师的技术好坏直接影响着配色的效果及配色速度，对于每一个花色的领带或丝巾，配色师都要记录配色秘方。巴贝有先进的染色系统，在设计师设计完成后，系统就会指引机器给这些线料染好色。染色完成后，机器会给这些刚上色的线料加热，把颜色稳定下来，不会出现色彩呈现不稳定的情况。相较人工，从成果上看，机器的印染更为均匀；从效率上看，机器的效率提高了百倍。

（5）机器织布

巴贝引进德国先进的织布机，把制成的真丝放入机器中，由一名员工从旁协助，机器自动运转织布生产。一台机器可以同时进入成千上万根丝，然后输出布料，效率远超人工上万倍。操作起来就跟打印机一样，只需要加入原材料，丝就像是不同颜色的"墨水"，一切都非常简单、高效。

据统计，巴贝一楼生产车间约有 50 架织布机，但只有 5 名员工在这个车间作业。这种机器的自动化程度非常高，员工只需要送料、取料即可。布制作完成后，员工会把这些布料送到下一类机器中，直到这些布料完成一楼机器车间的加工工序。

（6）裁剪成型

传统的手工制作中，员工会把面料裁成领带的形状。相较传统的纯手工裁剪，巴贝引进先进的裁剪机，一般按45°角裁剪，裁好的领带衬里一般使用涤丝、真丝或者羊毛；领带的形状要根据衬里裁剪，一般分为直带型、小瓶型、大瓶型，可以根据个人喜好自由选择。最后，要裁好领带的丝里（领带大头反面的布料），这里一般用来做上品牌的标记。利用机器来制作领带相较人工来说效率更高、产量更大。和染色一样，只要保存数据，机器就能精准地运行。材料进入机器，加工完成后就是一条领带的雏形，在员工把这些雏形领带整理完成之后，这些半成品就完成了在一楼机器车间的全部工序。

（7）检验

领带因为是经人工手工针缝上去的，为防针带入领带中伤害消费者，并给经营者带来不必要的损害和麻烦，因此必须进行除针检验，一般在整烫前和装箱前进行两次检验。

（三）转变营销方式

随着经济的发展和新事物的驱动，企业的发展总是离不开销售团队对客户的开发和市场的开拓，巴贝从创立之初就进军领带设计环节，开拓国际营销市场，投身慈善公益事业，建立横向战略联盟，筹建领带独有的跨境电商产业园，实现了企业的功能升级。

1. 主营国际业务

近年来，全球产业之间的控制与反控制竞争已逐渐从生产领域进入流通领域。在这样的局面下，巴贝持续不断地与国外各大知名领带及服饰品牌企业协商合作，大力开拓国内外营销市场。

（1）国外市场

据了解，红外热成像技术的应用前景十分广阔，但该技术在国内是一大空白，市场主要被国外拼盘的产品所占据。在这个前提下，2012年，浙江巴贝领带有限公司成立了巴贝智慧科技有限公司，目前主要研发智慧节能系统和智能医疗产品，已经成功吸引国内外知名企业（如沃尔玛、海尔、富士康等）成为其客户。

领带、家纺始终是传统行业，高科技行业则是未来的发展热点。按照金耀的设想，"巴贝智慧"将成为巴贝新的增长点。在 2012 年，巴贝集团一方面坚守着传统产业，不断开拓国外市场；一方面，探索转型升级之路，抢占新兴产业"高地"，高档真丝领带 70% 出口美国、日本等发达国家。在国外除拥有自己的巴贝品牌外，巴贝还代理法国皮尔卡丹等品牌，并为世界各大著名品牌生产、设计，年产高档真丝色织提花领带 3 000 万条及其领带面料300 万米，占全球领带产量的四分之一，成为全球生产规模最大的高档领带生产基地，全年完成销售收入 18.15 亿元，实缴税金 1.07 亿元。

（2）国内市场

一个时尚、有品位的男人只有时刻保持自己别样的风韵，才能增加自身的魅力。有了"巴贝"品牌领带，在领带的风潮中，更能让男人把握住生活的主流，穿搭出自己的风格。这就促使巴贝开拓高端市场，集中精力于商务人士、白领等族群。

国际贸易和合作销售使巴贝在中国领带行业处于领导地位，但巴贝要长期、完善地发展离不开社会各界、各个行业、团体的支持。所以，巴贝在发展外贸和国内合作销售的同时，十分注重与社会各个行业、团体的合作，为企业建立起合作互赢的团队精神。

2. 主导行业联盟

在嵊州这个"领带之乡"，领带企业的集中度已经非常高，国外市场竞争格局也已经比较稳定。在与连锁零售商的渠道冲突中，就巴贝单个企业而言，资源和能力无疑具有很大的局限性，品牌知名度不高，国外市场不稳定，在此情况下，巴贝意识到只有和其他知名企业联合起来，合力抗衡，才能在渠道冲突中获取主动权。所以，统一思想建立横向战略联盟成为巴贝的首选策略，而且当前高集中度的市场格局为建立战略联盟提供了可能。 在与法国、日本等企业的合作中，不再是巴贝独自与大卖场谈判，而是由联盟组织与连锁零售商就涉及共同利益的费用、账期、价格体系等基础条款达成一致，然后由各个企业分别与大卖场签订合同。这样，通过联盟的力量将大大提高巴贝在谈判中的地位，提高巴贝的品牌知名度。

此外，巴贝自行研制的丝织艺术精品《清明上河图》获得了"上海大世界吉尼斯之最"（图 4-10），并被中国丝绸博物馆、北京故宫博物院、中国历史博物馆、中国国家图书馆等永久收藏。这大大提升了巴贝的品牌影响力和知名度。

图4-10 "清明上河图"丝织品

"一个企业不仅要会赚钱，更需要有社会责任感，这样才能实现持续发展。"巴贝董事长金耀如是说。巴贝始终坚持"良心做企业，爱心做慈善"。一直以来，除了依法纳税外，巴贝还积极投身社会公益事业，捐资助学，赞助文化、医疗事业，帮扶弱势群体。比如，参与设立1 000万元的"嵊州中国越剧艺术传承基金"，扶持传统文化；赞助1 200万元冠名绿城足球队，为浙江足球的振兴尽心尽力；会同嵊州市企业家捐资，与市政府共同建设新医院，造福桑梓；投入350万元设立慈善救助基金、巴贝文学基金、爱心基金；在汶川地震捐赠中，不仅组织员工捐款13.5万元，公司还捐赠了100万元和价值151万元的服装；等等。几年来，巴贝累计回报社会的各类投入、赞助费用累积已超过1亿元。巴贝主动承担社会责任，鼓励员工积极参加社会志愿活动，在这个过程中大大提升了自己的品牌形象和知名度。

3. 开发跨境电商产业园

跨境电商产业园由领带行业具有代表性的巴贝、雅士林、麦地郎等知名领带企业作为发起人共同出资入股，组建嵊州领带跨境电子商务产业园股份有限公司。明确产业园培育发展政策，由市政府通过提供经营场地、房租全额补助等方式给予了产业园极大的支持。园区定位为专营品牌，提升价格话语权，搭建平台，服务电商，做精做强领带产业。在境外成立跨境电子商务公司，设立营销中心、品牌策划中心、仓储物流配送中心，并在互联网上建立"嵊州领带"区域品牌销售平台，收购境外本土化品牌，扩大领带知名度。

巴贝借助这一优势，不断完善适合领带的跨境电商新模式，积极探索适合领带跨境电商的直营 B2B 和 B2C 运营模式，如通过海外公司注册领带品牌、专利等提高用户信任度，在海外第三方电商平台上销售领带产品，自主开发领带产业跨境电商云平台等方式。

四、巴贝升级之路的分析与思考

通过巴贝的升级之路发现，在全球价值链视角下，巴贝遵循着特定的规律推动企业升级，即通过过程升级、产品升级与功能升级三个层次，实现企业升级。同时，巴贝的升级给企业带来了新的发展契机，促使巴贝不断实现自己的目标。

（一）理论综述

1. 全球价值链理论

联合国工业发展组织（UNIDO）指出：全球价值链指在全球范围内为实现商品或服务价值而连接生产、销售、回收处理等过程的全球性跨国企业网络组织，涉及从原料采集和运输、半成品和成品的生产和分销到最终消费和回收处理的过程。

2. 企业升级理论

汉弗莱和施密茨从全球价值链理论出发，认为企业升级指企业通过提高技术能力、产品制造研发能力和市场运作能力使企业获得竞争优势以及从事高附加值的活动，这使发展中国家企业维持其收入或者能使其收入增长的业务。他们指出，对于发展中国家的企业或企业群而言，有 4 种不同环节的升级，同时指出了企业升级的衡量依据（表 4-3）。

表4-3　全球价值链下企业升级的衡量依据

类型名称	内　容	衡量依据
过程升级	通过对产品生产体系进行改进或采用更先进的技术手段推进原料上的升级，提高企业所处价值链上的各个环节的效率，以提高企业竞争力	生产效率提高，产品质量提高
产品升级	通过引进更加先进的产品线或改进已有的产品线提高产品的附加值	对旧产品的改进和新产品的快速推出，产品生命周期缩短，产品技术含量增加，产品功能增强，产品单价提高

续 表

类型名称	内　　容	衡量依据
功能升级	通过对价值链上的各个环节进行重新组合，增加新功能或放弃低附加值的功能，提高企业的整体竞争力	从生产向设计和营销等利润丰厚环节跨越
跨产业升级	将一种产业的知识运用于另一种产业	产品功能增加，产品技术含量增加，产品单价提高

基于此，我们分析得出巴贝的升级之路符合全球价值链理论依据下的企业升级，通过在技术设备、生产线以及转变营销等方面分别促成企业的过程升级、产品升级与功能升级，最终推动巴贝整个公司的升级。

（二）过程升级推动企业升级

巴贝的过程升级主要是原料供应升级，即它的工厂化养蚕模式。它主要从两个方面推动企业的升级：一是自给原料降低领带生产成本；二是自主创新助力企业可持续发展。原料自主创新传导机制如图4-11所示。

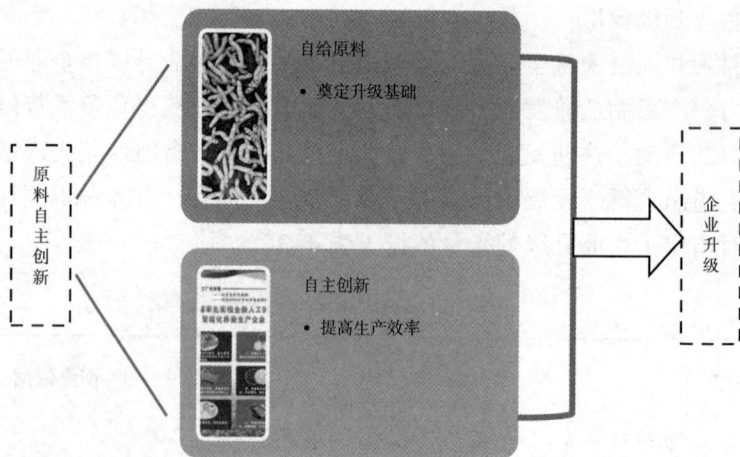

图4-11　原料自主创新传导机制

1. 自给原料

工厂化养蚕解决了蚕丝供应的问题，至此，巴贝完成了从原料供应到最后销售的一体化，提高了企业的利润率。

2012 年，从宏观上说，蚕丝生产主要面临以下几个问题：①我国的传统生产作业方式远不能适应现代农业转型升级和农业结构调整的发展需要；②浙江省蚕茧产量下滑，原料茧供应远不能满足用丝企业的生产需求；③嵊州领带产业已到了转型升级的关键阶段。

此外，数据显示国内蚕茧生丝价格自 2008 年国际金融危机以来一路暴涨，当时蚕丝的售价为 10 万元 / 吨，2010 年蚕丝售价 30 万元 / 吨，到了 2012 年，价格逼近 34 万元 / 吨（图 4-12）。蚕丝价格疯涨，使一些蚕农获益，但大部分蚕丝下游产业备受打击。

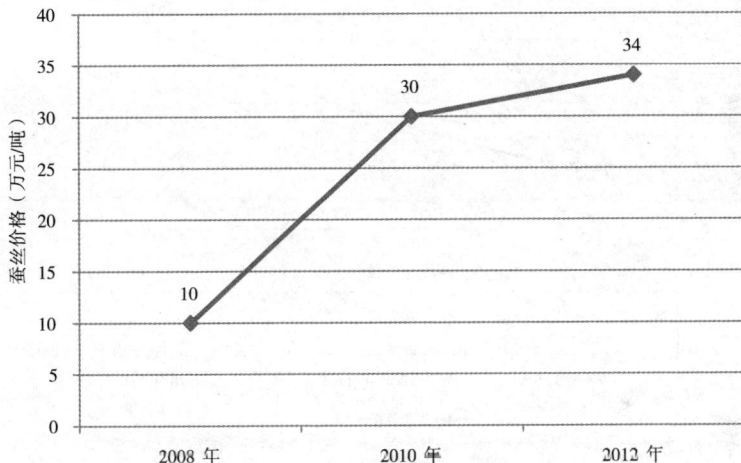

图 4-12　2008—2012 年蚕丝价格变动情况

巴贝制作领带的原料是蚕丝，在市场价格不断变动的情况下，巴贝从生产源头出发，致力于掌握原料的话语权，意欲在广西、云南等地开辟蚕桑原料基地。金耀认为，要掌握真丝原料市场的话语权，必须进行变革。

利用工厂进行养蚕，使巴贝制作领带的原料蚕丝成本降低，不仅如此，巴贝还可以进行全天候养蚕，在低成本的条件下提高领带原料产量。

2. 自主创新

工厂化养蚕的成功不仅从根本上解决了领带的原料问题，还从创新的视角驱动了丝绸产业的革命，带来了巨大的社会效应。

（1）打破领带原料桎梏，掌握话语权

过去，蚕茧市场由于各种因素造成蚕丝价格不断变动。数据显示，嵊州领带每年的用丝量在 5 000 吨左右，约占全国蚕桑丝用量的十二分之一。金耀说："近年来因养蚕成本增加，蚕农逐渐退出养蚕业，养蚕行业不断萎缩，以浙江省为例，鼎盛时期年产鲜茧 8 万吨，目前只有 2 万吨。"蚕茧市场的变动导致蚕丝价格很不稳定。3A 级生丝 2016 年 1 月初每吨为 29.3 万元，到 2017 年 1 月涨到每吨 37.9 万元，2018 年 1 月又涨到每吨 51.1 万元（图 4-13）。虽然我国商务部在 2017 年底通过投放国家储备丝稳定市场价格，但茧丝价格还是一路高涨，价格波动非常大，每一次价格的波动对嵊州的领带企业都是一次或大或小的震动。

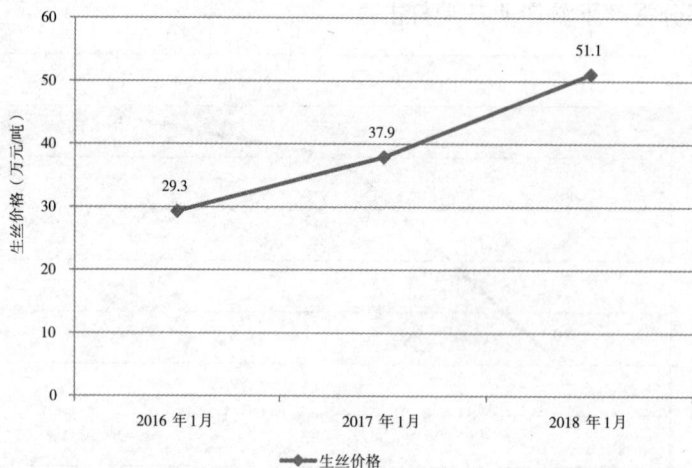

图 4-13　2016—2018 年 1 月份生丝价格变化

　　工厂化养蚕技术的突破不仅能为企业的产品结构调整提供坚实的基础，使企业有能力按照市场需求不断开发新产品，提高产品的附加值，还能为企业带来良好的经济效益。反过来，企业经济效益增强后又有能力加大对技术发展的投入，继续强化企业的技术发展能力。企业竞争能力的根本保证是技术发展能力，技术发展能力的标志是产品的技术水平，而产品的技术水平又与产业结构、资源配置、市场开拓、人才培育等息息相关。因此，企业的技术发展不能孤立地、片面地只抓某个方面或者某个过程，而应总览全局，创新机制，使人、财、物在技术发展的链条上合理流动，有效配合。企业只有建立起以现代企业制度为目标、以技术发展为核心的企业管理机制，持久地、不断地大力开展技术研究和开发，才能在激烈的市场竞争中处于不败之地。

　　现在，巴贝通过工厂化养蚕实现了蚕丝的自给自足，并且可以不受一年四季气候变化的影响，全天候生产，实现产量和质量双提高，解决了领带制造的原料问题。在供应方面，巴贝完全依靠自身工厂养的蚕，避免了蚕茧市场剧烈波动的影响，有效降低了成本并低于同行业平均生产成本，在土地利用率、机械化生产方面都有巨大的进步；自己充当供应商和制造商，从而推动了供应、生产环节一体化。该项目的成功实施意味着嵊州领带服饰行业将掌控原材料的话语权，进一步巩固支柱产业的地位，也意味着蚕丝行业将结束传统"靠天吃饭"的不稳定行情，在蚕丝产量和质量上实现显著提升。

（2）技术创新助力企业可持续发展

自工业革命以来，技术创新不断驱动着新兴产业的出现和已有产业的转型升级，成为贯穿全球经济发展与社会进步的一条主线。

技术创新可分为两类：一类是技术不断累积改进的连续性创新；另一类是与现有技术累积没有密切联系的非连续性创新。其中，连续性创新集中表现为产业技术在现有技术路线上的持续优化改进，非连续性创新则是在现有技术路线之外出现了新的技术。产业的兴起与发展往往是在这两类技术创新的交互作用下向前推进的。但是对于产业发展而言，只有技术的连续性创新还不够。这不但是因为产业中各类企业基于现有技术及其改进所提供的产品与服务能够满足的市场需求是有限的，而且因为基于现有技术路线能够提供改进空间会到达"天花板"，改进所能带来的技术进步和新的市场价值终归会受到一定的限制。此外，产业中的领先者对现有技术的垄断也会阻滞产业技术改进的步伐。

因此，除连续性技术创新外，非连续性技术创新成为产业发展中不可或缺的又一关键驱动力量。它从根本上改变技术路线出发推动产业发生脱胎换骨式的转型升级，使原本已经逐步走向成熟的产业再度焕发勃勃生机，形成一个又一个新的细分行业，为现有客户和更多的新用户创造了前所未有的全新价值。同时，它为产业中的各类新老参与者提供了新的广阔发展空间，塑造出了产业及整个经济系统新的发展动能。工厂化养蚕属于非连续性创新。在工厂化养蚕投入生产以后，这个环节就成了连续性创新，为公司未来几年的可持续发展打下了基础。

（三）产品升级促进企业升级

全球价值链下企业的产品升级是指引进先进生产线，更快推出新产品，增加产品附加值。对巴贝来讲，引进先进技术设备和标准化生产线可以使产品生命周期缩短、产品技术含量增加、产品功能增强，进而促使企业升级。巴贝产品升级传导机制如图 4-14 所示。

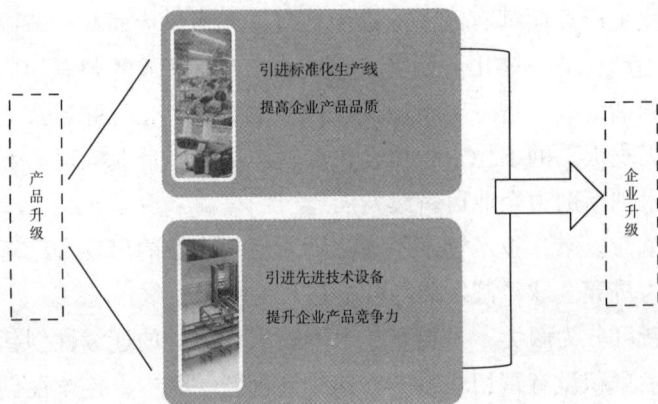

图 4-14　巴贝产品升级传导机制

1. 标准化生产提升产品品质

随着科学技术的发展，生产的社会化程度越来越高，技术要求越来越复杂，生产协作也越来越广泛。许多工业产品和工程建设往往涉及几十个、几百个甚至成千上万个企业，协作点遍布世界各地。这样一个复杂的生产组合客观上要求必须在技术上使生产活动保持高度的统一和协调一致。这就必须通过制定和执行许许多多的技术标准、工作标准和管理标准使各生产部门和企业内部各生产环节有机地联系起来，以保证生产有条不紊地进行。

巴贝引进的标准化生产线可以规范内部的生产活动，规范员工行为，推动建立企业内部合规秩序，促进相关产品在技术上的相互协调和配合。另外，标准化不但为扩大生产规模、满足市场需求提供了可能，而且为实施售后服务、扩大竞争创造了条件。

标准化生产线有利于稳定和提高产品的质量，促进企业走质量效益型发展路线，提升企业员工素质，提高企业竞争力，保护人类生态环境，合理利用资源，维护消费者权益。技术标准是衡量产品质量好坏的主要依据，它不仅对产品性能做出具体的规定，还对产品的规格、检验方法及包装、储运条件等相应地做出明确规定。严格地按标准进行生产，按标准进行检验、包装、运输等，产品质量就能得到保证。标准的水平标志着产品质量，没有高水平的标准，就没有高质量的产品。

2. 先进技术设备提高产品竞争力

科技创新是推动企业发展的强大引擎，企业不断引进先进技术设备能够在极大程度上提升产品的竞争力。技术设备的引进帮助企业实现减员增效。随着劳动生产率的提高，单位产量的能耗、物耗、污染排放也随之下降。企业实力不同，在机器设备方面的投入有高低之分，实力较小的企业从采购简单加工设备开始，以后根据不同阶段的需要，逐渐更新设备。另外，企业拥有的先进的自动化流水线往往还是吸引合作伙伴和客户的重要因素。

用上先进设备后，员工数量的增长会明显慢于企业产量的增长，员工的工资福利因此迈上新台阶，企业储备高端人才的实力会更强，下一阶段的创新突破或许也孕育其中。

巴贝立足领带制造环节，依托生产设备的改进提高企业的制造能力，打破社会网络的约束，通过进军全球高端市场提升产品竞争力。巴贝董事长金耀原是佳友（嵊州第一家领带企业）的总经理，其在任职期间提出了企业发展的"三新"设想，即设备新、原料新、工艺新，但这种发展思路并没有得到佳友董事会的认可。于是，1993 年 12 月金耀投资 1 200 万元创立了巴贝领带有限公司，经过多年的发展，六次引进先进设备，包括瑞士"苏尔寿·鲁蒂"剑杆织机、"史陶比尔"电子提花机以及德国提花织物"EAT"电脑设计系统等。

"三新"设想的实践极大地提升了巴贝的领带制造能力，实现了企业产品与工艺的迅速升级。制造能力的提升使巴贝跳出了社会网络的约束，具备了与国际高端品牌合作的基础，法国的皮尔卡丹、日本的阿罗发等国际知名品牌陆续成为巴贝的合作伙伴，从而极大地提升了巴贝产品的竞争力。巴贝现有机器设备如表 4-4 所示。

成立初期的巴贝只是依照来样厂商的设计进行制造加工，是典型的原始设备制造企业。后来，巴贝自主研发、制造，不断引进先进技术设备，在产品小样中加入自己的设计理念。经过多年的发展，巴贝在设计、制造、技术等多方面的努力下，实现了产品升级，真正做到了自主设计与自主研发，巴贝的竞争力也迈上了一个新的台阶。

表4-4　巴贝现有机器设备

机器设备	数量／台
国际先进的电脑织机	240
染丝设备	34
领带面料织造机	16
剑杆织机	6
"苏尔寿·鲁蒂"梭织机	6
电子提花龙头	350
"苏尔寿·鲁蒂"剑杆织机	10
"史陶比尔"电子提花机	15
德国提花织物"EAT"电脑设计系统	1

（四）功能升级助推企业升级

全球价值链理论下企业功能的升级对企业来说是从生产向设计或营销等利润丰厚的环节跨越。企业通过重新组合价值链的优势环节或战略环节，调整嵌入价值链的位置与组织方式，专注于价值链某个或某几个优势环节，放弃或外包原有的低价值环节，弱化或转移非核心业务，以此拥有该产业价值链的战略性环节，获得该产业价值链的统治权。由此，巴贝通过主营国际业务、主导行业联盟、开发跨境电商产业园助推企业升级。功能升级传导机制如图 4-15 所示。

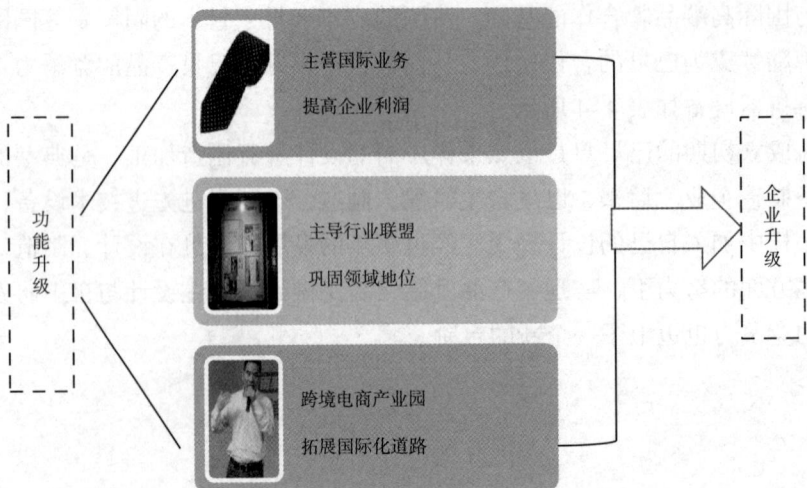

图 4-15　功能升级传导机制

1. 主营国际业务，提高企业利润

巴贝主要销售以真丝为原料的各类领带、领结、领花以及羊毛围巾等产品。巴贝依托本地的产业优势，从开业至 2005 年，共有领带花色品种 5 万余个，产品除在国内市场占很大份额外，还远销美国、日本、法国等多个国家和地区。巴贝在逐步发展过程中，不断创新，开拓国际市场，提高了企业利润。

市场细分有利于企业发现好的市场机会，提高市场占有率，还可以使企业用较少的经营费用获得较大的经济效益。在国外市场，巴贝充分调研，立足当地的文化观念，为当地顾客提供舒心的消费体验。同时，解决了不同国家由于社会文化、传统观念等因素而产生的文化差异问题，更加精准地定位市场，利用企业所拥有的生产技术和营销力量为顾客提供顾客满意的商品。市场的明确使企业对信息的把控和反馈更加透彻、准确，一旦顾客的需求发生变化，巴贝可迅速改变营销策略，制定相应的对策，以适应市场需求的变化，提高企业的应变能力和竞争力。在国内市场，企业开拓的高端市场同时注重与社会各个行业、团体的合作，这一举措为企业带来了巨大的市场效益，使企业赢得了社会各界、各个行业、团体的信任，成为其主要的领带供应商。另外，巴贝还是领花定点生产企业，为北京大学、清华大学、中央电视台等定制礼品领带。

2. 主导行业联盟，巩固核心地位

一个企业能够持续发展，与它的核心竞争力、社会公众形象密切相关。巴贝一直以来攻坚品牌战略，赢得了社会的认可，获得了话语权。然而，任何事情都不是轻而易举就能够取得成功，只有和其他知名企业联合起来，合力抗衡，才能在渠道冲突中获取主动权。所以，统一思想建立横向战略联盟成为巴贝的首选策略。

横向联盟的合作可以通过降低每一方的成本提高效率，通过共享财务资源、获得新的财力资源或分散风险增加规模经济。横向联盟常以合资企业的形式出现，浙江巴贝领带有限公司就是中法合资企业，它处在国内外闻名的"领带之乡"——嵊州，横向"一体化"联盟战略能够有效地提高巴贝的核心竞争优势，增强企业实力，并与同行业企业进行联合，以扩大生产规模，降低企业生产成本，巩固企业的市场地位，增强企业的核心竞争力。

此外，巴贝还做慈善公益宣传，以树立企业良好形象。成功的品牌都有一个特征，就是以始终如一的形式将品牌的功能与消费者的心理需要连接起来，并将品牌定位的信息准确地传达给消费者。实施品牌战略，打造自己的品牌，自觉担负起社会责任，参与公益事业是获得社会亲和力和加深公众认知的重要途径，这不仅有助于树立良好的企业形象，扩展企业的持续发展空间，还能增加企业品牌的美誉度和忠诚度，提高其产品的市场占有率。

巴贝在立足实业的同时，不忘回报社会，做贡献。一直以来，除了依法纳税外，巴贝还积极投身社会公益事业，捐资助学，赞助文化、医疗事业，帮扶弱势群体。这些活动在无形中树立了企业的品牌形象，这种情怀也牵动了无数顾客的心，使之感受到温暖的力量，树立起正面的企业形象，展示出"有担当、有作为、负责任"的企业形象，提升了品牌影响力，提升了巴贝的社会感召力。良好的社会形象让企业获得公众的信赖，为企业的商品和服务创造出一种消费心理。

巴贝还多次赞助并举办了多场领带设计比赛（国际领带和丝织品花型设计大赛）、模特秀等大型活动。

这些举措都大大提升了巴贝品牌的知名度。这些活动让企业文化得以传播，使其更具有生命力，提高了企业品牌的整体形象，在稳固原有受众的同时，增加了受众对品牌的好感度，进一步扩大了消费群体，从而增强了企业的竞争能力。

3. 跨境电商拓展国际化道路

"世界领带看中国""中国领带看嵊州"是嵊州提出的领带业口号。2008年，嵊州市现有领带企业1 100多家，年产领带3亿条，出口1.2亿条，远销90多个国家和地区。2016年，全市规模以上领带企业62家，领带企业工业总产值53.7亿元，领带一般贸易出口2.51亿美元，约占全国同类产品比重的79.6%，占全国真丝商品出口额比重的10%，居全国第一，占绝对垄断地位。电子商务兴起，巴贝通过网络增加企业与外界的联系，提高巴贝领带的知名度，传播领带的品牌，全面提升品牌的形象。远在北美洲的布朗可以从容地品味并醉心于巴贝领带的风采；远在意大利的马尔蒂尼会全面地考察并折服于巴贝领带的品位。终端产品、小体积产品、无尺码制约、无须配套售后服务、适宜个性化设计、消费群体大量在境外等优势使嵊州领带产业实施跨境电商具有较大的利润差价空间。嵊州领带产业实施跨境电商意义重大，主要表现在以下四个方面（图4-16）。

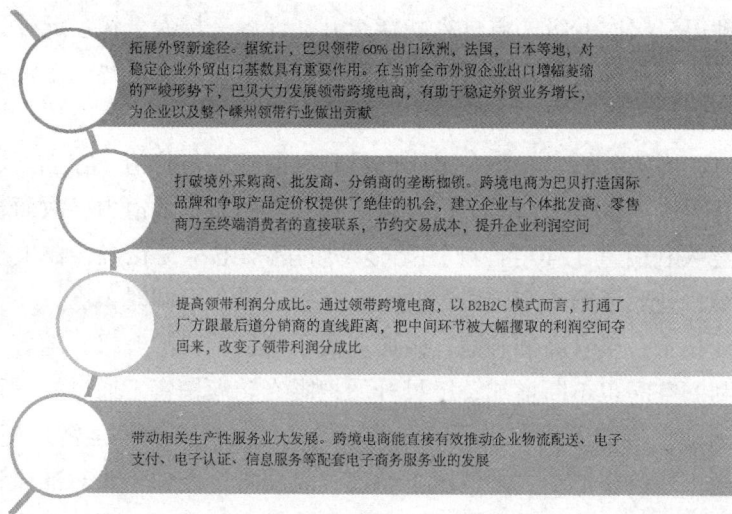

图 4-16　跨境电商对巴贝的意义

　　网络时代，巴贝和其他领带公司通过网络创造了一个齐心协力、联盟作战的中国领带服饰行业集团军，在互联网上建立了一个从现实延伸到虚拟空间的"网上中国领带城"。在这里，商务成本降到最低，成交可能与利润率放到最大；在这里，电子商务商业效率高得令人吃惊，网上交易操作日益简捷；在这里，企业进入了空间无限大，费用十分低，并且是永远不关门的国际展示会、贸易会和技术开发交流中心。网上交易、网上结算、网上物流分配从梦想变成了现实。

五、案例总结启示

（一）案例总结

　　嵊州市领带产业自改革开放起到现在已经走过近 40 年的发展历程，而巴贝也走过了 20 多个年头。随着整个产业遭遇发展空间几近饱和、产量已碰到"天花板"、出口增幅逐年减少的瓶颈，嵊州领带企业面临着转型升级的现实考量。

　　本文以浙江巴贝领带有限公司为例，基于巴贝的发展历程，从全球价值链视角逐一分析巴贝的升级之路。研究发现，巴贝在 20 余年的发展过程中有一条属于自己的路，即先从过程开始进行第一层次升级，然后过渡到产品升级，即第二层次升级，再进入功能级升，即第三层次升级。此外，巴贝的升级路径也与国际上的相关理论规律符合，并结合自身优势，走持续不断的企业升级路径。

同时，团队分析了在每个层次巴贝升级的意义与价值。在创立之初，巴贝本身并无太大优势，但是金耀发现了在领带品质上的潜力，故而耗巨资从德国、意大利引进了 40 台专门用于家纺的高档电子提花机，在生产设备上拔得头筹，完成了第一个阶段的升级；在引进设备的同时，巴贝一直在研发新的设计技术，谋求高额利润，由此完成了第二阶段的升级；随着产量不断扩大，利润空间也不断增加，巴贝开始把眼光转向销售，通过一系列的品牌包装、活动宣传等方式完成了第三阶段的升级。在国内外经济环境不景气、国内蚕丝市场价格波动大的情况下，巴贝将领带生产的矛头对准原料，既然受制于市场，为什么不掌握话语权呢？出于某种使命，金耀下定决心要把养蚕搬到工厂里，在 2012—2018 年，巴贝成功研发出了工厂化养蚕模式，在供应环节实现了历史性的突破，真正打通了领带生产的原料来源环节，为巴贝进入其他领域奠定了基础。至此，巴贝通过不断的升级完成了从劳动密集型向资本、技术型企业的过渡，危中求变，从而稳居领带龙头地位。

（二）案例启示

1. 正视自身短板，树立升级理念

近几年，领带行业发展现状不容乐观，领带企业要正视自身短板去推进自身升级，升级是一个不断探索新路径的过程，跨界不是有资本就能做好，转型也并非易事。制约的因素有很多，每个企业都不同，尤其是中小型企业在转型路上还需要谨慎，切勿盲目跟风。领带企业的升级需要的是对一个行业的专注和尊重，领带企业的转型还需要结合自身发展情况，利用自身发展优势将延伸的区域做细做深。

在产品的延伸和研发时，企业除了要掌握核心技术以外，还需要高投入来强化生产力，尽可能使自身的生产设备与时代接轨，形成智能型生产系统，配备多条生产线，布局生产基地，形成自身生产规模优势，以在竞争的过程中形成强大的后备力量。与此同时，紧抓消费者的消费需求，制定完善、系统的服务体系也是企业制胜市场的关键因素。领带企业要想转型成功，在市场上站稳脚跟，仅延长产品线是不够的，还需要正视前进道路上的

挑战，这样方能取得最后的胜利。

2. 勇于突破现状，推动企业升级

企业在升级的路上要勇于打破常规，从经营源头思考如同实现企业的持续不断升级。在技术和设备上，企业要进行自主创新。发展中国家和地区的企业技术能力提升的过程是一种基于技术追赶的先跟随模仿、再消化吸收、后突破超越、最终自主创新的提升过程。在全球化竞争的背景下，发达国家的企业占据了较多的世界前沿技术和关键技术，拥有技术标准制定的话语权。我国企业与发达国家相比起步较晚，技术实力相对落后，如果采取技术跟随战略，继续重复别人走过的技术发展环节和路线，则始终处于被动局面，当全球产业结构发生变化时，这些企业往往面临危险的处境。所以，我国企业只有集中力量在某些产业技术环节上实行"自主创新"，在学习领先技术的基础上，积极开展研发，才能在一定程度上拥有国际分工的话语权。当前，我国处在全球价值链的低端位置，这一问题最根本的症结就是我们缺乏自己的核心技术、品牌、渠道。企业应通过技术积累，带动企业升级。技术能力的积累和发展是一个漫长、艰苦的学习过程，为构建和发展技术能力，企业需要主动开展系统的技术学习，从而不断提升自身在各个技术功能上的专业技能，并不断深化技术知识。有了技术的支持，企业才能向更高的地方发展、升级。

企业的发展是一个相互竞争、相互进步的过程，也是一个不断升级的过程。企业外部环境处于一种不断变化的状态，当全球经济下压力过大时，企业生存就变得困难。所以，企业要树立一种持续升级的意识，在经济情况好的时候提高自己的运营能力，增强自己的核心竞争力，以便在危机到来的时候能充分做好准备去应对，并渡过难关。同时，企业要敢于升级，以领头企业为导向，学习、借鉴其先进的管理模式，促使自身竞争优势不断增加。

参考文献

[1] 刘萍. 丝巾、领带花样 PK，让领饰生动起来"中国领带名城杯"第十四届国际（嵊州）领带和丝织品花型设计大赛举行总决赛 [J]. 纺织服装周刊，2018（44）：32.

[2] 董久鸣，潘美良，吴海平. 加快推进蚕桑产业转型发展的思考——巴贝工厂化养蚕的探索与启示 [J]. 蚕桑通报，2018（2）：14–16.

[3] 邬莹颖.以龙头企业为引领带动产业转型升级[J].纺织服装周刊,2017(43):22-23.

[4] 王怡圣.嵊州市领带产业集群的突围路径初探[J].特区经济,2017(10):131-133.

[5] 邬莹颖.嵊州领带百花齐放显特色差异化转型升级促发展[J].纺织服装周刊,2017(36):18-19.

[6] 王舟.制造业产业升级的影响因素及实证研究[D].西安:西安理工大学,2017.

[7] 袁学军.嵊州领带产业发展途径的分析及阐释[J].现代商业,2017(3):83-84.

[8] 吴海英.全球价值链对产业升级的影响[D].北京:中央财经大学,2016.

[9] 李兆晟,贾帆联.嵊州领带产业集群转型升级的经验和启示[J].浙江经济,2015(19):52-53.

[10] 刘丹平.全球价值链下我国代工企业升级影响因素研究[D].南昌:江西财经大学,2015.

[11] 李芳.扎根铸魂嵊州领带塑新颜[J].纺织服装周刊,2014(47):92-93.

[12] 高科.基于产业链视角的嵊州领带行业优化升级战略研究[D].湘潭:湘潭大学,2014.

[13] 戴勇.传统制造业转型升级路径、策略及影响因素研究——以制鞋企业为例[J].暨南学报(哲学社会科学版),2013(11):57-62.

[14] 陈汝丹.全球价值链视角下我国企业升级的路径研究[D].宁波:宁波大学,2012.

[15] 杨楠楠.我国纺织服装产业集群区域品牌成长路径探析——以嵊州领带、绍兴轻纺及宁波男装为例[J].对外经贸实务,2012(4):34-36.

[16] 邱明.体育用品企业升级路径的案例研究[D].北京:北京交通大学,2011.

[17] 万晗.嵊州领带闯荡新"丝路"[J].纺织服装周刊,2010(43):58.

[18] 嵊州市委党校课题组,劳江海,马陆超.嵊州领带产业转型升级路线与举措[J].当代社科视野,2010(10):31-36.

[19] 达庆利.转型升级的价值与路径——评《中国企业:转型升级》[J].华南理工大学学报(社会科学版),2010(4):119-120.

[20] 涂颖清.全球价值链下我国制造业升级研究 [D].上海：复旦大学，2010.

[21] 张善英.嵊州领带产业集群竞争力研究 [D].上海：上海师范大学，2010.

[22] 毛蕴诗,吴瑶.企业升级路径与分析模式研究[J].中山大学学报（社会科学版），2009（1）：178-186.

[23] 吴波，贾生华.集群企业升级模式：来自嵊州领带企业的经验 [J].浙江经济，2008（20）：52-53.

[24] 梁文玲，李鹏.基于全球价值链治理的中国纺织企业升级战略思考 [J].经济问题探索，2008（7）：67-71.

[25] 唐海燕，程新章.企业升级的路径选择——以温州打火机企业为例 [J].科技管理研究，2006（12）：113-116.

思考题

1.浙江巴贝领带有限公司的升级之路分为哪几个环节？各环节分别有什么特点？

2.浙江巴贝领带有限公司的成功有哪些启发？

案例编写：周贤成（国贸 161） 张奥路（会计 182） 郭潇帆（工商181） 贾旭娟（会计 173） 徐梦涛（会计 183）

指导老师：朱杏珍

创新服务篇

案例 5

寻绍韵之宝　记餐饮之潮
——定位三要素模型下寻宝记发展分析

摘要：绍兴寻宝记餐饮有限公司（以下简称"寻宝记"）是一家创始于2002年，总部位于绍兴的综合型餐饮企业。其致力绍兴本地菜品的传承与发展，集总部运营、中央厨房、仓储配送等多种形式于一体；将推动绍兴文化向全国传播，让更多的人爱上绍兴菜作为企业的使命；致力振兴和发扬绍兴菜，坚守"工匠精神"于每一道工序。

本团队通过对寻宝记餐饮有限公司进行相关文献资料的检索以及实地调研，分析这一地方菜综合性餐饮企业的经营模式，以及其独特的市场定位。结合定位理论，立足于独特的定位三要素模型，探究发现其在当前餐饮业竞争较为激烈的环境下脱颖而出的原因，即为根据目标客户心智，进行市场细分，确定了以游客为中心的目标市场定位，在此基础上描绘了清晰的客户画像，精准把握客户痛点，将满足客户文化型体验作为发展路径的导向，实现了产品与文化的结合。

关键词：寻宝记；绍兴菜；定位

一、引言

随着居民生活水平的不断提高，餐饮行业发展迅猛，在消费市场的占比也不断增长。根据中商产业研究院的研究数据，近年来我国餐饮行业收入呈持续稳定增长态势（图5-1）。

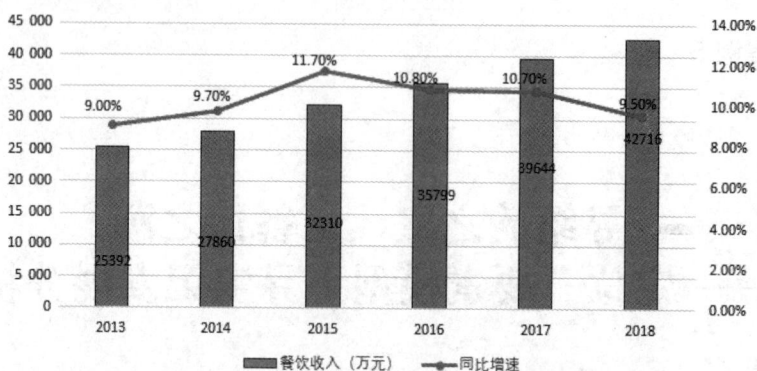

图 5-1　2013—2018 年全国餐饮收入及增速统计

在餐饮行业日趋繁荣的同时，餐饮行业内的竞争不断加剧。许多餐饮企业为在激烈的竞争中生存下去，通过采购劣质过期的廉价食材、使用有害的违法食品添加剂、缩减菜品分量等方式降低营业成本，以使自己在行业中获得竞争优势，能继续生存下去。一些餐饮企业通过以上方法虽然渡过了短时期危机，但对社会造成的恶劣影响与严重危害使其难以在餐饮行业中长期立足。

餐饮行业中此类问题频频爆发，餐饮企业平均寿命短成为行业常见现象，居民对食品安全的担忧也不断加剧。

寻宝记作为一家以绍兴菜为主的餐饮企业，面临餐饮行业中出现的竞争不断加剧等问题，并没有采取降低营业成本与菜品质量等消极应对方法，而是组织团队对市场进行充分调研，依据调研结果，采取相应措施，积极适应餐饮行业的大环境，坚持将安全作为企业发展的根本，牢牢把握菜品安全这一关。同时，寻宝记以消费者为中心，以消费者需求为导向，建立专门的研发团队进行菜品的研发与创新，积极挖掘绍兴文化，将寻宝记菜品与绍兴文化典故相结合，赋予其文化内涵。

正是寻宝记对安全、文化等方面的坚守与不断努力，使其在历经十几年风雨之后，持续发展，由最初的一家门店发展到如今的四家门店，登上各大美食平台榜首，成为绍兴餐饮行业中的标杆企业。

本文通过"定位支撑发展三要素"模型，对寻宝记进行深入研究，剖析其成功的奥秘，探索企业应如何在行业竞争中顺应时代发展潮流，并以定位理论为基础，根据发展三要素对寻宝记企业战略改革、菜品创新、文化传承等方面进行分析，总结寻宝记积极把握餐饮经济飞速发展的趋势与满足消费者精神文化的强烈需求的宝贵经验。该经验对绍兴餐饮行业乃至整个餐饮行业具有一定的参考价值，也对其他企业、社会精神文化建设与消费价值导向的开展具有重要的借鉴意义。

二、认识寻宝记：江南老菜馆 专注绍兴菜

（一）企业简介

寻宝记创始于 2002 年，目前在绍兴各地已开设四家门店，是一家集总部运营、中央厨房、仓储配送于一体的综合型餐饮企业，位列绍兴地区大众点评美食热门榜第一名，属于十佳绍兴菜特色餐饮企业，被誉为"绍兴美食名片"。

作为一家绍兴人吃了十几年的老馆子，寻宝记致力传承和发扬绍兴菜，推动绍兴美食走进千家万户，秉持"工匠精神"，做好每一道绍兴菜。寻宝记专注做绍兴菜，做最地道的绍兴菜、最精品的绍兴菜，以绍兴菜和绍兴酒为载体，让更多的人通过寻宝记品尝绍兴美食，了解绍兴文化，让绍兴菜代表浙江饮食文化走向全国、走向世界。

（二）发展历程

2002 年，寻宝记在绍兴古城仓桥直街的状元楼开设了第一家门店，对绍兴菜系进行探索与特色挖掘，逐渐开始绍兴菜的经营，受到顾客一致好评。

2006 年，寻宝记进行了品牌发展的初步探索，推出全新绿色营销理念——"半傣菜"，为顾客提供点半份菜的选择，在满足顾客需求的同时彰显勤俭节约的中华民族传统美德。

2008 年，寻宝记开拓创新，对企业实行"五常管理＋智能化厨具"的管理模式，建成国内首个废气零排放的中式智能化厨房，实现厨房设备电器化，使餐饮管理便捷化。

2011 年，寻宝记提出"裸烹"理念，倡导所有菜品均无味精、无鸡精、无非法添加剂，保证食材的原汁原味。

2012 年，寻宝记在绍兴市越城区世茂湖滨开设门店，进一步扩大寻宝记规模。同时，寻宝记改革厨房模式，建成以放心为主题的餐厅，以 360°全透明的放心厨房向顾客真实展示各类食材。

2014 年，寻宝记在绍兴市越城区银泰城开设门店，餐饮规模进一步扩大。

2018 年，以绍兴文化为载体的寻宝记绍兴菜餐厅第四家门店在鲁迅故里惊艳亮相，将"绍兴酒""绍兴菜"和"绍兴戏"完美融合，让绍兴文化的魅力得到了更好呈现，受到了全国各地食客的称赞。

（三）企业文化

1.企业使命

弘扬绍兴文化，让更多的人爱上绍兴菜：致力传承和发扬绍兴菜，推动绍兴美食走进千家万户，让绍兴味道飘扬五湖四海，让绍兴魅力流淌八方，深入人心。

2.企业愿景

让寻宝记绍兴菜成为中国美食名片：专注做绍兴菜，秉持"工匠精神"，做好绍兴菜，让绍兴菜成为人们舌尖上的经典美食，跻身于中国美食排行榜前列。

3.企业核心价值观

文化坚守：将绍兴菜与绍兴文化紧密结合，以菜品弘扬绍兴文化；顾客至上，为顾客创造的不仅是菜品，更是寻宝记特有的卓越、细致的服务与浓厚的绍兴文化氛围。

致良知：立志，即志不立，天下无可成之事，虽百工技艺，未有不本于志者。

勤学：从吾游者，不以聪慧警捷为高，而以勤确谦抑为上。

改过：不贵于无过，而贵于能改过。

责善：责善，朋友之道，然须忠告而善道之。

务实创新：仰望星空，脚踏实地。在绍兴菜的传承与创新的路上，寻宝记没有终点。

4.品牌故事

王华，明代辛丑科进士第一人，任翰林学士、吏部尚书。相传，成化十七年（1481 年），王华殿试将近，与友谈经论道之际，闻绍兴城内一饭庄有道已传承 300 余年的名菜"绍三鲜"。听毕，王华久久不忘，辗转难眠。一番思索之后，便连夜提灯从余姚起身前往绍兴城中寻找，时至正午，食饥息劳之际，王华巧遇一人带领，寻于此店。食毕，王华大为赞赏。店家告之，此菜源于宋高宗赵构，因食材汇聚绍之稽山、鉴水及沃野之精粹，滋味尤长、味醇鲜香，便被高宗赋名"绍三鲜"。与其切磋交流之际，店家得知王华乃王羲之后人，便恳请其为自家饭庄赐以招牌。"连夜提灯寻觅'绍三鲜'，品尝过后更是如获珍宝……"一番寻思，王华提笔写下"寻宝记"。尔后，王华更是金榜题名，高中状元。

由此，开于仓桥直街状元楼的寻宝记店名就这样从历史长河中传承而来。

（四）企业荣誉

作为一家经营了十几年的老牌绍兴菜馆，寻宝记不但在菜品上不断创新，而且主动升级企业经营管理模式，获得多方好评：被东方美食评定为"必必餐厅"，被绍兴市委与绍兴市旅游委员会等联合授予寻宝记"绍兴菜特色餐馆"称号，被绍兴市餐饮业和烹饪协会授予"十佳绍兴菜特色餐饮企业"称号。此外，寻宝记还被中国饭店协会和浙江省餐饮行业协会分别授予"中国十佳文化餐饮品牌——金鼎奖"与"浙江特色餐饮名店"称号。在餐饮安全方面，寻宝记被评为浙江省食品安全大整治百日行动"先进单位"、浙江省餐饮服务食品安全"示范单位"等；在菜品方面，寻宝记的"绍三鲜""绍兴臭豆腐"分别被中国饭店协会评为"中国名菜"与"中国名小吃"。另外，在 2019 年首届浙菜世界大会上，寻宝记被浙江省餐饮行业协会授予"品牌创新奖"。图 5-2 显示了寻宝记历年获得的荣誉。

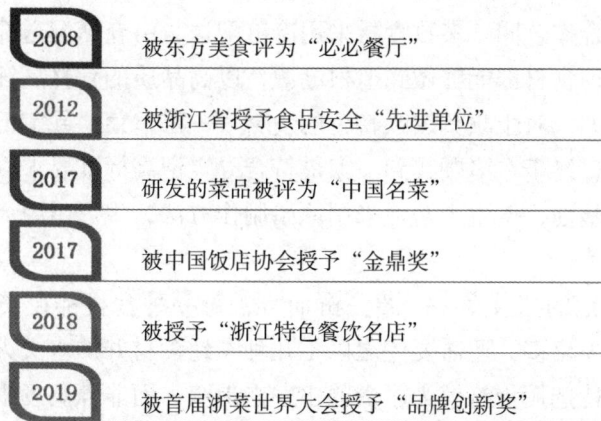

2008	被东方美食评为"必必餐厅"
2012	被浙江省授予食品安全"先进单位"
2017	研发的菜品被评为"中国名菜"
2017	被中国饭店协会授予"金鼎奖"
2018	被授予"浙江特色餐饮名店"
2019	被首届浙菜世界大会授予"品牌创新奖"

图 5-2　寻宝记企业荣誉

三、探索寻宝记：掘"钻石"之能　成行业标杆

（一）寻宝记发展的钻石模型

"安全是寻宝记立足之根本；文化是寻宝记发展之动力；营销是寻宝记壮大之关键；团队是寻宝记未来之保障。"在我们交流的过程中，寻宝记董事长张亮这样说道。

在餐饮行业竞争激烈的大背景下，如何在保持原有市场地位的基础上，进一步扩大寻宝记的发展规模成了一个十分重要的问题。经过张亮及其团队的研究探索，通过对安全、文化、营销、团队进行有机结合，形成了"寻宝记发展的钻石模型"，即以安全为根本，以营销为手段，以文化以及团队作为动力和保障，进一步提升多方面竞争力，使寻宝记历久弥新，成为行业领先者。

（二）安全是寻宝记立足之根本

寻宝记在创立之初，便意识到食品安全的重要性，从开业至今，聚焦"安全是寻宝立足之根本"，以安全为第一要义，从食材、烹饪、厨房方面保障食品安全。

1. 食材源头保安全

在食材安全方面，寻宝记坚持寻找优质食材，并建立食材供货渠道，与优质商家签订合作合同。多数食材采用冷链配送，由仓储配送部负责食材验收监测。每一种食材都能够做到追根溯源，以高品质的食材烹饪地道又健康的绍兴菜。例如，对于颇具绍兴特色的食材——霉干菜，寻宝记经过多地调研、对比品尝，终于在诸暨找到一家最符合寻宝记高标准要求以及顾客口味的霉干菜生产基地，该生产基地采用原始制作方法，生产出纯天然、无添加的纯手工霉干菜。

对于寻宝记的招牌菜——绍三鲜而言，每一种食材都在安全上极为考究，其材料种类繁多，还需要佐之以十几种本地食材并加水文火煨制成的高汤。寻宝记坚持选用价格较为昂贵的正宗走地鸡，而非养鸡场中短周期内便可长成的"饲料鸡"；鱼丸取自绍兴鉴湖的胖头鱼，无须担心由于水质污染

影响鱼的食用安全问题，手工制作，口味极佳；肉丸选用放养猪肉，经过严格的食品安全质检后，由寻宝记的厨师手工剁碎。

对于绍兴名酒——黄酒而言，寻宝记与绍兴本地历史悠久的老店合作，用鉴湖之水，纯手工酿制，保证无添加、无勾兑，以"打造寻宝之酒"为纲，为每一位消费者提供安全美味的绍兴黄酒。

2. 烹饪过程讲安全

寻宝记向每一位消费者公示所选用的食材和调料：大米是五常稻花香米，食用油是非转基因大豆油，食盐是澳大利亚精制海盐，酱油、食醋是被列为非物质文化遗产的古法酿造的酱油、食醋。寻宝记选用高品质食材和调料，与其他餐饮企业相比，每年成本增加十几万元，只为给消费者最放心的食品保障。

不仅如此，寻宝记于 2011 年倡导并开始落实"裸烹"理念，即在烹调过程中菜品无味精、无鸡精、无非法添加剂，并发出致歉信："为了您的健康，我们摒弃了非天然添加剂，从而致使部分菜品色香味有所不同，或许您觉得美味打了折扣，但为了您的健康，请您支持我们这个'为了健康而放弃添加剂美味'的'裸烹'倡议行动。"此做法一直延续至今。

3. 厨房环境控安全

在内部环境安全改造方面，寻宝记专注内部餐饮环境改善与厨房改革：2009 年推出透明厨房（图 5-3），公开厨房食品加工制作全过程；2010 年推出中国"26 ℃音乐厨房"，厨房内恒温 26 ℃，采用电炉灶台，并在厨房配备音响，播放音乐，大大改善厨师的工作环境；2012 年建立中国放心厨房，以 360° 全景厨房向顾客真实展示各类食材。通过一次又一次的改造升级，寻宝记成了餐饮行业的标杆。每每走进寻宝记，就能看到透明厨房里整洁的台面、摆放整齐的食材和佐料以及厨师忙碌的身影，让每一位来到寻宝记的顾客都能吃得放心、吃得安心。

图 5-3　寻宝记透明厨房

（三）文化是寻宝记发展之动力

文化与餐饮行业的发展往往是密不可分的，餐饮文化历史悠久，贯穿于人类发展的整个历史时期，体现在各个方面、各个环节之中。从餐饮行业发展的背景及普遍装修设计风格来看，大多餐饮行业都以地方文化为基本元素。文化在餐饮行业中有不可撼动的地位，推动着企业特别是餐饮企业的持续发展。绍兴文化底蕴丰厚，名人故居、会稽山、大禹陵、兰亭等都是绍兴地区餐饮企业的潜在资源。

寻宝记早早就发现了文化对企业的重要意义，将文化作为自身发展的内涵，企业定位与绍兴传统文化融合，在发展道路上虽几经风波，但始终不变对绍兴文化传承的坚守，一步一步持续向前。

1. 场景设计亮文化

刚走到寻宝记的门口，衣着戏服的小生便会引导你走进寻宝记，并对你说："欢迎来寻宝记吃绍兴菜。"缓缓走进寻宝记，乌篷小船，小桥流水人家的室内设计与绍兴江南水乡的文化特色相融合，内设阳明阁、三味轩、镜花台等 16 个包厢，分别以绍兴精彩故事命名，富含人文底蕴与社会风情。寻宝记员工服饰使用简单朴素的藏蓝色，给人展现出老练、沉着、庄重的气质，同时还采用中国传统的盘扣，添加简约中国风特色，保留了绍兴传统的文化与民族风情，富有传统特色。寻宝记独具风格的 logo 形象从具有绍兴特色的越剧形象入手，采用蓝粉白的渐变色，戏剧人物手中提着灯笼，展现了寻宝记为顾客寻遍天下美食，形成绍菜之宝的理念。寻宝记的每一处，小到筷子套、员工服饰，大到门口迎宾形象都蕴含着寻宝记特有的 logo 风格。寻宝记将场景设计与绍兴独有的文化和典故相结合，正是"守正出新、面向未来"的典例。

2. 开酒仪式展文化

寻宝记将绍兴传统"三缸文化"之一的酒缸文化融入餐厅。每日午时，在寻宝记的每一位顾客都能看到独具特色的"开坛仪式"表演，并且寻宝记会将这一坛珍贵的十年陈酿供顾客品尝。"吉时已到"，随着一声吆喝，由工作人员扮演成轿夫，担着珍贵的十年陈酿，在越剧背景音乐的伴奏下将酒送至台前，由专人讲述绍兴黄酒的历史文化，并选择幸运的观众成为开坛仪式的"主锤人"，敲开黄酒的坛盖，让在场的顾客都能免费品尝到独具特色的绍兴黄酒。

3. 曲艺演绎传文化

在满足顾客品尝正宗绍兴黄酒需求的同时，寻宝记借绍兴地方特色的越剧，以文化为助力，使顾客获得了更深层次的消费体验，推动寻宝记持续发展。在餐厅中设立一方舞台，舞台以鲁迅笔下的社戏为名，表演嘉宾粉妆黛眉、飘逸水袖，在中午与晚上的固定时段表演，表演的片段都是寻宝记通过调研大众喜爱的越剧筛选出的经典桥段，如《盘妻索妻·洞房悄悄静幽幽》《柳毅传书·借花献佛敬一杯》《张羽煮海·听琴》《五女拜寿·奉汤》《玉蜻蜓·大觉地阔路绵长》《红楼梦·天上掉下个林妹妹》《春香传·爱歌》《追鱼·观灯》《西厢记·琴心》《白蛇传·西湖山水还依旧》等越剧经典唱段。

除此之外，寻宝记还定期邀请绍兴地方传统曲艺——莲花落的演唱艺人，演绎生动风趣、通俗易懂的《夜抢李秀英》《徐文长三气窦太师》《珍珠塔》《何文秀》等唱段。

为此，寻宝记每年投入近 30 万元，只为实践"看绍兴戏，吃绍兴菜"的宣传标语，使消费者在满足口腹之欲的同时享受视听盛宴，在寻宝记便能感受绍兴的文化底蕴，体验国家非物质文化遗产越剧的文化魅力。

4. 菜品制作诉文化

在寻宝记，黄酒和米酒不仅是用来喝的，更是用来品的。"醉"系列是绍兴菜的典型代表。寻宝记选取当季食材以"醉"的方式进行烹饪。花雕醉蟹、花雕醉虾、花雕醉黄鱼、绍兴醉鸡等，让消费者能够在品尝菜品的同时感受到绍兴黄酒的独特风味。此外，寻宝记还将黄酒、米酒用来制作各式甜品，由寻宝记研发部门研发出的黄酒酸奶、黄酒奶茶、酒酿相思果等深受年轻消费者的喜爱。

"每一道菜都是一段寻宝记""每一道文化佳肴都在陪寻宝记成长"，在寻宝记中，每一道热门菜品都会有一段来源于历史长河中的故事。例如，至今已 800 年之久的宋高宗赐名的绍三鲜、大文学家徐文长所创造的霉干菜焖肉、乾隆皇帝赐名的西施豆腐、明代才子王华母亲制作的状元烤鸡等（图5-4）。

（a）

（b）

（c）

（d）

图5-4 寻宝记

为了使传统的绍兴文化与美食相结合，每个季度寻宝记都会举行绍兴菜品鉴会活动，选取当季的新鲜食材，由厨师进行创作与升级，推出新款菜品。比如，春意盎然春季品鉴会中的"三味春意浓"将绍兴人最钟爱的春日小菜马兰头与绍兴麻鸭，以及深海三文鱼一起烹饪，带来了别样的风味；仲夏至味夏季品鉴会中的"鲜莲炒虾仁"以当季食材莲子入菜，还与吴王为西施取莲子的历史典故相联系，使顾客感受到了历史风情与现实价值；寻味秋韵秋季品鉴会中的"卧薪尝胆"将黑色的鳝鱼段寓为"薪"，羊肚菌中间装有臭豆腐酿虾蓉，意为"所处的环境"，鸡蛋取谐音"胆"，里面放的是发制的雪蛤，其食材名贵，口感一流，意为"卧薪尝胆"后的成果。

（四）营销是寻宝记壮大之关键

俗话说："酒香不怕巷子深。"但是，在餐饮行业发展迅速、市场竞争十分激烈的今天，酒香也要会吆喝。营销贯穿于企业经营活动的全过程，营销的成功与否和企业的生存、利益息息相关。如果想把产品推出去，必须走出自家门进入市场，再通过一系列营销活动被他人知晓，从而成为消费者的选择。

在寻宝记的探索历程中，创始人张亮与其团队同样发现了营销的重要性，体会到企业规模的扩大不能单凭借产品质量，更要依靠品牌知名度的提升。在此认知上，寻宝记立足消费热点，从多方面出发进行企业宣传与推广。

1. 独创营销领潮流

随着社会经济的快速发展、生活条件的改善，消费者越来越追求个性化的消费体验。与此同时，食品浪费问题的关注度越来越高。在此环境下，2006 年初，张亮经过初步探索，推出了全新绿色营销理念"半俸菜"，消费者可根据自身食量及口味需求选择一半分量的菜品，进行自由组合，多种类品尝。寻宝记以"半俸菜"的独特营销理念打响品牌，受到了消费者的追捧。

近年来，许多餐饮企业以使用食品添加剂降低成本、提高利润、抢占市场，食品安全问题引起越来越多消费者的关注，被推上舆论风口。相比之下，寻宝记于 2011 年倡导并开始实施"裸烹"理念，即无味精、无鸡精、无非法添加剂，并发出致歉信，请顾客支持理解寻宝记"为了健康而放弃添加剂美味"的"裸烹"倡议行动，此做法一直延续至今。《钱江晚报》《绍兴晚报》等多家媒体对寻宝记"裸烹"的倡议行动进行了报道。中国东方美食网在此理念影响下，追随寻宝记的脚步，也在全国发起"倡导绿色烹调，为食客健康而裸烹"签名活动。

除此之外，寻宝记还坚持举行每季度一次的品鉴会（图 5-5），并邀请浙菜宗师、浙江烹饪大师、著名越剧表演艺术家、著名书画家、著名主持人、著名媒体人、资深评论员、资深美食达人等社会名流汇聚于此，选取当季的新鲜食材,由厨师进行创作与升级,以守正出新的态度推出新款菜品,供现场嘉宾品尝并给予专业的点评。每次的寻宝记品鉴会都被各大媒体争相报道,掀起了一波又一波分享寻宝记绍兴菜的浪潮。

（a）

（b）　　　　　　　　（c）

图 5-5　寻宝记品鉴会

2. 线上线下跟趋势

在宣传方式上,寻宝记通过实体广告等传统营销手段,紧跟时代营销发展趋势,打造了以绍兴菜与绍兴文化为主题的绍兴网红打卡点,同时采用了"线上+线下"营销渠道。

在线下广告方面,寻宝记在各高客流量公交线以及人流量较为集中的公共场合投放宣传广告,通过日常交通工具的流动扩大宣传范围,同时与政府单位合作,将品牌宣传广告投放于绍兴北站等游客流量较大的交通枢纽处。

在线上广告方面,寻宝记借助美团、大众点评等美食评价团购平台以及大型消费体验类电视节目增加曝光率。寻宝记于 2019 年 8 月 18 日受邀代表绍兴菜走进湖南卫视王牌节目《天天向上》,并在 2019 年 9 月 2 日受邀参加央视财经频道 CCTV2 热播节目《消费主张》,向全国人民展示了绍兴饮食文化。

近几年，随着移动支付的快速发展，手机线上点餐、等位和支付等需求持续增长，同时对消费过程便利性、快捷性的需求也与日俱增。在这方面，寻宝记开发了自己专属的二维码点单微信小程序"寻宝记点菜"进行点单、排队取号以及会员服务，并根据不同菜品的销售热度分为了"招牌菜""必点菜""当季菜"等栏目。同时，在就餐结束后，"寻宝记"小程序会发送后台用餐评价提醒，根据9个不同的消费体验方面划分为了5个不同的评价等级，用于就餐体验的反馈收集，形成了一整套消费服务体系。

"过去我们想要去看世界，现在要世界来看我们。"寻宝记还请专业制作团队进行了宣传片的拍摄，从寻宝记的发展历程到食材的精挑细选，从传统的烹饪技术到健康安全的菜品保障，从对绍兴菜的不断挖掘到弘扬绍兴文化的企业愿景，全方位展示了寻宝记的企业形象。

（五）团队是寻宝记未来之保障

对于企业而言，员工是发展过程中最宝贵的资源之一。一个缺乏团队精神的公司就如同一盘散沙，没有活力，没有朝气，在激烈的竞争面前会显得不堪一击。对一个企业而言，拥有一支相互团结、相互协助、有团队精神的员工队伍是企业发展壮大的重要保障。

从创立之初的小团队到现在的寻宝记"家人"，寻宝记坚持将团队建设视为企业发展壮大的重要保障，通过内部自我提升和外部交流学习，不断加强团队建设，增强团队素质。

1. 情感传递塑团队

在团队精神建设方面，寻宝记创始人张亮提出了"家人"的概念，使每位员工心存主人翁意识，通过情感的彼此传递来进行团队建设，并号召寻宝记的"家人"一起学习。每隔一段时间，寻宝记会发起阳明百日学习，让寻宝记"家人"聚在一起学习管理知识。除此之外，"家书"是寻宝记员工每日都要分享的工作记录，通过寻宝记管理人员每天分享的"家书"，让寻宝记团队里每个人都能提出看法与建议以及具体的工作实施计划，推动寻宝记不断发展。截止目前，寻宝记的"家书"已有2 300多封，而"家人"也通过这种方式互相交流、互相鞭策。

2. 学习交流强团队

在加强团队精神建设之余，寻宝记也从多个方面进行交流学习，提升团队专业素质技能。

寻宝记创始人张亮始终坚持开展"亮哥早读"，分享对餐饮以及企业的所学、所感、所悟。"亮哥早读"已经坚持了五年之久。

在管理模式上，寻宝记采取了源自日本的五常管理法，通过常清理、常整顿、常清洁、常维持、常自律对每位员工的日常行为提出要求，倡导他们从小事做起，力求每位员工都养成事事"讲究"的习惯，号召他们做好每个细节，鼓励大家齐心协力，创造一个高质量、有信心的工作环境。

同时，寻宝记创始人张亮组织创办了全国性餐饮行业学习组织——"共进塾"，每年组织相关活动进行交流学习，定期让员工认识各地的特色菜品，并通过对不同菜品的学习了解，吸取他人经验，推动寻宝记绍兴菜的传承与发展。

此外，寻宝记还参与成立华东冷菜战略学习会，针对冷菜战略，与不同餐饮企业进行学习交流，找到自己的核心竞争力，并围绕核心竞争力规划自己的发展路线，即"用最少的资源打造强势品牌"。

在拥有良好团队建设的基础上，寻宝记现特设研发部门，积极开展顾客菜品满意度与口味倾向的调查，不断收集、整理顾客口味数据，通过数据分析，对绍兴菜进行改良与创新，坚持定期推出新菜品。

四、揭秘寻宝记：定位理论下的成功解析

（一）定位支撑发展的三要素模型

定位理论是由美国营销学家艾·里斯和杰·克特劳特在1972年提出的，其含义是企业根据竞争者现有产品在市场上所处的位置，针对消费者对该类产品某些特征或属性的重视程度，为企业产品塑造与众不同的、给人印象鲜明的形象，并将这种形象生动地传递给消费者，从而使该产品在市场上确定适当的位置。定位针对的是潜在消费者的心智，通过采取一定的行动，将本行业的产品在目标消费者的心理层面确定一个恰当又稳固的位置。

定位的目标对象并不是产品本身做什么，而是着眼于潜在消费者的内心。从本质上讲，定位也是一种带有创新性质的实践，是以消费者心智为立

足点，针对消费者心理的创新，即将那些在消费者头脑中早已存在的对自身产品的认知和态度，通过自身的营销努力，使目标消费者可以从一个全新的、对企业有利的角度看待产品本身。

正如定位理论所强调的那样，定位的目的是满足消费者心智，因此以定位实现企业的持续发展，关键要做好三个方面，即清晰地描绘消费者画像、精准把握消费者痛痒点以及满足客户体验。进行客户画像，确定目标客户市场，进一步精准把握客户痛点和痒点，从而了解目标市场客户以及挖掘目标客户需求。最后，在产品设计中，根据消费者的关注点与需求点，使目标客户对企业产品和品牌产生最直观的感受体验。

消费者特征即用户信息标签化，就是企业通过收集与分析消费者社会属性、生活习惯、消费行为等主要信息的数据之后，以消费者需求为中心，根据消费者的需求特点对行业市场进行细分，完美地刻画出一个用户的商业全貌。通过社会调研、问卷调查等方式进行全面的市场分析，并根据自身优势确定目标消费者，清晰地描绘消费者画像，是一个企业开展活动、开拓市场的前提。

客户痛痒点即目标客户需求，企业以客户画像为基础，对目标客户市场进行更深层次调查、研究，把握客户急需解决的问题以及额外需求。痛点即客户在消费体验过程中害怕遇到的问题以及需要解决的问题；痒点即在基础需求的基础上，客户期望得到的额外消费体验。抓住目标客户双方面需求，对产品服务进行精准定位，是一个企业进一步发展的基础。

满足需求即在确定好目标服务市场，并紧紧掌握客户的躲避点以及需求点的基础上，企业"对症下药"，针对客户具体需求提供契合的经营战略。

（二）客户画像描绘清晰是寻宝记成功的必要条件

自改革开放以来，我国生产力水平快速提高，国民人均 GDP 大幅提升（图 5-6）。到 2002 年，我国国内生产总值（GDP）121 717 亿元，突破 10 万亿元大关。

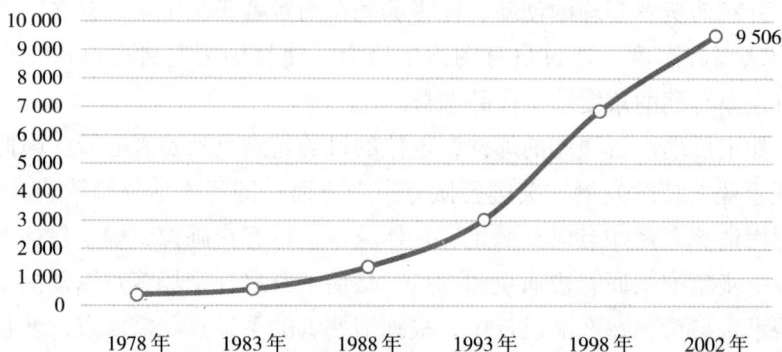

图 5-6　国民人均 GDP（元）变化趋势

伴随着生产力水平的提高、收入的增长，人们在满足物质需求后，越来越追求精神需求的满足，旅游消费能力也越来越强。根据国家统计局数据，我国国内旅游市场的游客人数一直保持着快速增长的趋势。

寻宝记的所在地绍兴是一座有着 2 500 余年历史的文化名城，是吴越文化的源头、兰亭书法文化的起源、名人故居的集中地，文化底蕴深厚。有"鲁迅故里""书圣故里""蔡元培故居""会稽山""大禹陵""东湖""兰亭"等景区，人文、自然旅游资源丰富，每年都吸引着众多游客前来感受绍兴的风土人情。

根据绍兴统计局数据，1995—2002 年，绍兴市旅游行业快速发展，年增速高达 20%（图 5-7）。2002 年，全市接待游客总数达到 1 181 万人次，比上年增长约 38.6%。其中，接待国内游客总数达 1 173 万人次，增长约 39.5%。

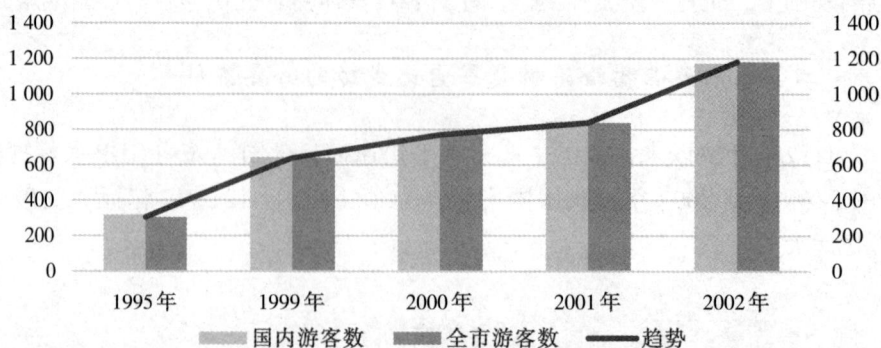

图 5-7　1995—2002 年绍兴游客接待量（万人次）增长趋势

面对绍兴旅游业的持续火爆与数量庞大的游客市场，寻宝记看到了其中的商机，立志打造一个以游客为目标客户的餐饮企业。

在目标客户确定后，为了更好地了解客户，使自身服务更加到位，寻宝记创始人张亮便率领其核心团队，针对游客这个消费群体，深入景区展开调研，通过对游客发放问卷、沟通访谈以及观察游客行为等一系列方式，对目标客户有了清晰的认识。

寻宝记通过调查得知：来绍兴游玩的游客年龄主要集中在 28 ～ 50 岁，消费水平中等偏上，接受过良好的教育；游客大多都是第一次来到绍兴，且多为过境游，在绍兴停留时间相对较短，为 1 天左右；游玩以观光为主（图 5-8）。因此，游客希望在短时间内了解更多的绍兴人文历史。

年龄大致集中在 28 ～ 50 岁　　首次来绍兴

消费水平中等偏上　　游玩的时间为 1 天

中专以上学历　　渴望便捷消费

图 5-8　目标游客特征

在对目标客户——游客有了清晰的认知后，寻宝记确定了打造以旅游景点为基地、以绍兴菜品为特色、以绍兴文化为内涵的品位餐饮的总体战略思路。

根据寻宝记的战略发展思路，寻宝记将第一家餐厅选址确定在具有绍兴城内典型的"一河五街"格局的越王城历史街区——仓桥直街，并根据明代辛丑科进士第一人——王华连夜提灯寻觅绍三鲜，为店家题名写下"寻宝记"三字，尔后高中状元的历史典故，选中仓桥直街中心的状元楼作为首家门店并确定店名为"寻宝记"。

此外，寻宝记将餐厅环境装饰与绍兴传统建筑风格相结合，根据状元楼临近河道的地理优势，以江南水乡的独有建筑风格进行装修，体现绍兴传统民居风格，营造江南古城小桥流水人家的氛围，使游客在寻宝记就能感受到绍兴的水乡韵味。

寻宝记以绍兴菜烹调口味为主，注重香酥绵软、原汤原汁、清油忌辣的特点，结合绍兴黄酒烹制绍兴美食，并结合绍兴食材加工特点——"臭、腌、酱、霉"等制作绍兴传统特色菜品。除此之外，寻宝记将某些菜品与绍兴有关历史文化相结合，让顾客在寻宝记能够享受绍兴菜的的同时，感受绍兴历史文化的风情。

基于寻宝记的发展思想，寻宝记紧跟时代发展潮流，牢牢抓住游客这一消费群体，做好各方面战略实施，使寻宝记在创立之初便成了游客的消费目的地，一度成为仓桥直街的旅游景点，翻台率达 100%，得到了游客的充分认可与追捧。

在案例研究过程中，我们通过寻宝记的问卷调研能够发现虽然经过近 20 年的发展，人们的收入以及文化水平与过去相比有了大幅的提升，但是目标顾客的消费特征仍然鲜明，与寻宝记在 2002 年对游客的认知高度相似，大部分游客仍是首次来到绍兴，希望欣赏绍兴的风景、感受绍兴的风土人情。

正如定位三要素模型所强调的，企业要实现可持续发展，首先要对客户有清晰的认识。从我们对寻宝记的深入调研分析来看，正是由于寻宝记团队在创业之初深入实际对顾客进行全方位的调研，精准描绘了客户的特征，确定了寻宝记发展的总体战略，才使其持续不断地发展壮大。换句话来说，客户画像特征清晰是寻宝记成功的必要条件。

（三）客户痛痒把握精准是寻宝记成功的充分条件

在 20 世纪末 21 世纪初，我国旅游业虽然得到了快速发展，但是由于旅游市场不规范、监管不到位、消费者不成熟等多种因素，旅游消费市场呈现出混乱发展的态势，游客被坑被骗的现象时有发生。

寻宝记在成立之初，通过对绍兴旅游市场的调研不仅了解了游客的消费能力，还深层次地认知到了顾客心理。在调研的基础上，寻宝记不断站在游客的角度、以换位思考的方式进行分析，并且每隔一段时间就在团队中开展"如果我是游客"的思考活动，展开团队讨论，结合调研的顾客心理，整理出游客的困境、担心与希望得到的服务。结合企业的调查与"如果我是游客"的大讨论，寻宝记有两方面认识：一方面，对于初到绍兴的游客来说，在信息不对称的社会环境背景下，他们害怕企业因为游客的高流动性而忽视了食材及烹饪过程的安全保障，害怕在游玩的过程中遭受到价格欺诈；另一方面，游客希望在游玩的过程中，全面感受当地的文化，了解绍兴的风土人情与历史文化。

基于这样的认识，寻宝记提出"安全是寻宝记的生命底线，最大满足客户需求是寻宝记的追求"的口号，坚持做安全放心餐饮，坚持做客户满意餐饮。

1. 解除担心，赢信任

为了保障餐饮安全，寻宝记严格把控食品安全关。

在当时餐饮行业价格制定混乱的大环境下，寻宝记坚持在菜单上明码标价，并列示菜谱所用食材的分量，公开所用的油、米及盐等原材料，这是对"我家里吃什么，顾客也吃什么"承诺的践行。

正是因为寻宝记在食材、原料到加工等方面的不断努力，对价格的透明化公示，顾客才能消费放心、安心。

2. 迎合期望，获认同

寻宝记在消除了顾客的顾虑同时，深深明白只局限于此是远远不够的，正如调研所得知的，顾客不仅希望能够获得美食，更多的是期望在短时间内能了解绍兴。为了满足顾客这一需求，寻宝记不断挖掘绍兴浓厚的人文历史、越剧文化，在文化氛围、菜品内涵方面不断开拓创新，满足顾客需求，使顾客能够多元化、全方位地感受绍兴的味道和文化。

在文化氛围方面，寻宝记不断改善店面装潢，旨在形成体系化的寻宝记形象。寻宝记对包装设计力求做到独具一格，生动刻画绍兴文化印象，将乌篷船、乌毡帽、越剧形象、桃花等绍兴元素融入自身，将江南水乡特色展现得淋漓尽致。寻宝记从绍兴的历史文化入手，以越剧形象入画，展现了绍兴深厚的文化底蕴，同时通过与小桥流水、乌篷漫游、悬挂蓝粉白渐变灯笼的结合，将顾客带入一段关于寻宝记绍兴菜与文化根源的故事。

餐厅门店的装修设计以及每一位寻宝记员工的特色服饰都与绍兴水乡文化风味以及越剧文化相结合。在穿着富有绍兴文化韵味服饰的员工的服务下，品味地道的绍兴菜，寻宝记所营造出的这种用餐氛围与环境可以最大限度地满足顾客体验绍兴饮食文化的需求。通过对用餐环境氛围的再度升级，满足游客的需求点，形成寻宝记区别于其他普通餐饮的一大特色，提升了寻宝记的品牌竞争力。

除此之外，寻宝记还做好对员工关于绍兴文化的强化训练，坚持定期开展员工绍兴文化交流会，培养员工成为绍兴文化的活导游。对于寻宝记的员工而言，顾客并不是上帝，而是家中来的客人，他们都以主人的态度对待每位顾客，坚持以友待客的服务理念，把每一位来到寻宝记的顾客都当成远方而来的朋友，为他们讲述绍兴古城的历史文化，让他们获得宾至如归的消费体验。

寻宝记在店面的不断拓展过程中，不惜重金请戏班子定期表演越剧。每日特设的绍兴十年陈酿黄酒开坛仪式，供游客免费品尝，看似是寻宝记单方面一味的经济投入，实则是将越剧与绍兴黄酒作为媒介，让每一位消费者都成为传递绍兴文化特色的旗手。行至寻宝记可以听戏，感受地道的越剧表演，徜徉于浓厚的绍兴文化中，消费者在这样的环境中用餐，更能体验到绍兴的魅力。

寻宝记坚持将"让消费者不留遗憾而留下深刻的绍兴印象"作为最重要的品牌目标，在多方面提升消费者体验的同时，始终在消费者心中保持"绍兴文化传播者"这一形象。寻宝记的绍兴菜向外传播，使寻宝记背后的绍兴特色文化向外延续，满足了目标客户在文化方面对完整性、独特性的需求，在众多餐饮竞争者中形成了鲜明的竞争优势。在赢得消费者认同感与忠诚度的同时，寻宝记凭借自身力量，传承、传播绍兴文化，提升了品牌价值。

在菜品方面，寻宝记追溯菜品历史文化，把菜品与绍兴的人文典故联系起来，让消费者在品尝美味的同时在心中巧妙地烙印下关于绍兴这座古城的绵长文化记忆。

菜品的创新是餐饮行业永恒的话题，"一招鲜，吃遍天下"在餐饮行业并不适用。餐饮菜品的开发设计是餐饮企业适应市场需求、保持竞争力的根本。当然，菜品的创新要基于消费者的心智。在这方面，寻宝记设有研发团队，结合市场调研数据，专攻绍兴菜的创新。

创新菜品的研制要先考虑消费者的需求。寻宝记以外来游客为主要顾客，为顺应顾客市场的需求，其通过对多区域顾客口味偏好的调研，以绍兴文化为根，结合绍兴食材加工特点以及绍兴黄酒的特色，深度探索，不断创新。一方面，随着国内年轻消费群体在甜品方面的消费支出占比越来越高，寻宝记结合绍兴本土酒文化特点，延长产业链，推出了更受年轻消费者青睐的黄酒、米酒系列的甜品；另一方面，寻宝记不断挖掘绍兴本地特色烹饪原料，根据食材的时令性，推出多种季节性新菜品。

寻宝记研发团队还在烹饪工艺与摆盘上不断创新，将传统烹饪方式古为今用，将西餐工艺洋为中用。绍三鲜采用蒸制的方式最大限度地保留了食材里的营养，并且气温较低时，寻宝记会在餐盘里附带加热工具以保持菜品的口感。

与此同时，寻宝记不断细化绍兴传统饮食的分类，如将绍兴酒分为黄酒、米酒等，其中又将黄酒细分为醇香型与浓香型，再根据酿造原料不断细分等。

对绍兴特色的传承与发展，体现了寻宝记的精益求精，其不断开拓专业技能，发挥自身潜能，力求迎合消费者的偏好，满足消费者需求。

坚持做安全放心的餐饮，坚持做客户满意的餐饮。寻宝记从坚守安全底线，到从文化氛围与菜品内涵等方面形成自己的特色，一步一步满足客户需求。

本案例小组通过与顾客交流了解到，令顾客颇为赞赏的是寻宝记将绍兴文化融入菜品之中。"在寻宝记吃的不仅是美食，更多的是绍兴的文化韵味"。通过对案例的深入分析发现，寻宝记之所以能成功，是因为其对顾客心理的了解，通过一系列措施解决、满足顾客遇到的问题和内心的需求。

如上所述，寻宝记在发展过程中始终强调对客户顾虑的消除和对客户期望的满足，正如定位发展三要素所说的，企业要发展，关键是要做好对客户痛痒点的精准把握。可以说，精准把握住游客的痛点、痒点是寻宝记成功的允分条件。

（四）客户体验满足到位是寻宝记成功的充要条件

客户体验是一种纯主观的在客户消费过程中建立起来的感受。良好的客户体验有助于公司不断完善产品或服务。正是不同客户的感受存在差异，构成了客户对一家企业独特的体验认知。所以，企业要实现客户体验满足，就必须根据目标群体的客户特征，从消费者需求、竞争导向等方面出发。

在实现体验满足的过程中，实施科学合理的策略，采用多种渠道，生动地向已有消费者与潜在消费者宣传企业自身产品的差异化以及特殊的形象，让目标市场的消费者真切感受到企业产品及服务的特色和差异性优势，使企业能在激烈的市场竞争中牢牢把握消费者心理，获得在同类企业中的竞争优势，以取得更大的市场份额。

无论是客户的画像，还是客户的痛痒点把握，归结起来，最终都要满足客户的体验。从发展历程来看，寻宝记基于消费者心智的需求不断拓宽自身，迎合市场，满足客户体验，形成寻宝记独有的竞争优势，与其他餐饮企业形成差异化对比，确定市场地位，实现客户与企业的共赢。

通过安全开发和改进增强顾客体验。寻宝记坚持安全餐饮，从食材采购的渠道透明化厨房的建设再到"裸烹"理念的提出，寻宝记多年来不断提升，充分贴合目标客户群体对食材和烹饪过程安全保障的关注点，满足消费者安全需求，赢得客户认可，提升品牌安全形象。

通过整合多种感官刺激创造顾客体验。寻宝记充分调动人体视觉、听觉、触觉与嗅觉等感官，以"色"悦人、以"声"动人、以"味"诱人、以"情"感人。利用绍兴浓厚的历史文化，将菜品与历史典故融合起来；在菜品中融入绍兴三缸文化中的酒缸文化；在装饰风格与服装上融入江南水乡特色；将绍兴传统越剧和开坛仪式融入餐厅。从视觉、味觉、听觉各角度，创造知觉体验，增加情感体验，强化消费者忠诚度，开发品牌文化形象。

通过团队建设和创造开发打造顾客体验。寻宝记通过内部家书和百日学习的交流、外部共进塾和华东冷门战略学习会的学习，不断提升团队能力。员工以"家人"相互称呼，形成主人翁意识，贯彻以主待客的服务思想理念，并设立研发部门，调研顾客需求，开发新菜品。从意识到行动，全面增强其服务意识与管理能力，提升顾客消费体验。

通过营销组合和媒体传播强化顾客体验。寻宝记打造以绍兴菜与绍兴文化为主题的绍兴网红打卡点。结合线上线下模式，通过实体广告与电视节目报道，增加其曝光度，并通过微信公众号、大众点评等线上媒体平台进行宣传。将半棒菜、裸烹及品鉴会作为自己独有的营销特色。将文化融入其中，打造寻宝记体验式营销。从传统到现代，从特色到体验，寻宝记不断拓宽其品牌宣传影响力，增强客户黏性，积极通过"互联网+"等手段，为客户提供新的价值和服务体验。

从研究可以看出，寻宝记一直以客户体验为中心，充分实践定位发展三要素中对客户体验的满足。既做到了与时俱进，又进一步加强了文化建设，全方位解决痛点，满足痒点，升级用户体验，拥有了较强的市场竞争力，促进企业不断发展。可以说，客户体验满足到位是寻宝记成功的充要条件。

五、取经寻宝记：案例分析之总结

在社会经济发展进程中，正如马斯洛需求层次理论中所展现的人类需求是由低到高的，人类消费需求的提升是历史发展的必然。面对需求的转变，企业要做的不是视而不见、故步自封，而是通过看清自身条件，确定自身定位，描绘客户画像，抓住痛点、痒点，积极采取有效措施，化劣势为优势，在传承的基础上顺应时代潮流进行创新。

寻宝记作为绍兴特色餐饮行业中的龙头品牌，紧扣市场需求，不断对消费者进行细化，确定目标客户群体，紧抓客户需求，并以绍兴传统文化为中心，借助线上线下一体化营销手段，组合多种经营策略，由一家门店发展为四家门店，不断发展壮大企业规模，获取了较大的市场份额。在以定位支撑发展三要素模型为基础的发展路径下，寻宝记协同绍兴传统美食与文化，落实了"看绍兴戏，吃绍兴菜，品绍兴酒"的宣传标语。寻宝记的成功经营为同行以及其他行业提供了可供借鉴的经验。

（一）客户认知清楚是企业持续发展的前提

在激烈的市场竞争环境中，由于市场的多变性和多样性，加之消费者需求多样且差异巨大，一家企业不可能通过自身产品和服务全方位地满足市场需求。因此，企业对顾客群体进行市场细分并明确目标客户的认知就显得十分重要。通过客户画像，勾勒出目标客户，联系客户的需求，对客户进行标签化处理，从而使其特征清晰，以便提供更符合目标客户需求的服务。

寻宝记在当今快餐饮食文化盛行的态势之下，并没有像其他的餐饮店一样，片面追求一时的人气和利润，而是通过对自己的消费群体的精准定位，确定寻宝记目标客户为来绍兴的游客，对游客的性别、年龄、消费水平等静态信息，以及游客的游玩目的、口味偏好、餐饮需求等动态信息进行分析，对游客进行标签化处理，画出精确的客户画像，确定寻宝记未来的发展方向与战略。

在商战的急流中，只有认清自身状况和局势，确定前进方向，才能走向终点。企业要根据市场细分确定自己的目标客户，描绘出清晰的客户画像。通过市场线上调研和后期的线下问卷等方式，对客户的静态指标与动态指标进行分析，使企业产品服务对象更加准确，确定为某一特定群体抑或某一具体年龄段的人群，画出更为精准的客户画像，进一步把握目标客户的心理，充分利用大数据网络应用与数据分析，实现精准营销目标。

（二）需求把握准确是企业持续发展的源泉

立足客户心理，准确把握客户需求是企业制定经营策略的要点。认识到客户在消费过程中担心遇到的痛点，及时解决消费者的问题；寻找客户在消费体验中期望满足的痒点，满足消费者的需求，同时实现企业的健康持续发展。

寻宝记经过一系列客户画像分析，确定前来绍兴游玩的游客为寻宝记的目标群体，并明确其在食品安全与口感方面的痛点，在就近就餐以及了解绍兴文化的痒点。寻宝记在食品安全方面，注重食材及烹饪过程的安全保障；在文化体验方面，聚焦文化体验的完整性、独特性；在选址方面，关注寻宝记地址与旅游景点的距离，为游客提供便捷服务。这些方面都是寻宝记创立之初经过慎重考虑后的行动。寻宝记通过目标客户身体与心理的满足、菜品与文化相结合，实现了企业的持续发展，在激烈的市场竞争中脱颖而出。

对目标客户需求点的适时认识，是企业升级的原动力。企业应敏锐地感知到客户的痛点、痒点，推动市面上产品的不断优化升级、在产品身上挖掘更多服务内容以及创造衍生价值。积极运用互联网浪潮之力，挖掘文化价值，贴合新型消费模式与体验，满足特殊消费群体需求，开辟一条属于自己的发展之路。

（三）策略组合有效是企业持续发展的关键

营销组合是企业市场营销战略的一个重要组成部分，指将企业可控的基本营销措施组成一个整体性活动。营销的主要目的是满足消费者的需求，而消费者的需求有很多，满足消费者需求所应采取的措施也很多。因此，企业在开展市场经营活动时，必须把握住基本性措施，合理组合，并充分发挥整体优势和效果。制定准确的策略组合，保证有效实施策略组合是企业能够持续稳定发展的关键。

寻宝记一直以来都秉持着一种工匠精神，为消费者提供高品质的正宗绍兴菜。在菜品的食材选择、调料运用、烹制方法等方面均采取了健康安全、无污染的可持续发展手段。寻宝记积极主动应对变化，在技术方面，不断聘请专家举办讲座，指导学习，引入新技术改革厨房模式；在人才方面，引入、培养技术人员，打造研发团队，创新各类菜品；在制度方面，实行五常管理以及可追溯质量管理，确保每个部门、人员能够高效作业，保证菜品质量；在宣传方面，线上线下相结合；在外部沟通方面，增加与同行业伙伴的交流。得益于寻宝记所做出的这些努力，公司成功提升了企业实力，从而成为绍兴菜的代表性企业。

企业要想成功，需要各类策略的实施。酒香不怕巷子深的时代已经过去，通过策略的实行，顺应时代发展、市场发展、消费发展的要求，满足客户体验，以面对内部、外部的各类竞争，形成自身竞争优势，从而赢得企业未来。

参考文献

[1] 李飞. 三步营销定位法——从产品定位走向营销定位 [J]. 商场现代化, 2003（10）: 17–18.

[2] 刘玉娥. 市场定位战略综合模型的分析 [J]. 中国集体经济, 2017（31）: 68–69.

[3] 克雷文斯, 皮尔西. 战略营销 [M]. 韦福祥, 译. 北京: 机械工业出版社, 2007.

[4] 李飞. 钻石图定位法 [M]. 北京: 经济科学出版社, 2006.

[5] 詹姆斯. 市场细分与定位 [M]. 王祎, 燕清, 译. 北京: 电子工业出版社, 2005.

[6] 李小芬, 李春雷. 钻石定位模型在青鸟健身俱乐部市场定位中的运用研究 [J]. 北京体育大学学报, 2006（5）: 608–610.

思考题

1. 你是如何理解定位支撑发展三要素模型的？它们之间有什么样的关系？
2. 如果未来你要去开一家地方特色餐馆，你会怎么做？

案例编写：张沛然（国贸 172）　傅晨曼（工商 173）　唐俊豪（国
　　　　　商 182）　俞新浓（工商 173）　何京燕（会计 183）
指导老师：严家明

案例6

依托"D&M"打造产品竞争优势

——以浙江森之炫旅游产业开发有限公司为例

摘要：近年来，随着"绿水青山就是金山银山"生态发展观念的提出，国内各行各业都掀起了一股生态发展的潮流。人们已满足基本的物质需要，生活也基本达到小康水平，对自己居住环境、工作环境、娱乐环境等也提出了越来越高的要求。园林企业作为城市的"美化师"，在这种情况下，能否抓住最好时机进一步发展，推动自身乃至整个行业与城市绿化的发展，提高自身竞争力，也是眼下关注的热点之一。

本案例以浙江森之炫旅游产业开发有限公司（以卜简称"森之炫公司"）为研究对象，通过对森之炫公司的个性设计和有效营销路线进行深入研究分析，从引言、案例介绍、案例主体、案例分析、总结与启示五个方面进行阐述与剖析，总结出了以"个性化设计理念、有效性营销理念"为主要内容的D&M双轮驱动理论（"设计与营销双轮驱动理论"）。

"D&M"双轮驱动理论对森之炫公司有较好的指导意义，由于其在研发、生产、产品设计等方面均具有前瞻性，且符合当前制造业形势，对国内其他大中型园林企业在一定程度上有着借鉴意义。

关键词：园林行业；D&M双轮驱动理论；森之炫公司园林

一、引言

（一）研究背景

党的十九大提出，要"加快生态文明体制改革，建设美丽中国"。生态文明体制改革和美丽中国建设对园林行业提出了更加严格的要求，拓展了发展空间，将使我国园林产业迎来更加美好的发展前景。

花卉园林作为我国的新兴产业，市场空间充裕。随着我国花卉种植面积和销售出口额的逐年稳定增加，我国花卉产业的发展已趋于稳定和成熟，并基本完成了由传统单一的花卉种植业向花卉加工业和花卉服务业延伸，我国现代花卉产业链已趋于完整。但是，产品品质低、产品区域分布不均、花卉种植业总体创新性不足、对外依存度较高的等仍然是我国花卉产业发展面临的问题。

着力构建花卉品种创新体系，健全花卉技术研发推广体系，提升花卉生产经营体系，完加强花卉市场建设，完善流通体系，创新花卉社会化服务体系，着力转变花卉产业发展方式，促进花卉种植业稳定发展，积极拓展花卉加工业和服务业，提升花卉产业质量效益，提高花卉为城市化服务的能力和水平，为城乡居民提供更多就业机会和美丽的花卉产品，成为我国花卉行业发展的驱动力。

（二）研究意义

本案例旨在通过对森之炫公司的"D&M双轮驱动"理论的分析，总结园林行业的发展经验，并为其以后更好地发展提供相应的借鉴。对森之炫公司案例的研究丰富了人们对园林行业的认识，让人们看到我国园林行业目前的发展现状和竞争要点。对于森之炫公司而言，可以加深其对本企业的认识，成为森之炫公司后期建设的理论依据。在其现有优势的基础上，森之炫公司应该继续坚持发扬"森禾人"的精神，在面对国内园林行业的大问题时，森之炫公司更应该发挥领头企业的作用，积极改变不良的发展现状，为国内园林行业做出贡献与表率。

二、案例介绍

（一）行业环境

1. 园林行业宏观环境分析

从自然环境方面来看，我国位于北半球，亚洲东部，领土面积广阔，典型的气候类型有热带季风气候、亚热带季风气候、温带季风气候、高原山地气候以及温带大陆性气候等。我国地形为西高东低，呈阶梯状分布，自西向东分别为第一阶梯、第二阶梯以及第三阶梯。西部的海拔平均约 4 500 米，由珠穆朗玛峰和青藏高原组成，昆仑山脉、祁连山脉、横断山脉是第一、二阶梯的分界线。青藏高原以东至大兴安岭、太行山、巫山以及雪峰山是我国地形第二阶梯，海拔在 1 000 ～ 2 000 米，主要由山地、高原和盆地组成。我国的东部则是宽广的平原和丘陵。我国气候类型以及地形的多样性决定了我国植物的多样性，我国是世界上植物种类和资源最丰富的国家之一，被誉为"园林之母"。

从政策环境方面来看，党的十八大提出要大力推进生态文明建设。十九大提出要加快生态文明体制改革，建设美丽中国。近几年来，我国用来绿化的花卉、草坪、树木明显增多，国家加大了对重污染企业的整治力度，"关停并转"（关闭、停办、合并、转产）成了整治重污染企业的一个口号，国家越来越重视环境问题。文明城市、乡村振兴正在如火如荼地开展，这为园林产业的发展提供了良好的机遇。旅游业作为我国的第三产业，为我国的经济发展注入了强大的动力，旅游业的发展也为园林产业提供了一个销售平台。

从产业环境方面来看，我国发展花卉产业只有 20 多年的时间，作为一项新兴产业，其发展势头迅猛。我国鲜切花市场现已进入品质消费时代，2013—2017 年，我国花卉种植面积不断增加，每年增速在 2% ～ 4%。2017 年，我国花卉生产稳中有升，内销增长强劲，全国花卉生产总面积 137.28 万公顷，比 2016 年的 133.04 万公顷增长了 3.19%。

从市场规模方面来看，在政策及宏观经济等优势条件下，我国园林花卉市场规模将不断扩大。2013—2017 年，我国花卉市场销售额稳中有升，截至 2017 年，我国花卉市场销售额已经达到 1 473.65 亿元。

我国花卉产业的主要增长点仍是盆栽植物的生产与销售。小型化、平民化、精致化和商品化成为主要的发展趋势，产品向着多品种、高品质方向迈进。园林市场用苗求新求变，乡土树种回归，彩色树种紧俏，高品质、原冠苗、丛生苗、容器化的产品更受欢迎，大规模新优苗木、彩叶和功能性苗木热销。

花店零售业线上的集聚效应越来越强，线上客流比重变得越来越大。未来的趋势是盆花消费需求继续增大，电商＋运输＋花卉基地是建立完善销售渠道的重要途径。鲜切花好花好价现象更为明显，在市场主导、资本助力、技术推动下，产业进程进一步加快。观赏苗木产品将从普通低端产品向优质、特色、高端产品升级，并向生态旅游、外贸产品延伸。

但同时，我国的花卉市场仍存在诸多问题。

（1）花卉产品品种创新不够

我国花卉年度销售额最高达到 540 亿元，但是 80% 以上是观叶植物、绿化苗木和草皮，而绿化苗木、草皮等产品的创新度不高，观赏性苗木近几年才兴起，大多数花卉企业的科学技术水平和创新能力仍然有待提升，仍是以旧产品销售为主。

（2）花卉种植效益低下，产品质量不高

相比一些花卉大国如日本、荷兰、丹麦等，我国花卉产业的效益低下。截至 2016 年，我国花卉栽培面积虽然位居世界首位，但是鲜花总量占国际市场的比例约为 3%。据了解，我国大多数大中城市的鲜花 60% 以上都是进口的，自产鲜花的份额微不足道，由于重视程度和投入力度不够，不少本地花卉份额还在逐渐减少。

此外，我国花卉市场还存在生产技术和经营管理不够完备、产业链仍不够完整、花卉品质不高、与国际市场相比竞争力较弱等问题。

（3）花卉产业发展缺乏科技后劲，自主知识产权品种少

我国花卉产业缺乏科技后劲和内涵，花卉市场正面临考验。传统的大多数花卉由于不注重科研更新和提纯复壮，品种严重退化，已难登大雅之堂。与发达国家相比，我国花卉具有自主知识产权的品种仍然较少。同样地，对于我国花卉知识产权的问题需要引起重视。

（4）国际市场竞争力低，观赏性苗木竞争更为激烈

1982 年 12 月颁发的《城市园林绿化管理暂行条例》是我国进行城市园

林绿化建设和管理工作的依据。《城市园林绿化管理暂行条例》规定了城市园林绿化包括的内容、范围、规划、建设和管理的方针、政策和标准，以及管理机构的设置和权限等。园林法规等的颁布为我国各大城市的园林事业及花卉园林企业的进一步发展提供了法律保障。

目前，市场需求更强调生态、自然、节约，更注重品质、艺术。这也对绿化苗木的生产提出了一些要求：品种多样化、产品优质化、管理精细化、花卉培育特色化。多样的市场必然需要多样的品种，这给花卉培育提供了很大的商机。例如，海防林建设需要耐盐碱苗木，苗圃可以瞄准一个领域专门进行生产。另外，新的绿化形式的出现也需要品种多样化，如花境、屋顶绿化等。同时，节约型园林提出的耐干旱、耐盐碱的乡土树种也很受欢迎。近几年倡导的精品工程对苗木的质量要求也越来越高，对标准化生产、产品的科技含量等都提出了较高的要求。需求市场的变化既给生产者带来了商机，又加大了经营难度，森之炫公司集团董事长郑勇平坦言："现在花卉市场最大的问题就是远远满足不了市场日益增长的多样化与个性化需求，这也是我们的创新点。"除了加强自身实力外，还需要对业内的资源进行有效地整合，首要任务便是加强企业间的合作。这应该成为园林行业从业者的共识，因为这是以小公司应对大市场必然的选择。

2. 森之炫公司内部环境分析

森之炫公司作为浙江森禾种业股份有限责任公司的子公司，拥有浙江森禾种业股份有限责任公司提供的技术创新以及苗木新品种的培育专业研发团队，并且建有浙江省唯一的省级花卉高新技术研究开发中心，在花卉和苗木的育种、组培、快繁、栽培、造型以及环境等多个领域都取得了较大的成绩。截至 2019 年 10 月，研发出拥有自主知识产权的新品种 46 个，拥有专用配方 60 余项以及 "Know-How" 技术近 400 项，填补了我国在花卉技术领域的空白。此外，该公司拥有美国专利 1 项、日本专利 1 项、国内发明专利 94 项、技术规程和技术标准 126 项、种质资源库 20 万平方米、优新种质资源 6 248 份、仙客来杂交新品种 244 个、春石斛优良单株 541 个、珍品树形蝴蝶兰优良单株 2 621 个、彩叶木本植物品种 862 个、优选乡土植物优良单株 1 913 个。此外，该公司还拥有施工专利技术 6 项，分别是土壤改良技术、盐碱地绿化技术、古树移栽技术、全冠树移栽技术、立体绿化技术以及反季节栽培技术。

森禾的专家团队（图 6-1）以及先进的技术和优良的品种为森之炫公司的花卉产业的发展提供了强大的动力。

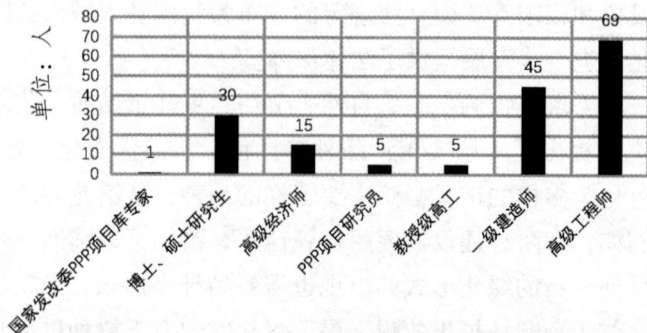

图 6-1　森禾的专家团队

（二）公司简介

浙江森之炫公司实业有限公司于 2011 年 3 月 14 日在杭州市萧山区市场监督管理局登记成立。法定代表人郑炜，公司经营范围为实业投资，投资管理（除基金、证券、期货外），经济信息咨询，旅游项目开发，主题公园开发经营，文化活动策划、组织，酒店管理，会展服务等。

森之炫公司主要负责苗木产品的销售，其凭借独特的苗木产品个性化艺术设计加上森禾营销模式，实现了产品的高销售。

截至 2017 年底，森禾公司总资产超过 60 亿元。

森之炫公司自 2011 年成立以来，在园林方面不断超越自我，创造奇迹，为中国国内园林行业注入了一股新兴的力量。其在发展自身的同时，也不断借鉴国内外优秀园林企业经验，吸收了中华传统园林艺术和日、韩等国园林艺术的精华，促进了国内园林行业的发展，与同行一起竞争、进步。

2017 年，森之炫公司进入全国城市园林绿化企业前 20 强。在园林工程方面，森之炫公司以建设"生态、艺术、彩色、文化、科技、可持续"的现代园林为目标，将规划设计与标准化施工管理相结合，形成了研发、生产、设计、施工等各环节协同的高效产业链运作模式，打造了"人工顶级群落"的彩色生态景观。

森之炫公司的商务模式是以商务包（投融资—设计—建造—移交）、PPP（政府与企业合作）、BOT（建造—运营—移交）、EPC（工程总承包）、

DB（设计—建造）五种商定合作模式为主，与战略合作伙伴结成投资建设联盟体，开创了以"生态、艺术、彩色、文化、科技、可持续"为主题的全产业链新运营模式。在不断实践下，森之炫公司将先进的园林建设艺术带向全国，引入世界。

1. 公司荣誉

2014 年 11 月，森之炫公司的宿迁古黄河河道改造工程荣获"中国优秀园林绿化工程"大金奖。

2015 年 2 月，森之炫公司的扬中园博园工程荣获"国家优质工程奖"。

2016 年 9 月 3 日，森之炫公司布展的 G20 主会场入口景观，受到全世界瞩目。

2. 公司产品

如今，人们对城市生态和城市景观的要求越来越高，而具有标志性意义的城市绿化与公园也是一个城市吸引外来人口，为市民带来良好居住体验的一个重要因素。城市的园林景观有很多，园林景观路是一个城市精神和文化的综合反映，在城市环境中扮演着重要角色。城市园林景观设计的方法主要有花卉植物的配置、道路设计和活动场地的设计、山水造景等。森之炫公司致力于设计与城市气候相适宜的城市园林景观，其产品主要用于花卉主题公园、湿地生态公园、城市森林公园、城市道路绿化、立体绿化和屋顶绿化、河道改造绿化、生态修复工程、花毯和花展工程、农旅一体化、园林专类设计和名木名树保护移植等园林与花卉工程，为国内众多城市设计了独特的园林景观，在为城市带来旅游收入的同时，也为城市居民提供了休憩的好去处。

森之炫公司在全国的 50 万平方米现代化温室里，育有东方红南天竹、芝樱、火焰卫矛、黄金花柏和蓝色波尔瓦花柏等花木新品种，也有像枫香 4号、枫香 5 号等彩色树种，更有各式高档盆花。

三、案例主体

（一）依托个性需求，缔造设计辉煌

1. 产品为底，设计之上

土地是森之炫公司的"生产车间"。森之炫公司对每一块土地负责，把

保护土地作为最大的责任。因此，森之炫公司提出了"绿化、彩化、美化"的设计理念，围绕绿化、彩化、美化进行产品设计，时尚花卉设计是从彩化方面考虑的，绿色园林景观设计则是从绿化方面考虑的，将绿化、彩化统筹结合，最终达到美化的效果，也就是森之炫公司设计的"绿""彩"结合的作品。

森之炫公司利用母公司森禾种业的资源，将坚实的创新基础和卓越的设计理念融入花卉产品的设计之中。为了适应人们不同层次、不同结构的需求，森之炫公司设计了一系列经典产品，完善了森之炫公司的产品在花卉苗木市场的布局，并且将经典产品细分为时尚花卉、观花苗木、彩叶苗木等适应市场需求的品种。

在时尚花卉领域，森之炫公司根据花卉自身的生长周期和生长习性的不同，突破时空限制，成功研制并培育出春石斛、蝴蝶兰等专注于时尚观赏性的高档盆花。

春石斛本是华南地区的植株类型，森之炫公司首先通过一系列的技术创新，成功掌握了花期调控技术，并且通过无性繁殖手段和高位芽等技术手段，缩短生产周期和扩大繁殖系数，打破了时空的限制，使春石斛能够在全国各地得以推广。为了满足观赏的需要，森之炫公司还收集优良杂交亲本，开展了杂交育种工作和多次人工选育实验，利用现代花卉嫁接技术，将原本单一的春石斛培育成形态各异、颜色不同的春石斛植株。色彩绚丽的春石斛成功地帮助森之炫公司打开了花卉市场的大门，而此时森之炫公司又在进行另一项重大的尝试。

作为森之炫公司旗下的高档盆花，原产于亚热带雨林地区的蝴蝶兰的研发困难程度远高于春石斛，但是对于一家花卉苗木企业而言，重点是突破时空，将最好的花卉产品送到消费者的手中。为此，森之炫公司做了不懈的努力。森之炫公司一开始引进了大量的蝴蝶兰品种，因地制宜地制定了蝴蝶兰的培育方法，将温度、湿度等进行了精细管理，并且通过品种改良将它驯化，使蝴蝶兰能够在本不适合生长的地区进行繁殖，再运用先进的组培快繁技术将它推广到我国市场。森之炫公司通过改良蝴蝶兰的花色、花型，共培育出了 2 621 种优良单株，这些植株不仅颜色鲜艳，还适合进行园林设计。森之炫公司改良版的蝴蝶兰植株得到了热烈的反响。

除了在时尚花卉方面的持续发力外，森之炫公司还在观赏植株上进行潜心设计。为了满足消费者的需求，改变消费者对花卉刻板的认识，森之炫公司将传统品种，如郁金香、芝樱等植株打造成全新的观花植株，给消费者带来完全不同的视觉享受，达到了推陈出新的效果。

郁金香原产我国古代西域及西藏、新疆一带，它的花朵刚劲挺拔，叶色素雅秀丽，受到了多数人的追捧。但是其适宜生长的气候为地中海气候，与世界上其他的气候类型明显不同，种植条件更是天壤之别，为了打开这个市场，森之炫公司依托巨大的种质资源库和先进的杂交技术，寻找土地酸碱度合适的培育基地，将郁金香进行基质施肥和诱变育种。就目前国内的情况而言，郁金香栽培技术仍然有巨大的提升空间，森之炫公司通过创新设计，打造出了一片郁金香景观。

芝樱又名针叶天蓝绣球，是森之炫公司引进和培育的又一成功植株。芝樱对生长环境的要求不高，在栽培方面相对轻松，它不但花期长，色泽艳丽，气味芳香，而且在边坡地段还能够起到护坡效果，因此森之炫公司巧妙地将它作为草坪的替代品，打造了一片芝樱"花海"。

除对花卉不断引进、改良、培育外，森之炫公司也对苗木进行了一系列的探索。彩叶苗木对城市的装饰同样也发挥着举足轻重的作用。森之炫公司把红叶南天竹、火焰卫矛等彩叶苗木作为自己的主打品牌。

红叶南天竹是森之炫公司根据我国复杂的地形地貌，从南天竹群体中选育出来而形成的无性系群体，这种彩叶苗木不仅有利于水土保持，还能形成独特的景观，具有观赏性。红叶南天竹通过组织培养繁殖后，每年在成熟期内浆果和树叶都会呈现鲜红色，与其他"无边落木萧萧下"的植物形成鲜明的对比，让人眼前一亮。红叶南天竹在秋冬季更具观赏价值。

火焰卫矛与红叶南天竹有着异曲同工之妙，它容易存活，适合各种复杂的地形，并且它的茎、枝、叶在四季都会焕发出不一样的活力，堪称观赏佳木。但是，由于火焰卫矛的适应性非常强，易于繁殖，很容易破坏本地的生态环境。

在产品设计层面，森之炫公司拥有完整的产品研发生产链，将各式各样的产品分门别类地输送到不同消费者的手中，丰富了我国花卉市场的产品种类，更刺激了我国花卉市场的需求。森之炫公司在不断攻克产品设计难关的同时，也将目光放在了其他相关的设计上。

例如，为了解决花卉苗木的培育问题，改善传统的培育方式，提高花卉商品专业化生产能力，森之炫公司进行了大量的栽培改良设计，其中最引人注目的就是容器化和基质化设计。

为了让消费者拥有更优质的花卉，森之炫公司研制出色彩丰富、规格齐全、规模生产、周年供应的容器苗木。森之炫公司研制的容器苗木不仅具有育苗周期短、苗木成活率高、延长园林施工季节、保护植物根系、适合机械化和自动化育苗的特点，还能促进农作物废弃物的有效利用，有效保护了苗圃的表土。除了容器苗木外，森之炫公司还率先推广容器育苗和网袋育苗技术，应用容器育苗时，因苗随根际土团栽种，起苗和栽种过程中可使根系少受损伤，成活率高、发棵快、生长旺盛，对不耐移栽的作物或树木尤为适用。容器所盛培养土等基质中含有丰富的营养物质，加之容器育苗常在塑料大棚、温室等保护设施中进行，故可使苗木的生长发育获得较佳的营养和环境条件；网袋育苗具有易穿透、易分解、不回收等特点，它的成本低，造林成活率高，利于培育优质壮苗和林木速生丰产，特别适合在干旱、半干旱的地区育苗造林，可全年供苗，近几年已得到初步的应用和推广。这是我国花卉容器苗木化设计迈出的重要一步，推动了我国现代化技术的发展。

在基质化设计中，无土化栽培是最受森之炫公司重视的。无土化栽培让植物根系直接接触营养液，采用的是机械化精量播种一次成苗的现代化育苗技术。在光照、温度适宜而没有土壤的地方，无土化栽培的环境是人工创造的作物生长环境，可以取代土壤的环境。使用无土化栽培可以满足花卉作物对养分、水分、空气等条件的需要。

2. 绿化园林景观，设计先行

在城市道路绿化建设中，森之炫公司善于选择适应当地生态环境、抗病能力强、寿命长、色彩丰富的树种，注重乔灌木与乡土树种相结合、常绿树与多彩树相结合、速生树与慢长树相结合、乔灌木与地被相结合、适当点缀花草，利用色彩丰富的各种植物进行群落式及色带式的布局，形成出特色鲜明的道路景观带。森之炫公司根据城市道路的不同需要，将绿化建设主要分为列植造林型、景观复合型、密林层次型、纹模几何型、疏林土丘型五种，打破了原本单一的绿化道路格调，应用了多种产品景观新模式。在休闲娱乐上，森之炫公司更是别出心裁地制作了四种个性化环境设计，如在江苏省张家港市金沙洲生态乐园东侧，打造了一个以玫瑰为主题的基地型观光苗圃，苗圃内设有以玫瑰系列产品为主的观赏区、容器苗生产区以及森林公园区的玫瑰园。

森之炫公司将户外活动、玫瑰观赏、婚纱摄影、园林工程、花卉种植和销售完美结合起来,重新诠释了花卉产业的魅力。随着玫瑰园的成功,森之炫公司又推出了梅花园、牡丹园、水杉园三种主题园林公园,使花卉园林成为人们娱乐休闲的好去处,带动了生态产业的发展。

真正令国内外花卉行业的企业叹为观止的是森之炫公司承办的国内外大型会议的花卉设计,其使花卉企业对我国花卉有了新的认识。

在2016年的河南鄢陵花木交易博览会上,森之炫公司设计的一幅"锦绣花都"九色巨幅花毯吸引了全球的目光,这幅由康乃馨、"勿忘我"等花卉搭配而成的鲜切花花毯足以媲美比利时布鲁塞尔花毯,向世界表明了我国花卉企业拥有设计、施工、养护等能力。同时,森之炫公司得到了G20杭州峰会多项景观布展任务。为了契合峰会"创新、活动、联动、包容"的主题,森之炫公司将景观带花卉布局以红色为主调,再配以蓝色、紫色、黄色等七种颜色,使其景观呈现欣欣向荣、热情好客的气氛,并将设计理念融入我国传统风俗"七彩迎宾"之中。

在2017年举办"一带一路"国际合作峰会的雁栖湖上,森之炫公司不仅在施工中运用了多项技术,解决了植物牢固度和密度问题,展现了森禾团队一丝不苟的"工匠精神",还创新性地用新型造景材料拼成"海上航行的帆船和沙漠中前行的骆驼"的图案,提升了景观的文化性和艺术性,这也是对丝绸之路的文化传承。

(二)三核拉动增长,共创营销坦途

除了卓越的设计外,营销也是推动森之炫公司发展壮大的助推器。森之炫公司不仅成功地将潮流、花卉"智"造、花卉"基"造作为自己的"三核",还走出了一条具有针对性、创新性、多元性的营销之路,拉动了营销产量的增长,在市场竞争中也获得了更大的主动权。

1. 紧追潮流,销有所"向"

森之炫公司的营销理念是预测市场趋势、立足市场潮流,凭借设计创新带动经营管理的创新。以"科技引导产业、服务创造市场"为经营理念,森之炫公司成功创建了"产销分离"的经营体系,并且通过销售体系升级推动了自身的发展。

为了打通花卉产销的市场,形成产销一体的新格局,森之炫公司于

2007 年下半年设立了 10 个区域管理部,逐步实现了全国性的战略布局,并且推出了新的营销举措——建立苗木大卖场,使国外的"园艺中心"花木销售形态通过适度改造成为集展示、储备、信息、销售、配送等多种功能于一体的"苗木超市",除了专门打造自己的特色产品外,还吸收了当地的特色产品,形成了全新的全国性销售网络。森之炫公司依托规划兴建了 20 个现代化研发生产基地、35 个花卉苗木大卖场,建立了一整套花卉苗木线下销售体系。

为了与线下苗木大卖场进行良好的配合,森之炫公司采用了近年来比较流行的虚拟网络营销,即利用网络信息技术来进行销售,紧跟时代潮流,致力于推进营销网络建设。"一卡三网"(图 6-2)便是森之炫公司网络营销的主体。"一卡"就是"天天送"花卡,花卡是在现代信息服务和强大的配送体系下实现的,消费者可以凭借手中的花卡得到自己想要的花卉产品,并享受全年送货上门和技术指导的服务。"天天送"也有智能选花的功能,消费者可以根据自己的喜好、用途选择自己想要的花卉,"天天送"会根据消费者的选择提供可参考的花卉图片,这种方法更有助于花卉产品的卖出。所谓的"三网",就是指互联网、卖场连锁网以及连锁配送网。森之炫公司目前拥有多家网站支持网络销售,如"国家种苗网""森禾种业网""中国绿色产业网""红叶石楠网""天天送森禾花卉网"。森之炫公司利用森禾母公司在全国各省区建立的花卉苗木连锁大卖场展示自己设计的产品,切实做到了产品的宣传以及网络销售。连锁配送网是一种以连锁采购和配送为核心的配送网络,旨在解决花卉营销"最后一公里"的问题,即买难卖难的问题,建立连锁配送就可以选择离客户最近的商店为客户配送花卉,这样做不仅耗时短、成本低,还可以保持花卉的新鲜,为客户提供质量最优的产品。

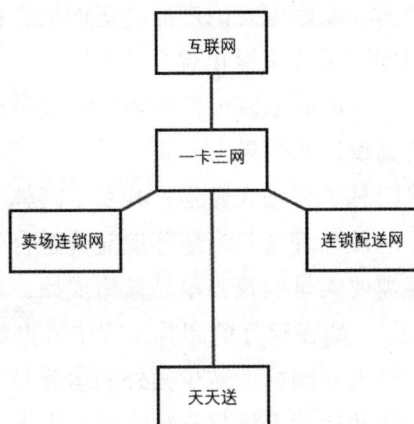

图6-2 一卡三网

森之炫公司依托苗木大卖场组成的苗木销售网和"天天送"花卉配送网，整合出全国性的花卉交易现代化平台。借助这一平台，森之炫公司将倾力打造信息灵、市场网络通的花木配送"灵通站"的服务品牌，实现"了解大市场，组建大网络，提供大配送"的业务战略。森之炫公司建立的这一整套花卉苗木的销售体系把花卉生产和销售有机地结合了起来。

2. 花卉"智"造，破封前行

森之炫公司以花卉为主的营销链条是从花卉单品到园林产品打包的一条龙服务。从花卉单品、花卉植株到花卉庭院，再到现在的园林工程和特色小镇工程，业务逐渐多元化，许多种类综合在一起，中间的每一环节都呈递进关系，通过前者的不同组合设计产生后者的多样化产品输出。

以单品来说，森之炫公司大量的科技投入为营销提供的丰富的设计素材只是花卉培养基地的一隅。

丰富多样的品种和同一种类不同的花色、植株、高度、叶片类型等为花卉植株产品及更高要求的产品设计打下了基础。除为更高要求的产品设计提供资源外，更可以实现花卉的单买、单卖，如北美香柏，既可以作为园林开发的要素，又可以单卖。

玫瑰拱门等造型产品是以花卉植株为主的初级开发产品。这种产品突破了传统的种植在地上的形式，将花卉进行立体化设计，以达到不一样的视觉效果，这种设计方式受到了各种大型活动与私人买家的青睐，销售空间较大。

为了提高市场竞争力，家庭庭院的产品应运而生，在玫瑰拱门这类产品的基础上，森之炫公司摆脱了传统绿化观念的束缚，又一次将花卉玩出新花样，针对家庭庭院开发了家庭式庭院的产品类型。这类产品需要大量的花卉单品作为支撑，才能达到设计的效果。

现在森之炫公司将园林工程做大做强，开发了园林工程和特色小镇的项目，大展拳脚，将自己的设计理念与当地环境充分融合，开发出了具有地方特色的园林工程。除了需要大量的花卉单品作为支撑，森之炫公司更是汲取国外的"园林运营思想"，如在建好的园林工程中开办咖啡馆等，将经营盈余用于园林养护，以园林来养园林，减少额外的运营与养护成本，提高了整个工程的收益。当然，园林运营不仅只有咖啡馆一个形式，还有民宿、餐饮等形式，其更偏向于一个综合的运营体系，以同时达到吸引更多顾客和解决园林养护问题的目的，这也是现代园林行业的一个发展趋势。以遵义八里河湿地公园为例，公园分为湿地净化区、花田牧牛区、滨水休闲区三大分区。三大分区有着不同的河道形状、园林绿化图案，河道沿线还植入了不同品种的陆生植物和水生植物，各具特色和风格。遵义八里河湿地公园里还加入了民宿和餐饮的运营方式，而实践证明，这种方式是成功的。

从花卉单品到园林工程多元化产品的营销策略的产生，就如同一根完整的链条，一环扣一环，是市场需求与趋势不断转化的结果。

3. 花卉"基"造，多元营销

"最后一公里"的问题具体体现为由地域、气候造成的花卉资源分配不均与消费者需求多样化之间的矛盾。本地的花卉资源无法满足消费者的消费需求，而消费者需要的品种由于运送的成本过高、中途损耗大，导致消费者的购买体验较差。营销和产品运输是相辅相成的，尤其是园林行业，其对运输的要求会更高。

从地域上看，不同的地域盛产不同种类的花卉，由于消费能力的提升，消费者对异地花卉的需求逐年增长。

从运输上看，运输过程中为防止花卉的损坏，必须要注意以下五个方面，如图6-3所示。

图6-3 运输过程中的注意事项

产品的运输成本远高于一般的货物运输成本，同时在运输过程中存在着由不可抗力因素造成的损坏与品相的减损。

针对"最后一公里"的问题，森之炫公司拿出了解决对策，即基于自身的商业模式与经营理念开发了基地营销模式。基地营销的内涵是在与客户进行工程合作时，商谈在工程地建设花卉基地，如果商谈成功，要求在开始工程建设之前就把花卉基地建设完成，完成交付使用后，基地则继续发挥作用。

花卉基地的作用有以下几点：①为当期工程提供花卉品种；②开发适应所在地气候的特殊花卉，为以后的产品开发与创新打下基础；③花卉基地同时是一个产品的陈列园，也是一个可以观光的地点，在花卉基地将自己的产品模型展示出来，客户参观了之后可以选择自己想要的模型进行定制化的服务；④为周围的花卉工程提供养护的花卉品种，以及供应附近市场的花卉。

这种以花卉基地为核心的基地营销模式摆脱了行业传统的、单纯的花卉营销方式，转而采用花卉营销的增殖方式，通俗来说，就是从刚开始的以工程为核心的卖工程模式转变为以基地为核心的建基地"送"工程模式（图6-4），从某种意义上说，花卉基地的建造促进了其附近市场的逐步开发，这也进一步发挥了花卉基地的作用。

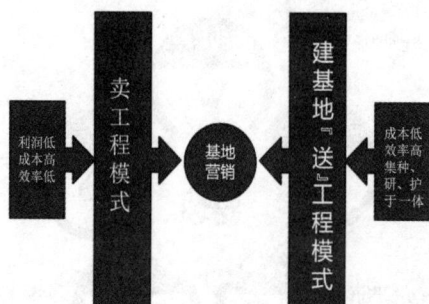

图 6-4　从传统营销到基地营销

通过基地营销的方式，森之炫公司在全国拥有杭州、金华、蚌埠、郑州等 15 个花卉基地，并且在各地开展研究。森之炫公司通过采集国内外优良的花卉品种，并给引种、驯化，使其符合市场预期后再进行市场推广。这样的一个研发流程为森之炫公司的产品创新开辟了新的道路，进一步拓宽了营销的渠道。

例如，森之炫公司在杭州余杭区的花卉基地就是一个典型的营销花卉基地。

余杭花卉基地曾为 G20 杭州峰会核心区景观提供花卉支持，作为森之炫公司花卉基地的一个典型代表，在 G20 峰会之后，森之炫公司余杭基地在注重研发的同时，也在为其他的工程提供花卉的支持与养护，如杭州湾盐碱地的绿化工程项目等。余杭花卉基地是森之炫公司式基地营销模式下建成基地，因工程而生，为工程而存，以自身创新反哺工程建造。

在基地营销的模式下，"最后一公里"问题得到了很好地解决，工程建设之前先建设花卉基地，让花卉先行，施工团队后至，在保证工程所需的花卉品种的前提下，通过大幅度减少运输成本，提高了产品的利润。

通过基地营销的模式，森之炫公司不断在全国布局花卉基地，使自己的业务在全国范围内得到拓展，同时为今后花卉行业发展的新趋势所引发的潮流进行提前的生产营销布局。

四、案例分析

（一）欲穷森之韵，先从设计出

所谓设计，就是一种把人的思想赋予形态的工作，即将所有的人造物赋予美好的意义并加以实现。设计代表着"美""未来"以及"满足"。设计是人的主观活动，是人将头脑中对美的向往通过对物的改造进行实现的过程，"物"中能够体现设计者对美的追求。优秀的设计是一个创造新事物的过程，是一个与时俱进的过程，它能够反映未来以及满足人们心中对美的需求。

随着城市经济的不断发展，城市的喧嚣已经打破了人们心中的那片宁静，普通的花卉植被已经不能满足人们的审美要求了，或者说普通的绿色植被已经不能满足人们对高品质生活的追求了。在花卉市场大发展的情况下，公司要想使产品在众多的花卉品种中脱颖而出，就需要有独特新颖的产品。在这种情况下，森禾加大了科学技术的投入，努力培育新的品种。在新品种的基础上，森之炫公司的个性化设计诞生了，由此森之炫公司设计从绿化转向彩化，设计理念也由绿化到彩化，最终到美化，美化是森之炫公司产品设计的一个最终目标。

1.EBD 运作机理

下面以 EBD 理论模型（图 6-5）来分析森之炫公司个性化设计产生的过程。

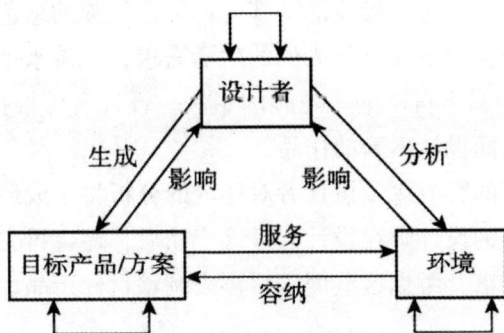

图6-5　EBD 理论模型

EBD 理论是一种以设计递归逻辑为基础，基于设计建模的公理化理论推导的设计方法学。EBD 理论认为，设计问题由三部分组成：①产品的工作环境（E），包括自然环境和人工环境；②环境对产品结构的需求（B）；③环境对产品性能的需求（D）。结构需求和性能需求又可以由环境分析导出。EBD 理论通过环境分析、冲突识别和方案生成 3 个设计行为完成设计。EBD 理论中主要定义和定理如下。

定义 1：产品结构包括产品、环境以及它们的相互关系。

定义 2：产品的边界由产品和环境共同作用决定，边界有结构边界和物理边界两种。

定理 1：设计问题分 3 个部分，即环境、结构、性能。

定理 2：设计的需求来源于环境。

定理 3：在设计过程中，设计问题的解决方案可能会改变原来的设计问题以及相关的设计知识。

设计者、目标产品或方案、环境，这三个因素之间是相互作用的关系，设计的这三个因素内外循环，最终形成设计方案。

森之炫公司聘请了专业的设计师，福利待遇好，工作环境优越。马斯洛的需求层次理论表明，人的一生有五个需求层次，由低到高分别是生理需求、安全需求、尊重需求、归属与爱的需求和自我实现需求，这些需求有可能成为行为的重要决定因素。森之炫公司良好的工作环境对设计师的行为有正向的影响，会激励设计师设计出好的产品。

当下，城市化建设、自然环境的演变、中外文化的交流以及人们的心理需求都会影响设计者的设计。在当今的城市化建设中，硬化面积不断增加，绿化已经成为城市建设必不可少的一部分，但是纯粹的绿色植被既不能很好地美化城市的环境，又不能满足人们的生活需求，经济水平的提高让人们开始有了想拥有一个属于自己的小花园的想法。设计者要根据这些环境因素，进行实地考察，从而设计出新的作品。

环境对设计者的影响以及设计者对环境的分析将生成最终的目标产品或方案。森之炫公司的设计师在设计出最终产品后，还会再去考虑内外的环境因素、消费者的需求，考虑这些因素后再去调整目标产品，使产品与内外部环境相协调。

从产品的角度看，产品设计的目的首先是服务和保护当地环境，其次才是获得经济效益；从环境的角度看，环境是产品的载体，好的环境能够容纳更优质的产品。在设计时只有通盘考虑产品与环境因素，才能达到产品服务于环境、环境容纳产品的良性循环。

2.“flow”和“真善美”分析原理

以心流理论以及景观设计的“真善美”理论来分析一个产品是否成功。

心理学家米哈里·契克森米哈（Mihaly Csikszentmihalyi）将心流（flow）

定义为一种将个人精神力完全投注在某种活动上的感觉；心流产生时会有高度的兴奋感及充实感。

一件产品是否成功，最主要的就是看这件产品是否给客户带来了心流体验。森之炫公司设计的 G20 杭州峰会主会场入口景观受到了全世界的瞩目，2016 年在河南省鄢陵县设计的花展与花毯受到了当地人的喜爱，森之炫公司设计的牡丹园、玫瑰园等让人们流连忘返。由此可见，森之炫公司设计的产品已经给人们带来了心流体验。

森之炫公司所设计的产品之所以能够受到消费者的喜爱，是因为设计者在设计过程中把握住了消费者的心理。

景观设计的"真善美"理论（图 6-6）是由北京大学建筑与设计学院的创始人俞孔坚教授提出的。他认为，景观的设计必须坚持"真善美"。所谓"真"，就是要真实，景观设计要忠实于土地，忠实于气候，忠实于环境。"善"是指景观的设计和创造不会造成资源的过度浪费和环境和破坏。"美"是主观的，但"真"和"善"又是客观的，景观设计要达到"美"就是要在"真"和"善"的基础上完成，即设计尊重自然，设计遵循生态。

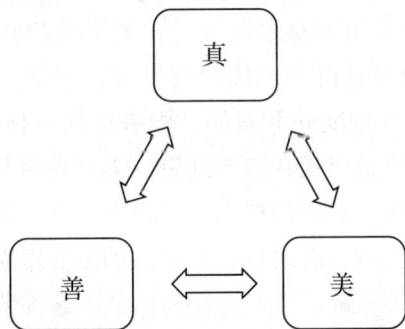

图 6-6　景观设计"真善美"理论

森之炫公司的花卉设计在一定程度上遵循了"真善美"理论，在设计方面是尊重自然、遵循生态的，其并不是一味地要求通过体现"美"来赢得更多的消费者，而是在绿化的基础上进行彩化，最终达到美化的效果，即在尊重自然、遵循生态的基础上设计出"美"的产品，赢得消费者。

遵义八里河湿地公园是江南园林风格与秀丽的贵州山水的巧妙融合，是在遵循当地特有植被物种的基础上进行的园林改造建设，既有江南的风格又有贵州的特色，不仅进行了园林的建设，还很好地保护了当地的自然环境，深受当地人的喜爱。

（二）精准锁定，重拳出"销"

1. 游牧营销

游牧营销（The nomadic marketing）的目的在于寻求新的市场，扩大市场份额。在这个阶段，企业的营销手段主要是依赖传统的广告等市场推广方式来提升品牌的知名度。森之炫公司的游牧营销就是立足行业发展潮流、顺应行业发展潮流的。这种游牧营销的方式强调的是发现趋势，敢于助推促成趋势，趋势之所以成为趋势，就是因为人们看到了它、助推了它、发展了它，逐步成为这一阶段的社会或行业的发展潮流。

通过前文对森之炫公司营销的基本路径的介绍，我们将森之炫公司的营销理念与实际行动进行对比后发现，森之炫公司的产品开发是基于市场潮流而形成的一种灵活的花卉营销方式。这也进一步开拓了森之炫公司个性化设计的新篇章，为森之炫公司带来了新的活力，这在行业内是领先的。

在现阶段的园林行业，由于市场需求水平的提高，行业内部产销分离的趋势逐渐加强，更加说明了森之炫公司预测市场趋势、立足市场潮流、引领行业发展的营销理念是符合现代社会发展要求的。现在的社会技术、需求、社会要素等在飞速地变化和重组，没有任何一种产品是"一招鲜 吃遍天"的。新的机会永远是出现在边缘地带、夹缝地带与混合地带的，当这些地带开始被发现的时候，新的趋势就在慢慢地酝酿，然后通过开拓者助推成长，最后进入我们的生活。森之炫公司开发的家庭庭院就是从夹缝地带发现趋势、助推趋势的结果，最后市场的反馈印证了这种营销理念是成功的。

理念的成功必然体现在营销方式上。传统的园林行业的营销更偏向于传统的 4P 营销，即产品（product）、价格（price）、渠道（place）、推广（promotion）四大营销组合策略。从这些方面看，4P 营销与森之炫公司的营销理念是相违背的，4P 理论已经不适用于森之炫公司现阶段的营销了。

2. "4C"营销

在发现之前的营销方式不适用之后，森之炫公司的营销团队开始寻求更有效、更契合行业发展的营销方式。经过不断地尝试，森之炫公司选择了更灵活且更具竞争力的 4C 营销模式。所谓的 4C 营销，就是由消费者（consumer）、成本（cost）、便利（convenience）和沟通（communication）

构成的新的营销模式。

从 4P 转向 4C 的本质是将营销的对象从企业转向了消费者，强调消费者满意，要求企业将消费者的感受放在第一位，降低消费者消费成本，使其在消费过程中，感受到乐趣与便利，是一种以消费者为导向的营销模式。在互联网时代环境下，森之炫公司将营销模式由 4P 转向 4C，重视消费者的消费感受，形成了以消费者为中心的销售模式。

（1）消费者（consumer）

消费者角度。森之炫公司对以往的营销模式进行了创新，将产业发展的趋势结合园林行业的消费需求，有针对性地为其提供了个性化服务，让消费者在消费中能够快速找到想要的产品。有针对性地制定符合市场趋势的营销方法，明确营销目的，以消费者为中心，保证消费者在消费的过程中，可以快速找到适合自己的产品，通过周全的售后服务提高消费者的消费体验。

（2）成本（cost）

成本角度（图 6-7）。4C 营销理论在园林行业的应用是将传统的运输成本融入销售中，通过基地营销的模式，不仅能够降低森之炫公司的营销成本，还可以降低消费者的消费成本。在消费的过程中，消费者可以通过对比，选择合适的产品。在此过程中，消费者消费成本降低，消费效率提升。此外，在森之炫公司的营销模式中，通过基地的建设来向消费者提供工程的养护与运营的服务，以这种方式为消费者提供良好的服务体验。

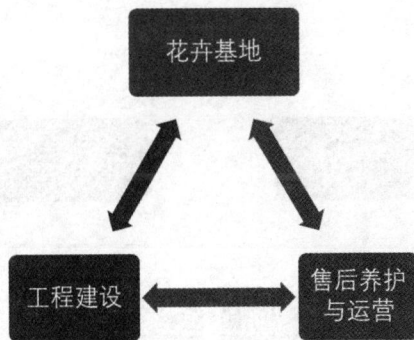

图 6-7　成本控制模式

（3）便利（convenience）

便利角度（图 6-8 所示）。基地销售的优势就是为消费者提供更多的便利服务，消费者不需要去以前远在天边的花卉基地或者参考图片进行园林模型的选购，在最近的基地内，就可以选择自己想要的园林模型。在日后的养护过程中，可以通过基地为消费者提供定期的养护售后服务，解决工程落成后出现的一系列问题，这样不仅能提高消费者的消费体验，还能提高了森之炫公司的品牌竞争力。

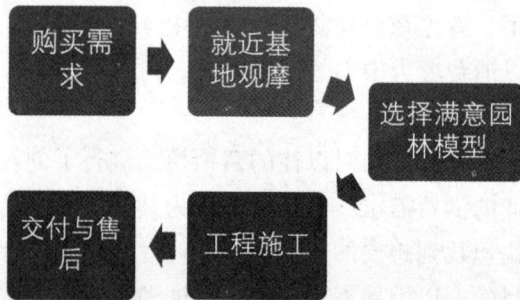

图 6-8　基地带来的便利

（4）沟通（communication）

沟通角度（图 6-9）。基地带来的不仅只有源源不断的花卉品种供应和后期养护的便利，还承担了该地区的售后反馈任务，通过售后反馈实现森之炫公司与消费者的零距离沟通，解决以往消费者与公司沟通过程中存在的信息不畅的问题。通过消费者的反馈进行产品和科研的调整，开发具有地域色彩的新产品，提高消费者对产品的认可度和沟通的效率，让消费者成为带动产品创新的参与者。

图 6-9　沟通的流程循环

对于 4C 营销的应用，以公司简介中提到过的商务包模式为例。森之炫公司的商务包模式自启动以来，已经成功实现了持续赢利、客户价值最大化、资源整合优化、模式创新、组织管理高效、风险可控等一系列目标,为森之炫公司创造了巨大的效益,成为森之炫公司园林工程业务持续快速发展的重要引擎。商务包模式通过森之炫公司强大的科研团队和设计团队不断开发出新的产品,为商务包的创新可持续发展打下了坚实的基础。在商务包取得成功时,其获得的收入又回过来反哺科研的发展,而获得的用户反馈又为新产品的研发提供了灵感和方向,在新产品、新设计投入市场后又推动了营销的进程。设计与营销的关系如图 6-10 所示。

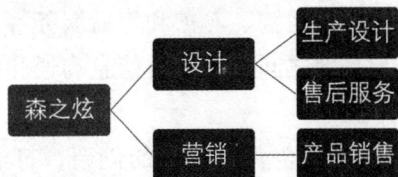

图 6-10 设计与营销的关系

通过运用 4C 营销的模式,森之炫公司使花卉基地的作用最大化,现在花卉基地已经成为负责区域花卉供应和产品设计的源头与售后服务和运营的大本营。在森之炫公司今后的发展中,花卉基地还将继续发挥更加重要的战略性作用。

3. IMC 整合营销

IMC 整合营销理论诞生于 20 世纪 90 年代,其是指在与消费者的沟通中,统一运用和协调各种不同的传播手段,使不同的传播工具在每一阶段发挥出最佳的、统一的、集中的作用,目的是协助品牌建立起与消费的长期合作关系。

IMC 整合营销理论一经提出,就得到了广泛的应用,并经历了十几年的发展和扩充。为了更好地适应互联网的快速发展与应用,传统的 IMC 整合营销理论也更加重视信息的传播与企业的内部沟通。

整合营销既是一种营销手段、理念和模式,又是一种沟通手段和管理体制。主要表现在以下方面:对外具有整合各种信息、综合传播企业信息和品牌的功能;对内则有通过各种渠道和方式实现有效管理的作用。

从外部行业的角度看,森之炫公司对行业的发展趋势具有异常灵敏的嗅觉,其注重通过对园林行业信息的收集与反馈来指导产品的开发与创新,不断提升产品的附加值。通过整合行业不同客户的需求信息,森之炫公司不断开发出俏销的花卉品种和广受外界好评的园林工程。

森之炫公司引进驯化的红叶石楠迄今为止在国内的年使用量高达千亿株；龙虎山花语世界公园的建成得到了客户方和游客的一致好评。森之炫公司对产品的设计具有严苛的要求，在承建园林工程之前与客户商议时，先要考察客户需求与森之炫公司的设计和营销理念是否一致，一致时才达成合作意向。

从森之炫公司内部的角度看，森之炫公司通过基地营销的模式建立花卉基地，又通过基地将全国的花卉市场块状化，每一个基地负责该区域并且统筹管理本区域内的产品供应、运输、养护和售后服务等，实现了对内部运行的有效管理，同时基地与基地之间彼此保持信息沟通和技术共享，研发出了具有地域色彩的个性化产品。

森之炫公司通过对 IMC 整合营销理论的创新，打通了内部管理和外部发展的通道，在提高管理效率的同时，提升了产品的附加值和客户的消费满意度。

（三）双轮驱动，赋能园林

双轮外溢驱动原是物理学中的概念，是指在同一空间内，假设存在相对独立的增长极，先发展其中一个增长极，由其发展带动其他增长极的发展，使这对增长极在发展过程中互相外溢辐射，最终覆盖整个空间，形成统一的整体。设计创新和营销创新作为森之炫公司增强实力的两大"增长极"，其关系符合双轮外溢驱动的理论解释。随着花卉的日益成熟，通过设计的外溢效应所产生的波幅，逐渐将设计带来的能量"输送"至内部所欠缺的营销区域，从而带动企业的营销创新，内部营销增长极的需求也会刺激企业有针对性地调整设计质量，最终实现企业设计与营销的整体平衡。设计（D）和营销（M）的双轮驱动过程体现了企业利润最大化的目的，也符合资源最大化效用的目标（图6-11）。

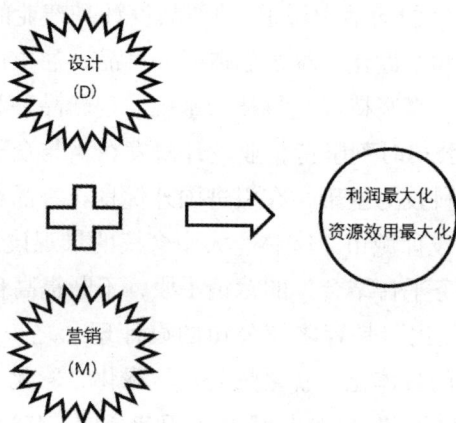

图6-11　"D & M"双轮驱动理论

在双轮驱动的内核中，设计与营销相互协调、持续发力、统筹推进。将设计和营销作为双轮驱动，以提高当代花卉行业的发展，实现了花卉行业的双轮驱动。毋庸置疑，设计驱动和营销驱动在发展动力机制等方面有不同的定位。因此，实施"双轮驱动"构想的一个基础性工作就是把这两个"轮子"协调好，使它们从不同的维度有机地为森之炫公司发展提供动力，形成合力。设计驱动侧重从产品、景观层面提高花卉质量和园林形象，将设计渗入产品、道路绿化、园林景观等要素中，换句话说，使设计贯穿于森之炫公司发展的各个阶段，在不同程度上推动产品升级，提高经济效益。与设计驱动相比，营销驱动具备的是"一卡三网"全国统一大网络建设，精准销售、游牧营销等多个维度，决定了森之炫公司持续发展、创造更多的商业价值和利润的前景，并且会催生产业的专业化，拓展新的产业内涵。

由此可见，森之炫公司使设计、营销"双轮驱动"一方面可以弥补花卉行业的缺陷；另一方面可以推动森之炫公司甚至整个行业的转型升级。这是森之炫公司"D&M"双轮驱动理论的精髓所在，也是森之炫公司在设计和营销上的重大驱动创新。森之炫公司以设计品种要具有广泛的适应性、较强的抗异性和良好的观赏性与更新经营理念，提高了苗木质量，进行错时生产、批量生产、合作发展的营销模式相结合的方式在国内园林行业中奠定了坚实的基础，并且根据市场和客户的多样化、个性化需求来设计和研发自己的产品，在设计研发阶段就与客户直接对接，通过定制订单的营销方式，让生产更具目的性，生产效率大幅提高。森禾董事长郑勇平在关于"绿化观赏苗木产业如何让转型升级"的谈话中说道:"产品设计是产业的引擎,行业要坚持企业产品的差异化和个性化,尽快创造时尚产品,注重产品设计和技术的组合应用。经营策略一直坚持以高科技为基础,创新品种和技术,实施产品+基地建设。森之炫公司时刻坚持企业设计研发在'与众不同'的同时,也强调市场导向,以高科技为基础,在引进国外优良花卉品种的同时,不断改良已有的品种,创新设计城市、园林、大型会议的景观设计和'苗木超市+全国网络花卉配送服务平台结合'的营销手段,不断提高自身的竞争优势。"

"绿化、彩化、美化"是森之炫公司的设计理念之一,是"美丽中国"概念在花卉园林行业的具体化,森之炫公司"绿化、彩化、美化"的设计理念的践行是对针对市场、客户的营销方式相结合的"D&M"双轮驱动理论的深化。因此,提出"设计+营销"双轮驱动的理论是森之炫公司的一项重大举措,两者的有机结合推动了企业的发展。

下面用三角互证法来说明"设计+营销"双轮驱动理论(图6-12)的实效性。

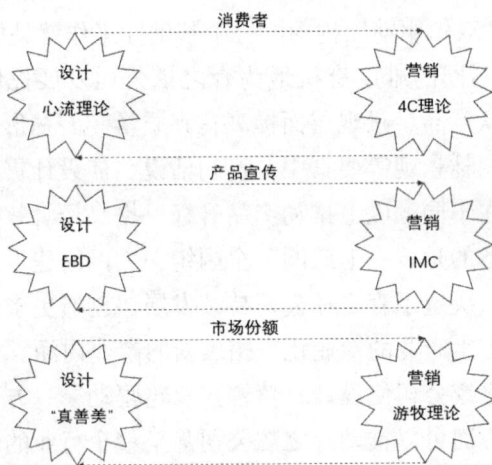

图6-12 双轮驱动结构模型

三角互证法主要包括三个方面:第一,用不同的方法来解决同一个基本问题;第二,明确承认每种方法存在偏见的来源,以及影响的方向;第三,我们需要比较两种以上方法的结果,这些方法具有不同的和不相关的潜在偏见的来源。

使用心流理论是从消费者的心理感受角度来证明森之炫公司产品设计的

优秀，在销售方面，使用 4C 理论也是从消费者的角度来证明森之炫公司产品营销的合理性。由此可见，森之炫公司的一部分设计和营销是站在消费者的角度来考虑的。在消费者方面，通过设计和营销双轮驱动来达到企业利益的最大化，进而实现产品的价值，达到营利的目的。EBD 理论旨在阐明森之炫公司产品的设计过程，通过实地考察花卉工程建设之地来设计新的产品，然后将初具的模板拿给客户看，根据客户的反馈，从花卉本身是否符合当下环境的角度来分析这个花卉作品的可行性，再施工建造，完成之后还会有优质的售后服务，建设前、中、后的程序都是公开的，主要是考虑消费者的满意度。IMC 整合营销理论是在阐明将与企业进行市场营销有关的一切传播活动一元化的传播过程，森之炫公司的整合营销是让消费者亲自监督产品由设计到建设再到结束的整个过程，利用消费者的满意度来达到产品宣传的目的。在产品宣传方面，以设计和营销双轮驱动达到销售宣传的低成本化，最终实现产品的畅销。"真善美"理论旨在阐明森之炫公司产品的设计理念，即作品的美观以及设计尊重自然、尊重生态，进而形成产品的品牌。游牧营销旨在寻求新的市场，扩大市场份额。在市场方面，设计和营销双轮驱动，以优质的品牌来打造更加广阔的市场。

五、总结与启示

(一)研究结论

1.由绿化到彩化再到美化

党的十八大把生态文明建设纳入中国特色社会主义事业"五位一体"总布局。十九大报告中指出"要加快生态文明体制改革，建设美丽中国"。美丽的环境是人类赖以生存的基础，加大对环境的保护以及建设也是为人民谋福利的重要手段。作为种业公司的森之炫公司，自然也要响应国家的号召，坚持党的路线不动摇，为建设美丽中国做出自己的贡献。森之炫公司提出了自己的价值观，由绿化中国到彩化中国，最终完成美化中国的目标。美丽中国要彩化先行，森之炫公司正大力开发许多新的品种，使产品的颜色更丰富，规格更齐全，为彩色中国的建设做出贡献。

2.人才是决定公司成败的重要因素

森之炫公司向全社会招聘优秀的专业人才，要求员工将公司目标放在首位，牢记公司的价值观。森之炫公司科学地配置员工，使员工的学历、知识、经验、性别、年龄得到优化配置，争取让每位员工都能够发挥自己独有的优势，进而发挥团队的优势，实现"1+1>2"的效果。森之炫公司运用了"土壤"理论挖掘培育内部员工，合理地为员工"浇水""施肥"，让员工熟悉工作，增长知识，激发了员工的创造性。森之炫公司严格的岗位责任考核制和责任淘汰换岗制使公司内部形成了一种良性的竞争环境，这种科学的激励机制也培育了员工的进取心。

总之，森之炫公司对人才相当重视。人是生产力中最具决定性的因素，一切的创造发明都是由人来完成的，对人的重视是非常必要的。

3. 技术创新是企业发展的不竭动力

"科学技术是第一生产力"在 20 世纪 80 年代的时候就提出了，在社会主义市场经济体制下，我们更能看到科技创新对企业乃至国家的作用。这更说明了科技创新的重要性，市场需要企业拿出有竞争性的产品，而富有竞争性的产品需要企业不断紧跟市场发展、预测市场发展的态势，不断改革创新，使企业能够在市场竞争中立于"不败之地"。

森之炫公司发家于创新产品，壮大于先进园林技术，深知产品技术创新的重要性。在企业的发展过程中，森之炫公司从未停止对产品创新的投入。在与同行的竞争中，森之炫公司产品由于种类多样、新颖而在竞争中赢得了一席之地。在秉承"创新推动发展"的理念之下，品种的改良、技术的创新、产品的研发都为其建设"彩色中国"目标的实现奠定了基础，使其成为中国彩色生态景观建设的"先行者"。这些都是森之炫公司作为一个从事花卉园艺的农林企业，始终站在时代发展的"潮头"的原因。

4. 打通"最后一公里"新模式的创立

"基地营销"策略是打通"最后一公里"的重点，企业会在开拓市场、寻找销路上花费大量资金。这"最后一公里"借助森之炫公司本身基地网点，建立销售网络。森之炫公司有众多优良产品，借助分布在全国的 20 多个基地，可以实现远距离销售产品。森之炫公司通过自身研发、种植、扩繁来完成销售，这也是打通销售的"最后一公里"。从科技研发到设计施工运营的一体化，让森之炫公司的运作效率不断提高，让创意变为现实。

5. 吸纳借鉴他国经验，因地制宜

由于我国园艺景观建设发展晚，相关理论体系尚未建立，市场上大多园艺产品单一、科技含量低，自主知识产权比较少，国内真正做景观建设出色的企业较少，仍需要从国外优秀的知识经验中汲取养分，让企业的发展有一定的理论及经验基础。在研究及实地考察国外优秀园林建设作品之后，结合国内的实际情况及国人的审美情趣，森之炫公司在对国外经验进行吸纳、借鉴的基础上进行创新。

6. 精神永驻，自强不息

一个企业仅仅依靠规章制度还不够，企业文化也是企业强大的重要因素。一想到华为，我们就可以想到"狼"；一想到惠普，我们就可以想到"HP Way"；一说到森之炫公司，我们就可以想到"阳光""土壤"，植物的生长离不开阳光和土壤，森之炫公司的成长同样也是如此。

森之炫公司以"土壤"育人，培养员工的激情，引导员工努力创新，保持企业诚信经营，土壤的作用是为作物提供养分，这也寓意着森之炫公司欢迎其他"作物的种植"前来，以此实现双方的价值，实现合作共赢。

阳光象征着森之炫公司的心态、作风以及光明的未来，它以"阳光"来引导员工，无论在什么情况下都要保持阳光的心态，以及正直的作风，并且要让员工相信企业有光明的未来。

（二）案例启示

1. 培育建立企业文化

企业文化是一个企业成功的重要因素之一。企业文化有利于在企业内部形成一致的价值观，共同为企业的目标而努力奋斗，提高企业的凝聚力，有助于企业日常事务的展开。优秀的企业文化能够给员工带来工作的动力，使其改变消极思想，努力工作。

企业文化是企业获得凝聚力与战斗力的关键，企业文化也是连接过去与未来，建立完善的执行体系、做好工作的具体计划、明确自己的使命、将组织牢牢地团结起来的粘合剂。优秀的企业文化能为企业的发展提供源源不断的内生动力。

优秀的企业文化除了提供企业发展内生动力之外，还会为企业赢得社会的支持。森之炫公司在发展自身的同时响应国家号召，用企业的实际行动推动美丽中国的建设，彰显了森之炫公司的社会责任感，也为森之炫公司赢得了更多的发展机遇。因此，企业要承担起自己的社会责任。企业是一个群体，这个群体要承担起更多的社会责任。当然，要承担何种程度的社会责任要从企业自身出发，量力而行。在企业力所能及的范围之内，为社会做出贡献。

2. 挖掘人才与技术创新

森之炫公司的成功在于它开发出了许多独特的新技术，培育出了许多新的品种，而新技术、新品种的诞生离不开优秀的人才，换句话说，是雄厚的人才基础造就了森之炫公司的成功。因此，企业要重视优质人力资源的整合，时常组织员工培训，建立奖惩竞争机制以及淘汰机制，充分挖掘培育优秀的人才。

3. 生产、营销、运输一体化

森之炫公司能够在全国销售一定程度上取决于它的生产、营销、运送一体化的营销格局。在全国布局销售网点，设置管理部门，并运用自研的技术以及现代化的生产设备，造就了森之炫公司强大的生产能力；不断开发的新产品以及独特的营销方式吸引了消费者，推出的"天天送"花卡、"天天送"花网、"森之炫公司花柜""室内集成园艺""零风险计划""准股田制"等多种现代化的营销模式，为森之炫公司扩大了市场；营销网点、分管部雇用个体户司机进行产品的"最后一公里"运输，不仅节约运费，还能减少在货运过程中所带来的产品损耗。

对于生产销售的企业，可以采用森之炫公司这样的营销格局，采取自己的生产方式、营销方式、运输方式，从而在节约成本的同时，尽快满足客户的需求并提高购买体验。

4. 以市场需求为导向，坚持自主创新

要时刻坚持以市场需求为导向，研发市场需要的产品，为市场提供最合适的服务。只有在市场接受企业提供的产品服务的情况下，才能让企业发展走上坡路。为此，在企业发展的过程中，在确定产品和服务的过程中，企业要深刻践行"顾客就是上帝"的理念并理解其本质要求，企业一切工作的出发点都是为了让顾客接受企业生产出的产品和服务。

在坚持以市场为导向的同时，也要加强对企业自身创新能力的培育，不断提高自主创新能力，不依赖其他企业，提高企业的自主性。只有不断推进自主创新的步伐，企业的产品与服务才能顺应市场发展的潮流而不被市场淘汰，进而在市场竞争中占有一席之地。对于企业内部而言，创新的思想使员工们更加热爱自己的工作，全心投入工作之中，而创新的观念也会成为员工在生活中的一笔宝贵的财富。

参考文献

[1] 苏淞，黄劲松.关于逆营销的效果研究：基于 CLT 理论的视角 [J]. 管理世界，2013（11）：118–129.

[2] 梁林，刘兵.科技型中小企业如何在恰当时间获得匹配人才？——基于"聚集+培育"双轮驱动视角 [J]. 科学学与科学技术管理，2015，36（7）：167–180.

[3] 邵春荣.企业品牌核心竞争力探讨 [J]. 合作经济与科技，2017（7）：38–39.

[4] 张萍.资本进入与产业发展 [J]. 中国花卉园艺，2014（23）：36–39.

[5] 周伟伟.产业规模稳步发展 [J]. 中国花卉园艺，2015（1）：15–17.

[6] 沈闻.森禾勇做花卉产业的"标杆企业" [J]. 今日浙江，2011（3）：34–35.

[7] 杜少昆.三产联动将成花卉产业重要趋势——从我国花卉企业发展看花卉产销特点 [J]. 中国花卉园艺，2016（3）：36–37.

[8] 郑勇平.我国观赏苗木产业现状和趋势 [J]. 中国花卉园艺，2014（23）：22–24.

[9] 杨园.中国花卉产业的发展现状、趋势和战略 [J]. 现代园艺，2019（11）：44–45.

[10] 李艳梅.绿化观赏苗木产业如何转型升级 [J]. 中国花卉园艺，2015（21）：31–34.

[11] 陆敏.市局营销体系"双轮驱动"模型初探 [J]. 邮政研究，2008（6）：3–5.

基金项目：此研究受教育部产学合作协同育人项目、会稽山绍兴酒股份有限公司及绍兴黄酒学院资助完成。项目名称：市场营销实践课程优化改革探索研究；项目编号：201801056003。

案例编写：闫亚龙、徐楚斌、张磊、楼鹏泽、章新新

指导老师：李小明、朱杏珍

乡村振兴篇

案例 7

兰香幽远写辉煌：探索乡村振兴中的产业发展之路

——以绍兴棠棣村为例

摘要：棠棣作为乡村振兴的先行者，近年来依托中国春兰故乡的优势，积极践行"绿水青山就是金山银山"的科学论断，抢抓"花香漓渚"国家级田园综合体项目核心村的机遇，结合当地实际情况，探索出了适合自身发展的发展模式，从而实现了从偏远山村到美丽乡村再到乡村振兴样板村的华丽蜕变。

本案例在乡村振兴的背景下，探寻棠棣村如何在花木产业、旅游产业和文化产业等方面的发展与创新，走出了一条兰文化传承、花木产业培育和美丽乡村建设有效结合、互促发展的绿色经济发展之路。在案例分析中，综合运用资源禀赋理论以及"绿水青山就是金山银山"理念对棠棣村的产业定位与发展进行分析和评价。棠棣村以自身的资源禀赋特征为基础，因地制宜地发展特色产业，同时正确处理生态和产业发展之间的关系，实现了经济发展和生态保护的"双赢"。

棠棣村围绕规律、瞄准花木、以兰为镜、因势利导发展经济和生态，本案例根据棠棣村存在的不足提出发展建议，可为农村经济建设政策制定提供参考依据，也可为乡村振兴征途中的其他乡村提供一些可借鉴、可复制、可推广的经验。

关键词：资源禀赋；兰产业；乡村振兴；棠棣村

一、引言

（一）研究缘起

1. 改革开放让农村发生巨变

百业农为先，农兴百业兴。1978 年，我国的对内改革在农村拉开序幕，家庭联产承包责任制的推行调动了亿万农民的积极性和创造性，极大地解放和发展了农村的社会生产力。40 多年来，随着改革进程的不断推进，我国农村的改革从最初实施的家庭联产承包责任制过渡到农业、乡镇企业并举发展，乡镇企业的异军突起极大地促进了我国经济的增长、农民的增收以及农村剩余劳动力的转移；再从农业、乡镇企业并举发展到后来的城乡统筹、工业反哺农业、城市支持农村以及美丽乡村、社会主义新农村建设等，这一系列扶农、支农、强农、惠农政策的实施使农业生产稳步发展、农民收入显著提高、农村面貌焕然一新，同时使城乡之间的差距在不断缩小。当前，中国特色社会主义进入新时代，解决好"三农"问题仍是全党工作的重中之重，为此，党的十九大提出了实施乡村振兴战略，这是新时代三农工作的总抓手，农村改革再一次出发。

2. 棠棣村取得突出的发展成就

位于浙江省绍兴市柯桥区西部山区的棠棣村，曾经也是一个偏远山村，1978 年改革开放的春风吹来，棠棣村及时抓住机遇，凭借自身的发展优势，使经济得到了快速增长，由此踏上了创业致富的道路。再到后来的美丽乡村建设，棠棣村在"绿水青山就是金山银山"理念的指导下，将美丽宜居的生态环境转化为旅游资源，并逐渐发展起来。近几年，棠棣村更是在乡村振兴的大背景下，结合当地实际情况，探索出了一条适合自身发展的道路，立足产业发展经济，实现了从偏远山村到美丽乡村、乡村振兴样板村的华丽蜕变。

近年来，棠棣村以党的建设为核心，推动经济社会平稳发展，因地制宜，实施乡村振兴战略。棠棣村因特色产业强、生态环境美、党建引领优而广为人知，近年来被评为"国家级美丽宜居示范村""全国生态文化村""浙江省 AAA 级景区村庄""浙江省文明村""省级兴林富民示范村""省级全面小康示范村""浙江最美村庄""浙江省生态文化基地"。棠棣村有三个方面尤其突出。

（1）以少量耕地面积保证农民收入

棠棣村现有耕地面积 47.7 公顷，生态公益林、绿化苗木等经济作物林 129 公顷，村民 496 户，1 509 人，人均耕地面积 0.03 公顷，远低于我国农民人均耕地面积的水平，但棠棣村村民人均收入超过 8.5 万元，远超全国水平。这是因为棠棣村充分发挥了当地优势，因地制宜，未局限于传统的耕地模式，充分利用当地资源保证了村民收入。

（2）产业发展的同时注重环境保护

在产业发展的同时，棠棣村也注重环境保护，始终践行着"绿水青山就是金山银山"理念，打造了一花一草、一庭一院皆风景的美丽乡村景观，不断优化生态环境和农村人居环境。

（3）物质文明与精神文明的双丰收

棠棣村依托优势兰产业和美丽乡村建设成果，着力打造以花木交易为主导产业、以兰花文化创意体验为新兴产业的特色旅游景区村；产业的发展带动了村民生活水平的提高；与此同时，文化礼堂、兰文化馆等一系列基础设施的打造进一步丰富了村民的精神生活。棠棣村秉承着兰花所代表的美好品性，实现了物质文明与精神文明双丰收，进一步提升了村民的幸福感。

偏僻的山坞逐渐雕琢成了精致的"盆景"，棠棣村以特色优势产业为依托，推进产业兴旺，走出了一条兰文化传承、花木产业发展和美丽乡村建设有效结合、互促发展的绿色经济发展之路，完美地实现了从偏远山村到美丽乡村、贫困小村到富裕乡村的华丽蜕变。相对于其他乡村，棠棣村的经验有良好的指导意义，为乡村振兴征程中的其他乡村提供了一些可借鉴、可复制、可推广的路径，让其在开发乡村时能够关注中央政府政策和社会政治环境，顺应社会潮流，抓住机遇，从而实现发展。

（二）研究意义

1. 为政府制定农村经济建设政策提供参考依据

棠棣村的发展过程就是我国农村改革的一个缩影，从 1978 年改革开放，棠棣村办起了第一个花圃，开启创业致富之路；到后来美丽乡村建设，棠棣投入大量资金整改村容村貌，完善基础设施，同时在"绿水青山就是金山银山"理念的指导下，将美丽宜居的生态环境转化为旅游资源，实现二次发展；再到如今的乡村振兴，棠棣村抢抓"花香漓渚"国家级田园综合体项目核心村的机遇，以兰为主，定位特色产业，逐渐实现美好生活的愿望。这一次次的发展使棠棣村实现了从偏远山村到美丽乡村、乡村振兴样板村的华丽蜕变。棠棣村的成功离不开政府制定的农村经济建设发展政策，反过来，棠棣村成功的经验也可以为政府制定农村经济建设发展战略提供参考。

2. 为同类型乡村进行产业发展提供借鉴

在自身产业发展过程中，棠棣村充分挖掘和发挥本土特色，以自身资源禀赋为基础，找准方向，着力发展以兰花为主的花木产业，准确进行产业定位；而在产业发展的问题上，棠棣村充分利用内外部资源，在国家推出乡村振兴战略后，及时抓住这个机遇，明确其以花木产业为主，旅游和文化产业为辅的产业结构，并朝着这个方向不断发展，待产业逐渐稳定发展后，反哺资源与生态。先从生态到产业，再从产业到生态，棠棣村最终实现了生态与产业的协同发展，探索出了适合自己的发展模式，成了乡村振兴样板村。因此，棠棣村的发展可以引导其他同类乡村从自身出发，进行正确的产业定位以及正确地处理资源与产业之间的关系，关注中央政府政策和社会政治环境，顺应社会潮流，抓住机遇，从而实现发展，尤其是为仍在乡村振兴征途中的一些农村提供了一些可借鉴、可复制、可推广的经验。

3. 为棠棣村进一步发展提供指引

本案例通过对棠棣村在乡村振兴背景下的产业定位和产业发展问题的深入了解和分析，发现其在发展中仍然存在一些问题和不足之处，然后结合当前市场的发展趋势以及需求状况等，产业发展、市场开拓等方面提出了一些建议，为棠棣村发展提供了指引。

二、案例研究对象

（一）棠棣村简介

棠棣村属浙江省绍兴市柯桥区漓渚镇西部山区，《绍兴府志》记载："兰渚山，有草焉，长叶白花，花有国馨，其名曰兰，勾践所树。"两千多年种兰养兰的历史孕育了村庄深厚的兰文化。整个村庄"山中有绿、绿中有筑、筑内庭院、层叠错落"，于 2013 年入选为浙江省首届最美村庄，2015 年创建绍兴市首个国家级美丽宜居示范村。

村庄产业以花卉种植为主，是漓渚镇起步最早的花木专业村，村庄花木种植与村民外出从事苗木销售、绿化工程承包等产业联动，实现了产销一体化经营。因此，满山的苗木改善了棠棣村的生态环境，构成了棠棣村的特色产业。图7-1为棠棣村全貌。

图7-1 棠棣村全貌

（二）棠棣村发展历程

20世纪70年代初，棠棣村村民仍以挑担走南闯北卖兰花为生。

1979年，随着改革开放的春风吹来，棠棣办起了当地第一个花圃，从此开启了创业致富之路。

2011年，棠棣村着力打造绍兴市首批美丽乡村"精品村"。累计投入资金800余万元，并先后委托绍兴越州都市规划设计院、厦门大学对其进行规划设计。

2013年，棠棣村成功入选首届浙江"最美村庄"。

2014年，棠棣兰花销售额达1.5亿元。据统计，国内兰花界约有50%的新品种出自这里，约有80%的老品种是由棠棣兰农发掘培育的。棠棣兰香远飘日本、韩国等国家。

2015年，棠棣村以建设布局合理、经济适用、环境优美、交通便捷、设施配套、功能齐全的居住区为目标，进行美丽乡村建设。初步建成后，棠棣村成了浙江省美丽乡村和农村精神文明建设现场参观点。

2017年，国家提出建设田园综合体，为美丽乡村的建设提供了更为高端的项目支撑。棠棣村作为"花香漓渚"国家级田园综合体项目的核心村，积极整合现有的农业资源、产业基础和传统文化，开展了千亩花田、兰心民宿等项目，积极探索建设宜业宜居宜游、农文旅融合的美丽新家园。目前，田园综合体的千亩花田项目已完成了多种植物播种培育工作，呈现出万花齐放、群芳斗艳的景象，将美丽宜居的生态环境转化为旅游资源。

2018 年，棠棣村村民人均收入达到 85 000 元以上，是一个"藏富于民"的典型村庄。

（三）获得荣誉

（1）棠棣村是绍兴唯一的"浙江最美村庄"。
（2）全市首个国家级美丽宜居示范村创建试点村。
（3）"中国春兰故乡"。
（4）"省级全面小康示范村"。
（5）"全国美丽宜居示范村"。
（6）"'美丽乡村'建设精品村"。
（7）"国家级美丽宜居示范村"。
（8）"全国生态文化村"。
（9）"浙江省 AAA 级景区村庄"。
（10）"浙江省文明村"。
（11）"省级兴林富民示范村"。
（12）"浙江省生态文化基地"。

（四）产业情况

棠棣村的花木主要销往上海、江苏、湖南等地，年销售额近千万，带动了村周边苗木场花木的销售，其销售额达 300 万元左右。

现在棠棣村有苗圃 1.33 公顷，聘用了 5 名园艺师，主营高档罗汉松盆景，一棵罗汉松可以卖到几十万元，销往全国各地，还远销国外。年销售额近千万元，净利润 300 万元左右。现有多人成为苗木产业的带头人，如养兰大户刘桥剑、花卉大户钱又夫等。

（五）重点企业

棠棣村的发展过程中出现了许多的重点企业，如表 7-1 所示。

表7-1　重点企业

类型	企业名称	经营范围／介绍
骨干企业	绍兴市百花园艺有限公司	自产自销桂花等城镇化绿化苗；种植、销售花卉；承揽园林绿化工程；经销花卉工艺品；承揽市政工程、古建园林工程
	绍兴棠棣园林绿化有限公司	经营绿化苗木生产销售，承揽各类园林绿化工程，花卉工艺制作及销售等业务，是绍兴花木骨干企业之一
	绍兴绿庭兰花有限公司	自产自销花卉（林木种子生产）；园林绿化工程
	绍兴柯桥区漓渚桥娟花木场	自产自销；绿化苗木；园林绿化工程；园林设计；绿化养护
	绍兴柯桥兰心民宿有限公司	住宿服务、餐饮服务、食品销售、企业管理
	绍兴柯桥花香漓渚田园综合体开发有限公司	田园综合体开发、农业旅游开发、休闲农业与乡村旅游开发、市场设施租赁、市场管理服务、会议及会展服务
	绍兴市柯桥棠棣乡村振兴发展有限公司	基础设施建设开发；农村土地承包经营权流转中介服务；乡村旅游开发；住宿、餐饮、服务；物业管理
花市入驻商户	刘峰园艺	一期花圃经营户，青创农场入驻项目
	爱心园艺	一期普通花圃经营户
	江荣园艺	一期普通花圃经营户
	包建尧园艺	一期普通花圃经营户
	荣丰园艺	二期普通花圃经营户
	…	…

三、案例主体介绍

（一）背景介绍

棠棣村是一个花卉专业村，有约 2 666.7 公顷花木基地、10 多个信息服务社和花卉专业合作社组织、250 多家花卉企业、10 多家国家城市园林绿化工程企业，培育了绿化苗木、盆景树桩、造型苗木、名优兰花等 8 大系列共 2 900 个品种的花木，形成了苗木种植与外出苗木销售、绿化工程承包的产业联动。在棠棣村，有 95% 的劳动力直接或间接从事花木生产和经营，有 95% 以上的土地种植花木，95% 以上的收入与花木有关，实现了三个"95%"。

棠棣村当前正依托当地主打的苗木花卉产业，融合特色村落、传统文化，在产业支撑、多元投入、主体培育、土地利用、基层治理、公共服务 6 个方面开展积极探索，着力建设"农业主导产业培育、兰花综合交易集散、农业科技支撑、农业新型主体培育、村集体经济发展壮大"等 10 个方面的试点内容。

2017 年 9 月，棠棣村抓住柯桥开展"花香漓渚"田园综合体建设契机，与附近 6 个花卉专业村共同出资 1 800 万元，抱团成立了田园综合体开发有限公司，计划依托花木生产地优势，建设占地千亩的交易市场，融入现代物流、电子商务、文化创意等产业，吸引经销大户、园艺师、品牌运营人员等入驻。

除了主打的花木产业外，棠棣村同时还发展旅游产业和文化产业，并将农文旅相结合，提高了村民的生活水平，推动了乡村的快速发展，努力实现了"人们对美好生活的向往"的初心。

（二）政策对棠棣经济的影响

1. 农村政策对农村经济发展的重要性

改革开放以来，我国在经济发展和人民生活改善等方面都取得了重大成就，但城乡发展不平衡、二次元经济结构矛盾突出、区域农村发展差距变大等问题依然存在。目前我国大部分的村庄布局千篇一律，文化日益凋敝，产业逐步衰退，面临着发展缺特色、产业缺融合、建设缺资金、落实缺人才等现实困境。

而农村经济要想得到发展，农民收入水平要想得到提高，其中肯定少不了政策的扶持。改革开放以来，我国农村改革已经走过了 40 多年的发展历程，从中可以发现，我国农村改革的核心是通过政策创新，激发农村、农业和农民的活力，即使问题没有得到彻底地解决，也在很大程度上促进了农村经济和社会的迅速发展。近年来，政府也出台了大量惠农政策，农业、农村发展工作稳中有进，呈现出了良好势头，由此可见政策对农村经济的发展具有重大意义。

2. 农村政策对棠棣村经济发展的影响

农村政策在棠棣村的经济发展之路上也起到了很好的作用。

20世纪70年代初，棠棣村村民仍以挑担走南闯北卖兰花为生。但是在20世纪70年代末80年代初，在改革开放政策的推动指引下，棠棣村凭借自身的发展优势，快速发展经济，开始踏上了创业致富的道路。1979年，棠棣村办起了全乡第一个花圃，当时销售收入达15万元；1982年，办起了全县第一个乡级花木公司——绍兴县棠棣花木公司；1984年，棠棣村先后办起了集体花圃49个，拥有花木种植专业户1 562户，其花木种植面积达到33.33公顷。即使有政策的引导，仅依托单一的花卉产业，棠棣村的总体发展速度仍较为缓慢。

2005年10月，党中央提出要扎实推进社会主义新农村建设。2007年10月，党的十七大提出了"统筹城乡发展，推进社会主义新农村建设"的农村政策。在"十二五"期间，受安吉县"中国美丽乡村"建设成功的影响，浙江省制订了《浙江省美丽乡村建设行动计划（2011—2015年）》。按照"生态美、产业美、人文美"的目标，棠棣村着力开展美丽乡村建设。在"美丽乡村"政策的影响下，这时候的棠棣村不再仅仅生产花卉，开始坚持"绿水青山就是金山银山"发展理念，将美丽宜居的生态环境转化为自身资源，并逐渐发展了起来。

2017年，国家提出"田园综合体项目"和"乡村振兴"政策，为美丽乡村的建设提供了更多的资源支持。在乡村振兴发展的大背景下，棠棣村立足兰花，以花木产业为主，以文化产业和旅游产业为辅，发展当地经济，逐渐发展成了"全国乡村振兴示范村"，努力实现了共同富裕。

（三）花木产业引领蜕变

棠棣村依托中国春兰故乡优势，抓住"花香漓渚"田园综合体项目核心村的机遇，辅以智慧农业项目，充分发挥"中国春兰故乡"这一资源品牌，依托兰花传统优势，以农村花木产业、文化产业、旅游产业三产融合为抓手，培育形成了全国知名的花木产业（图7-2）。

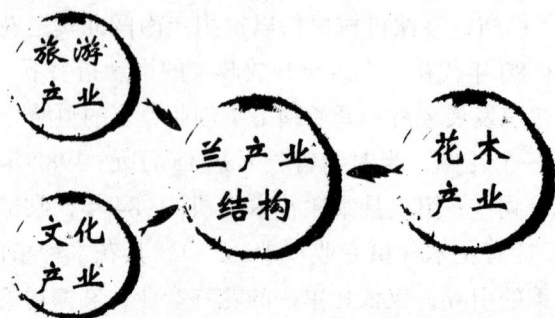

图 7-2　产业发展结构

同时，棠棣村在花木产业发展过程中凸显了变废为宝推发展、花木产业促经济、智慧农业创新高的特点。

1. 变废为宝推发展

20 多年前，兰谷苑所在地建起了一个漂染厂。然而，滚滚金钱进村来，一江废水向外流。2006 年，由于经营以及环保等压力，漂染厂被迫关门。那么污染工厂搬离之后，村里的经济又该如何发展呢？在棠棣村，3 个神奇的 95% 现象早已交出了令人满意的答卷。长期以来，该村 95% 的劳动力直接或间接从事花木生产和经营，95% 以上的土地种植花木，村民 95% 以上的收入来源与花木有关。以花木为主的绿色经济是棠棣村的致富法宝。而棠棣村将曾经的那个漂染厂重新进行利用、改造，变成了集中的兰花养殖基地，成为了棠棣八景之一。

由厂房改造成功的兰谷苑如今是兰花重要的培育基地，也是棠棣村里著名的"国字号"兰苑——中国春兰样品园。对靠兰花经济不断推动当地经济发展的棠棣村来说，兰花的培育基地是其创造经济来源的活力源泉。

2. 花木产业促经济

据统计，棠棣村直接或间接从事花木生产和经营的劳动力，种植花木的土地和来源于花木产业的农民收入都多达 95%，2014—2018 年，村民从兰木产业中获得了很大的收益，收入有了明显提升，超过我国农村居民收入的平均水平（图 7-3）。

单位：元

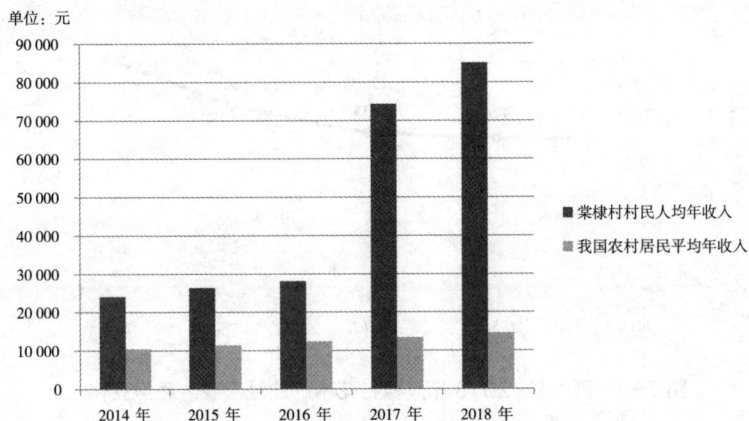

图 7-3　村民 2014—2018 年人均年收入对比

　　被誉为"绍兴花木第一村""浙江最美村庄"的棠棣村的特色花海闻名遐迩。除了美丽的风景引人注目外，棠棣村的花木基地也是棠棣村实现脱贫和"从输血到造血"的关键。

　　棠棣村主要从千亩花田、千亩花市和千亩花苑三个方面来建设花海，如图 7-4 所示。千亩花田里满是七彩水稻、五彩向日葵、鲁冰花薰衣草等花草，印证了那句"漓渚满目绿无涯，棠棣无处不逢花"。千亩花苑是兰花等花木的培育基地，在此基地中兰花大户自己搭棚，自己养护。

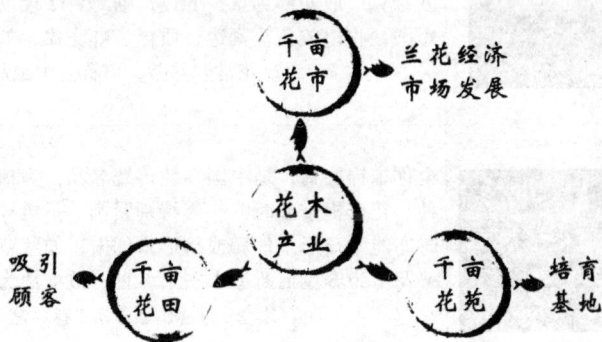

图 7-4　千亩花田、千亩花市、千亩花苑与花木产业关系

　　当地 95% 以上的农民都"以花为媒"做起花木产业，村民年人均收入超过 8.5 万元。当地村委表示，千亩花市不仅给棠棣村带来了新的商机，还是漓渚镇两大富民经济项目之一。2014—2018 年，棠棣村花木产业经营收入从 6.11 亿元提高到了 9.13 亿元（图 7-5）。

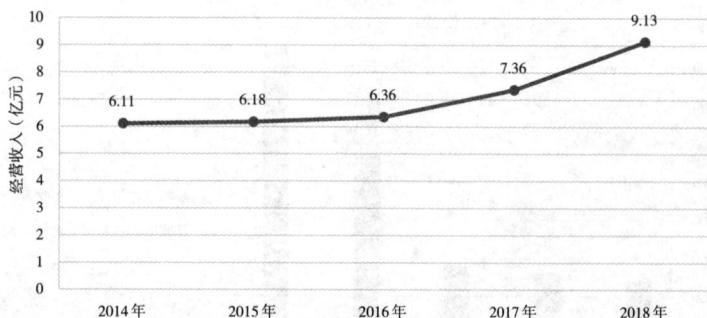

图 7-5　2014—2018 年棠棣村花木产业经营收入趋势变化

作为中国兰木之乡，千亩花市着力打造兰花经济这一特色经济模式。所谓"单花创南北，木华秀天下"讲的就是兰花。据统计，全村兰花年产值达8 000 万元，最珍贵的兰花品种曾卖出 360 万元一苗的高价。2018 年，全年苗木年产值达 11.2 亿元。表 7-2 为棠棣村销售量较高的兰花品种。

表 7-2　棠棣村销售量较高的兰花

名　　称	图　片	介　绍
绿云		春兰皇后，此兰叶姿斜立，成株的边叶有扭曲，叶质厚、短阔、端钝，叶脉深，叶色深绿。苞壳水银红色，并有绿沙晕。一般花瓣为 7～8 枚；刘海舌 2 枚以上。花外三瓣短圆，收根放角，紧边，质糯。蚌壳捧，刘海舌，花色湖绿。花常开并蒂，堪称兰中绝品
宋梅		全称宋锦旋梅，是中国春兰传统名品，为梅瓣花的代表品种。花开梅瓣型时，三瓣特别紧圆，蚕蛾捧，刘海舌；有时亦能开荷形水仙瓣或梅形水仙瓣；如兰草强壮时偶有并蒂花。为春兰梅瓣型中杰出名种，被推选为春兰"四大天王"之首，并被人誉为"春兰之王"

名 称	图 片	介 绍
程梅		程梅，蕙兰梅瓣，传统名品，又名"程字梅"。程梅气势雄伟，若论蕙花梅瓣，当推程梅最具代表性。程梅之美，美在壮丽。春兰之宋梅，春剑之皇梅，蕙兰之程梅，堪并称三皇，最具王者之尊，余花皆不能及，其中又以程梅声势格局最大。论雍容气派，众兰之中无出其右者
素心兰		素心兰是建兰中的一种名贵品种，为多年生的常绿草木。根长肥厚，多海绵质。头略大，叶丛生，线状披针形，暗绿色，长可达六七分米，质柔软。抽长花茎，上部着生数花或十余花，花瓣较萼片稍小而色淡，唇瓣卵状矩圆形，呈淡黄色，晶莹洁净。以"花心如玉"而得名，称之素心兰。被称为"兰中之魁"
大一品		蕙兰绿壳类大荷花形水仙瓣，乾隆末年产自浙江富阳山中，由嘉善商人胡少梅以黄金三千两购得，位列所有兰蕙品种下山价格的首位；大一品花型硕大，收根放脚，蕙兰中最近似于荷瓣者（古人称为真荷型），位列蕙兰老八种之首位，与庆华梅（刘梅）、老极品同为蕙兰品级最高者

从单纯地采兰养兰，把它当成一种谋生手段，到兴办苗圃和苗木厂，开始把花木视为一种致富手段，棠棣村辛勤的村民一直都在不懈努力着。

随着网络信息时代的发展，棠棣人在兰花贸易方面也有新的突破，开始有了电商平台、微商平台、花卉交易网等多种销售渠道。这也很快吸引了工商资本和创业者，村里还因此引进兰心民宿开发有限公司，将闲置已久的棠棣小学校舍改造成拥有茶室、餐厅和10余个客房的民宿。而政府也通过展销会等形式，打造知名的花卉品牌，尤其是扩大绍兴兰花的知名度。

同时，当地着力激活村庄内生动力。目前，棠棣村正着手成立花木合作社，且已成立了一家花木合作社，培育了一批花木产业"领军人物"，引导村民不断提升专业技能，改变传统种植方式。此外，村里还计划建立"公司＋农户"机制，鼓励村民入股参与集体厂房改造。乡村成为各类人才干事创业的舞台，人才入村也进一步激活了乡村经济价值。

3. 智慧农业创新高

2018年，棠棣村开始涉足智慧农业，杭州电子科技大学陈凯教授牵头的项目团队正式入驻并指导建设智能化农业装备示范基地。

棠棣村引进智慧农业的初衷是为了给下一代起到更好的引领指导作用。如今的青年人都有各自的想法，比起踏踏实实地从事农业，可能更多的人向往白领的生活。而智慧农业的引进将带来新的发展机遇，其更简单智能的操作方式，或许会使年轻人更愿意从事这个古老而传统的行业。

智慧农业或许还将改变乡村产业的发展方向，将带动当地花木产业从"靠天吃饭"转向"靠技术吃饭"。

（四）旅游产业创新发展

棠棣在产业发展过程中积极寻求旅游产业创新发展。

1. "青山绿水"新商机

近年来，绍兴市柯桥区积极践行"绿水青山就是金山银山"的生态发展理念，大力实施乡村振兴战略，以"五星达标、3A争创"为抓手，努力让农业强起来、农村美起来、农民富起来，推进全区乡村建设，棠棣村就是其中的典型代表。按照美丽乡村的建设要求，棠棣村深入开展了环境综合整治工作，不断优化生态环境和农村人居环境。棠棣村大力实施绿化、亮化、序化、美化"四化"工程，注重个性特色，使其村容村貌得到了极大改善。而随着乡村建设的推进，花农们都把自己的兰苑设计成了开放式，融入村里的"美丽风景"中。这让游客在观赏青山绿水时，就不知不觉地走进了自家兰苑，带动了更多的花木销售。幽兰静秀，花满棠棣，美丽乡村建设不仅装扮了村庄，还让棠棣村村民在家门口就做起了大生意，人们的日子也越过越好。

2. "农文旅"新发展

棠棣村利用当地景区化建设现实基础，打造与村庄建设、服务设施及人文环境相匹配的精品民宿，融合餐饮、住宿、娱乐等休闲功能，完善了AAA级景区的旅游配套设施，为前来参观的游客提供一个可观、可玩、可品的旅游落脚点。这一优势进一步促使棠棣村成了一个看得见青山绿水、记得住乡愁的乡村旅游理想目的地。在其建设中，棠棣村2014—2018年旅游产业基础建设支出如图7-6所示。

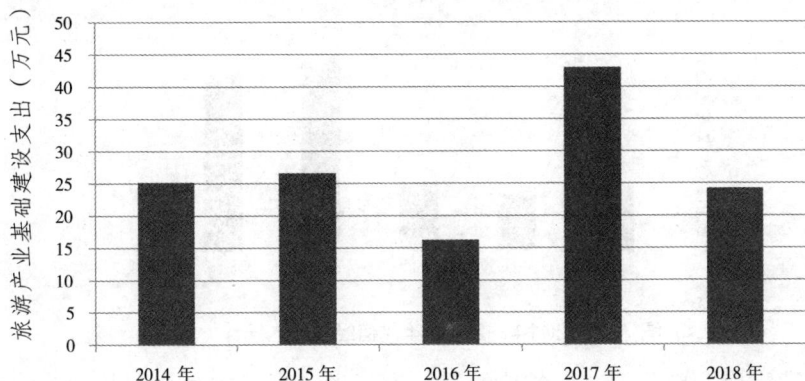

图 7-6　2014—2018 年旅游产业基础建设支出统计

　　棠棣村将农业与旅游融合发展。棠棣村将 20 多公顷分散的丘陵山地改造成连片农田，种植各类观赏性苗木，利用农业景观和农村空间吸引游客、凝聚人气。在短短 3 个月，游客数量便超过 2 万人次，预计可增加集体收入 2 000 万元。2018 年，棠棣村引进了兰心民宿开发有限公司，将闲置的中小学学校改造成了美丽的民宿，使游客在棠棣村游玩之际可以感受到舒适的服务。

　　与此同时，棠棣村以文化礼堂为基，通过挖掘农村文化、旅游资源，打造民俗文化旅游节，在展示独特地域文化魅力的同时，展示了棠棣村的精神风貌，让游客更加深刻地了解了棠棣村的文化，也进一步促进了棠棣村旅游业的发展。

　　棠棣村以旅游促发展，建设了绍兴研学旅游综合体，面向游客打造了完整的研学旅游目的地产品体系和研学旅游体验。

　　以下是对棠棣村部分景点的简单介绍。

　　白石庙——建于清乾隆年间的白石庙是棠棣村的必去之地，位于文化礼堂的斜对面。

　　最美乡村公路——千亩花田和公路相映，该项目种植有向日葵、鲁冰花和彩色水稻。

　　发展民宿经济——因为花卉，村民变富了，村庄变美了，游客也多了起来，嗅到商机的村民开始创办兰心民宿，发展"美丽经济"。在民宿经济的带动下，村民在民宿方面的收入也有了很大的增长，如图 7-7 所示。

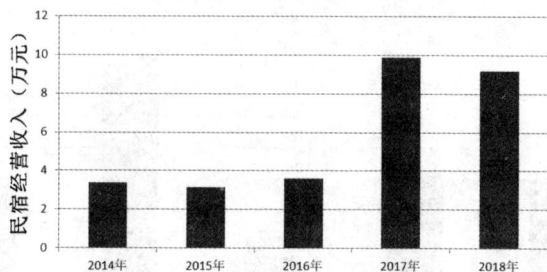

图 7-7　2014—2018 年民宿经营收入统计

"花满棠棣"骑行赛——各地的骑行爱好者齐聚美丽乡村，共同体验别样的乡村骑行赛。骑行赛重点突出运动、休闲与时尚的主题，力争让整个骑行赛事更加贴近百姓生活，成为引领群众美好生活的一抹缤纷亮彩。

（五）文化产业助力棠棣

作为"梅兰竹菊"其中之一的"兰"，其文化价值很高。在我国传统文化中，兰文化从属于传统文化，是传统文化中的一颗璀璨明珠。我国兰花文化历史悠久，文化底蕴深厚，与中华民族文化紧紧相连，是高洁典雅的人文精神和爱国、坚贞不屈的优秀品质的象征。伟大的爱国诗人屈原更是在《离骚》中以兰花比拟品格的高洁："绿叶兮素枝，芳菲菲兮袭余""余既滋兰之九畹兮，又树蕙之百亩"。

而兰花产源地棠棣在发展以兰为主的花木产业的同时，也不断发挥兰花的文化价值，大力发展以兰为核心的文化产业。

1. 兰花节

自 2013 年起，每年春日，为期三天的兰花节会在棠棣村所在的漓渚镇拉开序幕，该节会以集中展出精品兰花为主要内容，开展省级百佳兰苑参观展，组织以兰花为主题的书法绘画创作活动，同时举办群众性咏兰颂兰的专场文艺演出，以兰会友，以兰相聚。沁人心脾的花香、卓尔不群的花姿、曲线优美的花叶，一盆珍稀的兰花足以让人迷恋，上千盆珍稀兰花聚在一起争芳，更是难得一见。

在兰花节上，市民游客皆可近距离观赏价值不菲的珍稀兰花，闻着花香，看上千盆兰花争芳斗艳。

漓渚兰花节充分展示了绍兴中国兰蕙圣地丰富的兰花资源，传承弘扬了积淀深厚的千年兰文化，促进了全国各地兰友之间的交流，堪称兰花届一大盛事。

兰花节不仅是兰花爱好者参观学习的机会，还是兰文化产品推广发展的手段。在兰花节上，棠棣村还进行了兰花产品的销售。在历届兰博会上都有不菲的销售收入（表7-3）。

表7-3 历届兰博会

历届兰博会	展出时间	地 点	展出兰花总量	销售总额
中国首届兰文化博览会	2004年	柯岩风景区鲁镇	5 000盆、350种	8 000多万元
中国第二届兰文化博览会	2009年	柯桥区	兰花5 000多盆，精品兰花3 000多盆	5 000余万元
绍兴市第二十六届兰花展销会	2010年	市区府山公园	精品100余种，共400余盆	——
绍兴市第二十七届兰花展销会	2011年	市区府山公园	432盆、100余种	——
绍兴市第二十八届兰花展销会	2012年	市区府山公园		
绍兴市第二十九届兰花展览会	2013年	漓渚镇		500多万元
浙江省第十二届兰花博览会	2014年	漓渚镇	2 500余盆	3 500多万元
绍兴市第三十一届兰花展销会	2015年	漓渚镇	精品兰花1 500多盆	——
绍兴市第三十二届兰花展销会	2016年	漓渚镇		
绍兴市第三十三届兰花展销会	2017年	漓渚镇		
浙江省蕙兰博览会暨绍兴市第三十四届兰花展览会	2018年	漓渚镇	春兰精品1 500盆	
浙江省蕙兰博览会暨绍兴市第三十五届兰花展览会	2019年	漓渚镇	1 000盆珍稀蕙兰	

2. 兰产品

棠棣村充分利用兰文化的优势，围绕"兰韵·棠棣"进行品牌推广，策划幽兰书法、兰花品鉴等系列文化产品，发展传承棠棣兰文化的同时，将抽象的文化赋予经济实体，以此推动产品的销售，进一步推动了文化产业的发展。

制作精美的兰花知识普及小册和高端大气的兰书画作品是兰花节上重要

的文化产品。与此同时，棠棣村积极打造与兰相关的产品，代有兰花图案的产品备受大家的喜爱。例如，兰花扇、印有兰花图案的布料和钱包。棠棣村推出了一系列兰文化相关文具，如兰花书签、兰花笔袋、兰花直尺等。此外，棠棣村还充分利用兰花的香味，积极开发制造兰花香水、兰花喷雾、兰花香皂等产品，吸引了一大批兰花爱好者。

棠棣村充分利用历史悠久的兰文化和当地发展的兰产业，推陈出新，打造出了让人眼前一亮的产品，在推广兰文化的同时，拉动了当地文化产业的发展。

四、案例分析讨论

（一）理论基础

1.资源禀赋理论

资源禀赋是指一个地区资源的内涵、发育程度、规模、结构等素质方面的综合状况，解析资源禀赋则是对一个地区资源状况的全面评价。资源禀赋的解析可以从两个维度入手：第一个维度是自然资源，指的是以水、土地、矿藏等为主的资源，这类资源具有显性的自然属性；第二个维度是社会经济资源，指的是劳动力、管理、资本、人才、技术等社会形态的资源，其具有显著的社会属性。资源禀赋状况是决定地区经济发展速度、水平、规模和质量的最基本因素，也是制定地方经济发展战略和实现经济发展的前提和基础，资源禀赋结构如图7-8所示。

随着该理论的发展，资源禀赋理论的应用不再局限于国际贸易这一单一的领域，研究范围得到了扩展。

当前区域经济学的主要观点是：一个区域优势产业的选择必须以当地的资源、科技、劳动力、制度、资本等要素及结构为前提，各个经济体要以实际情况为着眼点，充分发挥本地的资源要素优势，以便获得长足的进步。

图 7-8　资源禀赋结构

2. "绿水青山就是金山银山"的理念

"绿水青山就是金山银山"的理念最早是在 2005 年由时任浙江省委书记习近平提出的。在此后的 10 多年里，"绿水青山就是金山银山"理念在不断地发展与完善，最终成为我国生态文明建设的指导思想。其中，"绿水青山"指的是优质的生态环境，或者是具有优质的生态产品；而"金山银山"指的是经济增长或经济收入，是与收入水平相关联的民生福祉。"绿水青山就是金山银山"的理念的核心思想就是协调好人和自然、环境和发展、生态化（绿色化）和现代化的关系。它阐明了经济与生态的辩证统一关系，体现了人与自然和谐发展的本质。"绿水青山就是金山银山"理念具体包括三个阶段。

（1）用绿水青山换金山银山

用绿水青山去换金山银山，指的是不考虑或者很少考虑环境的承载能力，一味索取资源，全然不顾子孙后代，有地就占、有煤就挖、有油就采、竭泽而渔。

（2）既要绿水青山也要金山银山

既要金山银山也要绿水青山指的是在经济发展与资源匮乏、环境恶化之间的矛盾进一步激化的情况下，人们开始逐步认识到环境是生存发展的根本，开始重视处理好经济发展同生态环境保护之间的关系，牢固树立"保护生态环境就是保护生产力，改善生态环境就是发展生产力"的理念，更加自觉地推动绿色发展、循环发展、低碳发展，不以牺牲环境为代价去换取一时的经济增长。

（3）绿水青山就是金山银山

绿水青山可以源源不断地带来金山银山。这就要求将生态优势变成经济优势，生态优势并不是直接的经济优势，关键是如何将之转化。如果能够把这些生态环境优势转化为生态农业、生态工业、生态旅游等生态经济的优势，那么绿水青山也就变成了金山银山，由此形成浑然一体、和谐统一的关系，这一阶段是一种更高的境界。

3. 理论适用性分析

（1）资源禀赋理论适用性分析

资源禀赋理论是对一个地区资源状况的全面评价，要求从自然资源和社会经济资源这两个维度着手，分析当地产业经济发展的方向及优势，从而更好地规划发展战略。

棠棣村隶属有"鱼米之乡"美誉的、自然环境优渥的浙江省，位于绍兴市柯桥区漓渚镇西北，棠棣村之所以能够在短短几年内从扶贫对象迅速发展成乡村振兴示范点，与其得天独厚的自然环境优势有着密不可分的关系。棠棣主要产业中的核心——兰花所需的生长条件，如土壤、气候、水资源等，与当地环境所契合，村民们对自然环境的开发利用也很好地发挥了当地的环境优势，促成了兰花市场的形成。

棠棣村对自然资源与社会经济资源的充分利用决定了资源禀赋理论的适用性。而资源禀赋理论从自然资源、人力、技术、经济开放度、资本、文化等各个新的领域提出了要求，并指明了新的发展规划路径，有利于棠棣村结合当地自身资源条件，进一步发展三大产业，推动乡村振兴战略的实施。

（2）"绿水青山就是金山银山"理念适用性分析

"绿水青山就是金山银山"理念是对生态文明建设和绿色发展理念的概括，充分肯定了生态环境资源对生产力发展不可替代的作用，要求因地制宜地选择好要发展的产业，让绿水青山充分发挥经济社会效益，切实做到经济效益、社会效益、生态效益同步提升，实现百姓富、生态美的有机统一。

"绿水青山就是金山银山"的理念的三个阶段与棠棣村的发展道路高度匹配。第一个阶段用绿水青山去换金山银山，不考虑或者很少考虑环境的承载能力，一味索取资源。在改革开放的背景下，棠棣村为了经济的发展，开始设立一些工厂来拉动棠棣村当地的经济发展，而其中开设的漂染厂对当地的土地资源和水资源造成了严重污染，空气质量也逐渐变差。第二个阶段既要金山银山，也要保住绿水青山，这时候经济发展和资源匮乏、环境恶化之间的矛盾开始凸显出来，人们意识到环境是人类生存和发展的根本，要留得青山在，才能有柴烧。棠棣村在意识到环境的重要性后，决定关闭漂染厂等会对环境造成一定污染的工厂。对其他不会产生环境污染、资源过度开发的工厂不采取强制性关闭措施。第三个阶段认识到绿水青山可以源源不断地带来金山银山，绿水青山本身就是金山银山，常青树就是摇钱树，生态优势可以变成经济优势。棠棣村通过"绿水青山就是金山银山"理念下的"实现产业的生态化""实现生态的产业化""大力发展生态产业"三条实践途径，实现了生产效益、经济效益、环境效益和社会效益的同步提升，在资源可持续利用的基础上，兰产业也获得了持续稳步的发展。

棠棣村在因地制宜发展花木产业的同时，也极其注重环境保护，这决定了"绿水青山就是金山银山"理念的适用性。"绿水青山就是金山银山"理念有着丰富的科学内涵，对经济社会发展、人类文明发展有着重大的现实意义、理论意义，为棠棣村建设生态文明、实现可持续发展提供了行动指南，有利于棠棣村结合当地自身资源条件，在进一步发展三大产业的同时，也使周围的生态环境得到逐步改善。

（二）资源禀赋异质性视角下的产业定位

本案例将从资源禀赋异质性的视角，解释棠棣村是如何依据其具有稀少性、特色性的资源，因地制宜地将产业定位于以花木产业为主的特色产业并促进旅游产业、文化产业等相关产业发展的。

1. 自然资源适宜兰花生长

（1）兰花生长条件

兰花性喜温暖、湿润的气候，爱阴湿、通风良好、阳光不直晒的环境。自然界中，兰花多分布在山脉连绵、崇山峻岭、树林茂密的灌木与杂草丛中，旁有溪水和岩石，常有雾露，地面覆盖枯叶，终年湿润，疏松，排水良好，富含腐殖质，呈微酸性的土壤是兰花生长理想之地。春兰一般生长在 300～400 米处，蕙兰生长在 1 000 米以下的山中。根据兰花的适生条件，古人把育兰经验总结为"春不出、夏不日、秋不干、冬不湿"，又说"爱朝日、避夕阳、喜南暖、畏北凉"。

（2）漓渚棠棣概况

漓渚镇位于鉴湖水系源头，为绍兴市柯桥区西南部半山区镇，面积 36.6 平方千米，耕地 6.67 平方千米，其中水田 5.52 平方千米、旱地 0.48 平方千米，林地 19 平方千米。从目前看，全镇花卉种植面积已达到 18.53 平方千米，其中镇内基地面积为 8.81 平方千米，面积在 0.006 7 平方千米以上的农户达 308 户，0.067 平方千米以上的农户有 36 户，最大的一户面积已超过 0.67 平方千米。

（3）特殊的资源条件

土地资源：培植兰花的土壤特殊，需呈酸性，而漓渚镇棠棣村正好拥有培育兰花的土壤条件。漓渚现有标准农田面积 1 210.47 公顷，土壤类型以黄粉泥田和黄泥沙田为主，据测定泥土 pH 为 5.0，属酸性土壤，有机质 6.08%，含氮 0.266%，绍兴人称其为"兰花泥"，棠棣拥有适宜花木产业发展的土壤。漓渚棠棣位于以山地丘陵和盆地为主的绍兴，处于中亚热带常绿阔叶林植被带，自然植被共有 153 科、449 属、879 种，其中天然森林植被有针叶林、阔叶林、灌木林、混交林、竹林和盐生 6 类，覆盖率达 46.20%，自然条件富有多样性，因此生产从亚热带到温带的多类物种，可生长花卉品种多样。

气候资源：漓渚棠棣位于绍兴地区，处于中、北亚热带季风气候过渡地带，季风气候显著：温暖湿润、光照充足、雨量充沛、四季分明。大部分地区年平均气温为 16.4 ～ 16.7 ℃，≥ 10 ℃积温在 4 800 ～ 5 250 ℃，年降水量在 1 350 ～ 1 500 毫米，年平均相对湿度为 81%。而漓渚镇常年平均气温 16.5 ℃，降雨量 1 397 毫米，无霜期 237 天，相对湿度 81%。气候条件有利于培育花木。其中，"三大地貌"（浙西山地丘陵、浙东丘陵山地和浙北平原）气候亦各具特色，局地性气候资源丰富，优越的气候环境极为适合兰花的生长，这为从外地引进的其他兰花品种的栽植提供了条件，有利于兰花的成活，因此在一定程度上节省了设施的资金和人力，并且由此可以将产业主力转移和投入技术的力量上，加快产业发展的步伐。

水资源：绍兴溪水潺潺，川流不息，鉴湖三十六源和小舜江水系如人之血管，贯穿其中。从表 7-4 可以看出，绍兴水资源用量大部分在于农业，而农田灌溉占据了绍兴用水量的近 40%。由此可见，绍兴市水资源较为充沛，符合兰花培育需常年有湿润的条件。

表7-4　2018年全省各行政分区供水量与用水量

行政分区	供水量				用水量						
	地表水	地下水	其他	总供水量	农田灌溉	林木渔畜	工业	城镇公共	居民生活	生态环境	总用水量
杭州	31.56	0.08	0.83	32.47	9.00	1.98	9.15	5.95	5.51	0.88	32.47
宁波	20.34	0.03	0.40	20.76	6.55	0.80	5.93	2.28	4.97	0.24	20.76
温州	17.77	0.04	/	17.81	5.59	0.13	4.35	2.40	4.21	1.14	17.81
嘉兴	18.48	/	0.29	18.76	9.57	0.69	4.55	1.29	2.29	0.38	18.76
湖州	13.55	0.01	0.44	14.01	6.72	2.14	2.32	1.04	1.55	0.25	14.01
绍兴	18.00	0.08	0.01	18.09	7.21	1.38	4.55	1.89	2.68	0.39	/
金华	15.70	0.33	0.25	16.28	6.36	1.03	4.67	0.88	2.47	0.86	16.28
衢州	11.63	0.02	/	11.65	6.19	0.33	3.36	0.72	0.81	0.23	11.65
舟山	1.50	0.00	0.12	1.62	0.18	0.07	0.57	0.28	0.51	0.01	1.62
台州	14.94	0.21	0.30	15.44	6.24	0.47	3.60	1.40	2.71	1.02	15.44
丽水	6.90	0.00	/	6.90	4.32	0.18	0.93	0.53	0.85	0.10	6.90
全省	170.37	0.80	2.64	173.81	67.92	9.19	44.00	18.64	28.55	5.50	173.81

数据来源：浙江省水利厅发布的2018年《浙江省水资源公报》。

　　总之，适宜的气候和环境使以漓渚棠棣为主所培育的绍兴兰花品种多达500余种，占到国内现有培育品种的70%以上，形成了富有地方特色的越兰系列。

2. 社会资源适合兰产业发展

　　改革开放后，棠棣村逐渐丰富的劳动力资源、较高的经济开放度为棠棣村花木产业发展奠定了基础，而从古至今代代传承和创新发展的技术资源与文化资源更是棠棣村产业经济发展的主要推动力。

（1）劳动力资源

　　棠棣村产业的发展需要人力资源的支持，改革开放以后，外来人员不断迁徙至此，绍兴市的人口数量逐渐增多，逐渐丰富和发展了棠棣村的劳动力资源。

截至 2018 年底，漓渚镇有 12 个行政村、一个居委会，共 23 315 人，其中农业人口 19 802 人，劳动力 10 165 人。村村都有人从事花卉的生产与经营，从业人员达 6 600 人，约占全镇农村劳动力的 66%。棠棣村的农户有 480 户，人口有 1 509 人，参与花木产业的人数达人口数的 95% 以上，为棠棣村的花木产业发展提供了较大的人力资源支持。且近年来浙江省工资上涨幅度较大，为绍兴漓渚棠棣留住人才奠定了基础。

（2）经济开放度

绍兴是全国第一批历史文化名城之一，从 1979 年起，全市对外经济往来逐渐频繁，文化交流机会增多。专业考察、友好城市互访、旅游使短期来绍外籍人数量激增。绍兴依托独特的多元文化优势，凭借着良好的历史机遇、政策气候以及绍兴人民顽强拼搏、真抓实干的创业精神，内强素质、外拓市场，经济总量不断扩张，并保持了持续快速发展的基本趋势，综合实力明显增强，经济社会发展取得了一系列令人瞩目的成就，终于从一个资源小市发展成为较具综合实力的经济强市，成为全省乃至全国经济增长最快、最活跃的地区之一。位于绍兴的棠棣村也借由城市较好的经济开放程度，使经济得以快速发展。

而在交通方面，绍兴市内外交通便捷，是浙江和华北重要的交通枢纽。市域内公路路网发达，对外则形成了铁路、公路、水路和航空的综合运输网络。萧甬铁路、浙赣铁路、城际高铁、沪昆客运专线、规划苏绍铁路、绍台铁路在绍兴市交汇。沪昆高速、绍诸高速、嘉绍跨海高速（南北沿海大通道）、上三高速、诸永高速及在建的苏绍高速（中环线）使绍兴市有了良好的经济发展潜力和投资环境。此外，绍兴港、绍兴上虞两个港口也为绍兴对外交流提供了条件。

漓渚镇的花卉经营网络和销售队伍有较强的工作能力。目前，全镇有一支 3 500 多人的花卉运销队伍，销售网络遍布全国各地。许多运销大户还在全国各大城市租地经营设中转站、建窗口搞批发。在全国各大城市的花卉市场，如上海、昆明、成都、广州芳村、顺德陈村等地，到处可见他们的身影。

对于国内市场来说，兰花被评为"十大名花"和"中国十大传统名花"之一，深受广大人民的喜爱。旅游业的发展，园林建设及景点、宾馆、旅游点、服务部门的美化与香化都需要兰花；经济开放中迎宾、洽谈、会客需用兰花点缀楼室、居室、廊沿、台阁。绍兴是文化古城，又对外开放，来绍兴观光旅游的中外游客络绎不绝，游客一踏上绍兴这块美丽而古老的土地，就能闻到兰蕙的幽香，使兰花成为绍兴的象征。因此，棠棣的花木产业得到了迅速发展。

对于国外市场来说，兰花一直是各国花卉市场争购的热门货。例如，德国每年需进口兰花 800 万～ 900 万束。亚洲最大的兰花出口国泰国现有 2 000 多个商业性的兰花种植者，每年出口兰花 4 亿株以上，价值约 1 530 万美元。日本、美国、澳大利亚及西欧各国都是泰国的兰花的主要买主。新加坡经过 80 多年的努力，现已成为世界上有名的兰花出口国。从以上数字表明，兰花在国际市场上有很大的容量，并且会越来越大。我国是兰花的原产地，有着丰富资源的东方兰更是国外兰花商梦寐以求的。棠棣发展花木产业，出口国外是有基础的。

（3）技术资源

① 古代技术资源

据《兰蕙小史》记载，古时的绍兴在种法、置盆、选泥、制架、漂砂、治腐等各方面就具有先进的知识储备和技术条件，这都为后期棠棣发展以兰为主的花木产业提供了代代相传的技术资源支持。

传统的兰花经济发展主要依靠古代传承下来的育兰技术，而在此基础上，棠棣村不断提高技术创新能力，进一步发展以花木产业为主的产业经济。

② 现代科技资源

作为花卉产业的一个重要环节，工程队伍的建设也得到了迅速发展，特别是随着花木种植业的发展，园林绿化施工企业也在不断发展，实力不断增强。目前，漓渚镇已有 3 家二级绿化施工企业，6 家三级企业，3 家四级企业。这些企业在开展苗圃生产经营的基础上积极参与园林工程项目的招投标，承接各类园林绿化工程，一方面强化了队伍建设，另一方面拓展了花卉产业。

棠棣村加大了对农村引进新型农业人才的扶持力度，支持农民专业合作社、专业技术协会、龙头企业等主体承担培训工作；支持地方高校、职业院校综合利用教育培训资源，创新涉农人才培训模式。棠棣村在乡村医疗、养老、贷款、技术培训等方面对优秀人才给予支持，同时注重培养本土人才，如棠棣村同漓渚镇其他村落合资建造绍兴园艺学校实训基地，进行园艺技术的人才培训，引导村民成为技术能手、致富带头人。棠棣村建成了乡村振兴实训基地，以"人勤春早"的棠棣精神为内涵，集培训、宣讲、参观、展览等多功能于一体，借助高校力量广聘"智囊团"，为浙江农村在乡村振兴征程中提供了一些可借鉴、可复制、可推广的经验。

其中，浙江农业商贸职业学院与棠棣乡村振兴讲习所签约，开展深度合作，将更好地发挥棠棣村的资源优势和院校的智力长处，合力将讲习所打造成为基层干部培训、学习交流的实践基地和农业农村实用人才培养的一线基地，为助推乡村振兴汇聚了更多优势资源。棠棣乡村讲习是浙江农业商贸职业学院首个乡村振兴实践教育基地（图7-9）。此外，漓渚还与省委党校、省社科院、浙江农林大学、绍兴文理学院建立了战略合作关系，为乡村振兴献计献策。

图 7-9　实训基地

2018年，杭州电子科技大学陈凯教授牵头创建的智慧农业研究院和智能化农业装备示范基地配备互联网控温、通风、光照、营养液循环、自动采摘运输等系统，种植高端花卉、苗木品种，带动了当地花木产业从"靠天吃饭"转向"靠技术吃饭"。"这是一个自动化、智能化的植物工厂。"该镇相关负责人介绍，通过实现全景式体验式销售，为都市区域周边的可视化订单提供了仓储，满足了迅速增长的花卉需求和线上交易，全力助推打造春兰之都，促进了乡村振兴。

随着电子商务和移动互联技术的发展，棠棣人也在不断探索传统兰花种植产业的新出路。棠棣利用互联网平台不断开拓网上市场，通过微信、微博等第三方平台开展信息宣传和内容更新，扩大了兰花品牌的影响力，让知识进入寻常百姓家，此外还不断开发、引进、培育新品种，提高中国"春兰样品园"和"越兰"牌系列兰花知名度，形成了品牌效应。现棠棣在中国兰花交易网、中国兰花拍卖网、淘宝网等开展兰花网上交易的有 20 多户，很好地将棠棣的兰花信息推向了广阔的市场，强化了自身的品牌效应。

无论是队伍技术、人才技术、高校技术，还是电子技术，棠棣村在丰富的技术资源支撑下，辅助智慧农业项目，培育形成了全国知名的花木产业。

（4）文化资源

浙江省绍兴地区是中国兰花发祥地，有着悠久的传统兰文化，距今已有2 500 多年的养兰历史。兰花悠久的历史文化为棠棣村发展以兰花为主的花木产业奠定了基础。

古越文化，兰蕙飘香。棠棣素有"兰文化故乡""春兰祖地"之称，爱兰、植兰、赏兰、咏兰等兰事活动在绍兴民间代代传承。考究兰文化可以追溯到越王勾践时期。据史籍记载，两千多年以前，越王勾践就曾在兰渚山下植过兰。此后，兰花精神生生不息，咏兰、赞兰的诗歌代代相传。

在晋代，会稽一带养兰渐盛。王羲之曾邀友人谢安、孙绰等人聚于山阴兰亭，修禊作诗，王羲之作《兰亭集序》。在宋代，绍兴民间庭园普植兰花，屡见于宋代诗歌与文献。陆游诗《稽山行》中曰："会稽多名山，开迹自往古。""家家富水竹，处处生兰杜。"会稽山兰花茂盛。明代书画家徐渭咏《兰》诗云："莫讶春光不属侬，一香已足压千红。总令摘向韩娘袖，不作人间脑麝风。"在清代，绍兴兰业更盛，康熙《会稽县志》曰："兰，今会稽山甚盛，凡山皆有，而出自南镇、秦望山者最佳。"

20 世纪 50 年代后，党和政府十分重视恢复该县这一传统名花，艺兰事业迅速发展。1959 年春，该县有一批兰花运到北京中山公园兰室展出，其中有奇解名兰一株，后被命名为"中山蝴蝶荷"。朱德委员长到兰室观赏时，对这株兰花深为喜爱，当他得知此兰来自绍兴时，就很高兴地对旁边的绍兴花工说："绍兴兰花很好，要采掘，要培育。"

近年来，全国各地纷纷成立兰花总会、兰花学会、兰花协会等组织机构，并不断举办兰花博览会等各种兰事活动，其规模、影响日益增强，再通过电视、报纸、杂志以及互联网等信息媒介传播，使越来越多的人开始认识兰文化、了解兰文化、熟悉兰文化。

棠棣村仅仅抓住兰文化这一特殊的历史资源，为己所用，在发展以兰为主的花木经济之时，赋予抽象兰文化经济新实质，以兰文化为依托，以文化礼堂为基础，以兰花节、兰产品等为手段，推动了棠棣村文化产业的发展。

3. 棠棣村定位兰产业

棠棣村根据其自然资源以及社会资源的异质性，将其产业定位于以花木产业为主、旅游产业与文化产业为辅的"兰产业"。接下来将结合异质性资源进行产业定位分析。

（1）花木产业——自然与科技人才相促进

棠棣村从三个方面瞄准花木产业，即自然条件、多渠道营销与人才引进（图7-10）。

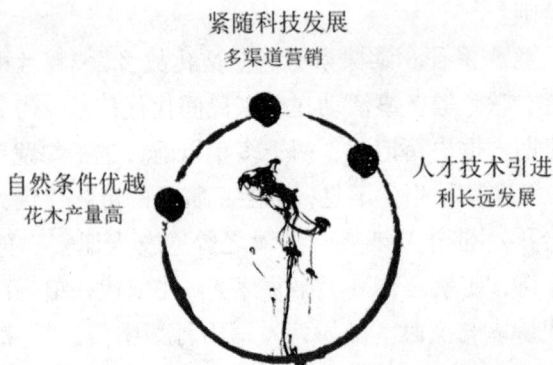

图7-10 瞄准花木产业

先天的资源优势为棠棣村着力发展花木产业打下了深厚的基础。得天独厚的有效种植面积、富含有机质的土壤、丰富的水资源、较长的无霜期，无不为兰花等花木的生长创造了有利的条件，因地制宜栽种兰花等花木，使棠棣村拥有了"中国春兰故乡"的美誉。

为充分发挥自然资源优势，棠棣村打造了20平方千米花木基地，甚至将曾经的漂染厂进行改造和重新利用，使其变成了集中的兰花养殖基地。棠棣村种植七彩水稻、五彩向日葵等，打造了远近闻名的"千亩花田"。

棠棣村紧跟科技发展步伐，通过多渠道营销促进兰产业的发展。在通过线下举办兰花节、兰博会进行销售的同时，也通过互联网平台、微商平台、花卉交易网等多种线上销售渠道进行花卉销售。

棠棣村不忘人才技术的引进，充分发挥地理优势，与周边院校达成合作，引进智慧农业或将改变乡村产业的发展方向。

（2）文化产业——"兰"背后价值的深度挖掘

作为"梅兰竹菊"其中之一的"兰"，其文化价值很高。棠棣村充分利用"兰"所具有的文化价值，大力发展以"兰"为核心的文化产业。

结合兰花的生长习性，在每年春日开展为期三天的兰花节。通过兰花节充分体现兰花的习性，表现出以兰会友、以兰相聚的文化氛围。

（三）基于"绿水青山就是金山银山"理念的产业发展

本案例从"绿水青山就是金山银山"理念出发，探索棠棣村是如何平衡环境与经济之间的关系，在保护和利用环境的基础上进行产业发展的。在实践中，人们对绿水青山和金山银山这"两座山"之间关系的认识经过了三个阶段：用绿水青山换金山银山，既要金山银山也要绿水青山，绿水青山就是金山银山。本案例内容将从"绿水青山就是金山银山"理念的三个阶段出发，重点把握"绿水青山就是金山银山"这个阶段，揭示棠棣村是如何实现环境与经济产业相辅相成的。

1. 用绿水青山换金山银山——工厂排污破坏生态

这一阶段将环境与经济放在了对立面，通过牺牲环境来发展经济，是农村在发展经济过程中极易犯的错误。棠棣村在改革开放初期发展经济时，也曾犯过这个错误。

棠棣村原本是一个山清水秀的小村，在改革开放前主要以外出挑担售卖兰花为主，生活十分艰苦，之后在改革开放的背景下，棠棣村为了经济的发展，开始设立一些工厂，而其中就有会对环境造成污染的漂染厂。这些工厂的建立运营确实在一定程度上带动了棠棣村经济的发展，但也对当地环境造成了一定的污染，当地的土地资源和水资源被污染，空气质量也逐渐变差。

2. 既要金山银山，也要绿水青山——及时止损保护环境

在这个阶段，随着经济发展和资源匮乏、环境恶化之间的矛盾不断显现，棠棣村的村民最终发现虽然生活水平有所上升，但是生活环境逐渐变差了，需要对经济发展方式进行一定的转变，同时要对被破坏的环境采取一定的保护措施。在村委多次调查以及召开村委会议之后，棠棣村决定关闭漂染厂等会对环境造成一定污染的工厂。

3. 绿水青山就是金山银山——基于环境发展兰产业

在这第三个阶段中，人们认识到了绿水青山可以源源不断地带来金山银

山，绿水青山本身就是金山银山，这个阶段的重点是要将生态优势变成经济优势，由此形成浑然一体、和谐统一的关系，这一阶段是一种更高的境界，体现了科学发展观的要求，体现了发展循环经济、建设资源节约型和环境友好型社会的理念。

为了实现绿水青山就是金山银山，将生态优势转化为经济优势，有三种实践途径，分别是"实现产业的生态化""实现生态的产业化""大力发展生态产业"。这三个途径也和环境农业阶段理论的三个阶段"环境到农业阶段""农业到环境阶段""建设最优最理想的农业生产与生活环境阶段"相吻合（图7-11），实践途径更是建立在合理的理论基础之上。接下来，本案例将从这三个途径出发，具体分析棠棣村是如何实现经济增长方式的转变，并发展兰产业的。

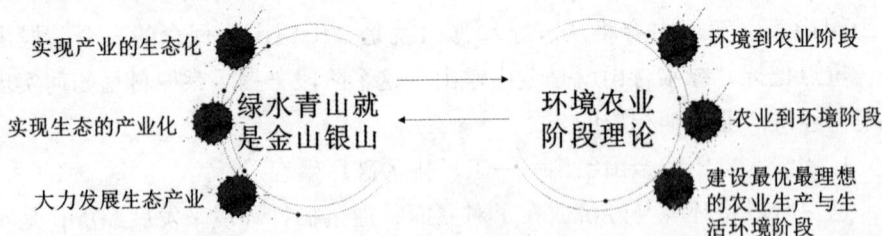

图7-11　理论与实践吻合

（1）实现产业的生态化

产业结构不合理是造成生态环境问题的重要原因，因此必须按照生态文明的原则、理念和要求，从棠棣村当地的生态环境和社会环境出发，调整和优化产业结构。

一方面，棠棣村充分利用当地的自然资源，如适宜兰花生长的兰花泥、当地的气候降水等自然环境条件，发展以兰花为主的花木产业，做到宜林则林、宜农则农。对于漂染厂等污染环境的工业项目，进行厂房的拆除，做到拆厂还林、拆厂还耕，做好生态的修复工作。

另一方面，棠棣村按照产业生态学的原则，在花木产业、旅游产业以及文化产业中，按照节约资源、保护环境、维护生态安全的要求进行发展。

棠棣村充分利用当地资源，将产业结构调整为以花木产业为主、旅游产业和文化产业为辅的兰文化产业结构，实现了产业的生态化。

（2）实现生态的产业化

实现生态的产业化就是把自然资源转化为产业优势，实现生态效益和经济效益的统一，棠棣村不仅将自然资源转化为了产业优势，还将棠棣村本地的物质精神资源，即社会环境，也转化为了产业优势。

棠棣村利用现有的土地、气候、水资源等生态环境，以及商业环境与交通环境、科技环境与信息环境等社会环境，进行以花木产业为主、旅游与文化产业为辅的兰产业的发展。

利用商业环境与交通环境：棠棣村的商业环境与交通环境同改革开放前相比发生了翻天覆地的变化。区别于其他将重心直接转移到商业发达、交通畅通地区的村落，棠棣村选择直接将畅通的交通、发达的商业转移到村上，使商机直接落在棠棣村村民的家门口。棠棣村作为"花田漓渚"国家田园综合体的核心村，在千亩花市中占有一席之地，村民们无须去远处商业发达的地区售卖兰花，自有采购兰花的商家、游客前往购买。棠棣村还将村中所有的路都翻成了油柏路，无论是村民还是商家、游客，出入棠棣村都十分便捷。兰花的运输与销售成了一件很简单的事情，棠棣村的兰花产业发展得越来越好。

利用科技环境与信息环境：棠棣村在兰花的栽培上不仅采用传统的手法，还利用现代科学技术不断进行深入研究，栽培出了更多、更优质的兰花。棠棣村还有一个集中的兰花养殖基地，可以进行研究和实践操作。

农业生产在漫长的历史时期存在着盲目性和自发性。自给自足的小农经济思想很重，严重地阻碍着农业生产的向前发展，使农业生产水平停滞不前，农村面貌难以改变。这种状况已远远不能适应当前经济发展和人民生活水平提高的需要。农业生产必须走向科学化，使农民在同样的自然环境的条件下生产出更多更好的、经济价值更高的农产品。要想达到这种生产水平，就必须大力提高农民的文化科技水平，进行科学种田，同时需要了解国内外各种经济与生产信息，使本地区农业生产赶上时代的步伐。

利用生态环境与基础设施：随着棠棣村花木产业的不断发展，前往棠棣村的商人、游客不断增多，棠棣村充分利用当地景区化建设现实基础打造与村庄建设，服务设施及人文环境相匹配的精品民宿，融合餐饮、住宿、娱乐等休闲功能，完善了 AAA 级景区的旅游配套设施，为前来参观的游客提供了可观、可玩、可品的旅游落脚点，使棠棣村成为记得住乡愁的乡村旅游理想目的地。

利用兰文化：随着乡村旅游的发展，棠棣村一鼓作气，利用村内传统的兰文化进行文化产业的开发，充分利用文化礼堂、组建文艺俱乐部、建设兰文化特色馆、举办兰花节等，在"兰产业"中添上了精神文化这一笔。

（3）大力发展生态产业

在实现产业生态化和生态产业化相统一的过程中，关键是要将生态农业、生态工业和生态第三产业作为生态文明产业结构的基础和核心。

棠棣村将花木产业、旅游产业与文化产业作为兰产业结构的基础和核心，将生态文明贯彻整个产业结构的发展，在保证棠棣村拥有"绿水青山"的同时带领全村收获"金山银山"。

在花木产业方面，棠棣村在继承原有的传统种兰和栽种其他花木的技术的基础上，利用现在的科学技术，大力发展现代高效生态农业。同时，把握机会，与其他村落共同打造田园综合体，利用千亩花市吸引商户入驻、商家前往，利用千亩花田吸引游客游玩，利用千亩花苑培育精品兰花。

在旅游产业方面，棠棣村为吸引并留住游客，不仅制定了生态环境保护措施，使棠棣村的美丽风景得以一直保持下去，还进行了美丽乡村的建设，做好卫生设施改造、整村里面改造、电线电缆入地改造等一系列环境整治。

在文化产业方面，棠棣人民不仅利用文化产业传承棠棣励志文化与乡贤文化，还利用文化产业实现了另一种层面上的生态保护。举办兰文化节、打造兰的衍生产品，可以从生态保护上带动经济发展。

棠棣村充分利用"绿水青山就是金山银山"理念中的相关论点，充分且合理地利用资源、挖掘资源生产潜力、保护可用资源、实现资源的可持续发展，不仅可以实现经济发展的转变，还使人和自然关系趋于和谐，达到环境与经济的平衡状态。同时，这使棠棣村自身处于最优最理想的产业与环境发展状态中。在这一状态中，棠棣村更是实现了生产效益、经济效益、环境效益和社会效益，使其在资源可持续利用的基础上，推动兰产业获得持续稳步的发展。

生产效益：国内兰界约有 50% 的新品种出自这里，约有 80% 的老品种是由棠棣兰农发掘培育的。

经济效益：2018 年，全年苗木年产值达到 11.2 亿元。且据统计，2018 年棠棣村村民人均收入达到 8.5 万元以上，是一个"藏富于民"的典型村庄。

环境效益：在环境与布局建设中，棠棣村进行了全面整治，还将藤本植物和鲜花组合起来，在全村所有适合的围墙、庭院外侧进行壁挂式种植，使鲜花进村入户，由平面向立体发展，营造了花满棠棣的优美环境。

社会效益：棠棣村的发展也带动了周围村落的发展，促进了漓渚镇当地地方经济的发展。并且，现在棠棣村的经济建设已经成为一个范本、一个榜样，可以为进行乡村振兴的浙江农村提供一些可借鉴、可复制、可推广的路径。

五、案例总结和启示

（一）棠棣村发展经济的"四把刷子"

作为乡村振兴先行者，棠棣村近年来依托中国春兰故乡优势，积极践行"绿水青山就是金山银山"的科学论断，抢抓"花香漓渚"国家级田园综合体项目核心村机遇，走出了一条生态美、产业美、人居美的绿色经济发展之路，实现了从偏远山村到美丽乡村、乡村振兴样板村的华丽蜕变，村民年人均收入超过 8.5 万元。棠棣村当前产业发展取得了优异的成绩，通过案例分析，总结出了以下四点经验。

1. 第一把刷了——把握乡村振兴政策

2017 年 10 月 18 日，习近平总书记在党的十九大报告中提出要"实施乡村振兴战略"。乡村振兴条件下的农业除了政府对农业的支持和保护外，发展农民为主体的、组织起来的农业以及特色农业、融合农业才是农民的理想选择。

乡村振兴的先行者棠棣村紧紧围绕"绿水青山就是金山银山"理念的指引方向，无论是美丽乡村建设，还是花木产业的发展，都是"绿水青山就是金山银山"理念和生态文明理念指导下发展农业、建设农村、富民增收的有效途径，是实现产业兴旺、生态宜居、生活富裕的根本保障。与此同时，棠棣村两委班子坚持"三治融合""礼仪之乡建设"的举措，有利于发挥党建引领和文明风尚的柔性约束作用，特别是对产业发展的保障作用，村庄和谐促进产业昌盛，进而实现村民致富增收。可以预见，在党的十九大和富民政策的指引下，棠棣人通过不断的努力和创造性探索，延续着兰花数百年长久的历史，在不久的将来，棠棣之花将会更加繁茂，花香也会飘向五湖四海。

2. 第二把刷子——找准兰产业定位

基于资源禀赋异质性原理进行产业定位，棠棣村依据其具有的稀少性、特色性的资源，将产业定位于以花木产业为主、旅游产业与文化产业为辅的"兰产业"。作为中国兰木之乡，棠棣村现有兰花大户 10 多家，有五大类十六小类数百个兰花品种，建有国内唯一的"中国春兰样品园"。作为一个花木专业村，"兰"是其中最重要的部分，产业的发展和市场的开拓都以"兰"为核心，开发有针对性的产品与服务，为用户提供了更多价值和更优体验，用产业作支撑，营造村庄特色，内部循环打造小范围全域旅游。棠棣村把"美丽资源"视为"美丽资本"，把"美丽资本"转化为"美丽产业"。棠棣村将传统"低小散"的采兰养兰发展成为产业集群，成为知名的"花木棠棣"。

棠棣村在自然资源的基础上，充分利用社会资源，明确其以花木产业为主，文化和旅游产业为辅的产业结构，并朝着这个方向发展，以特色优势产业为依托，推进产业兴旺，待产业逐渐稳定发展后，反哺资源，提高对资源的利用效率以及提升对资源的保护意识，最终实现了资源与产业的协同发展。

3. 第三把刷子——践行绿色发展理念

棠棣村以美丽乡村建设为抓手，实现生态宜居，深入践行"绿水青山就是金山银山"的理念，充分利用生态、民俗、产业等优势，在良好生态中做强产业，在产业发展中做成景观。

棠棣村深入开展环境综合整治，不断优化生态环境和农村人居环境，大力打造"村在绿中、房在树中、人在花中"的美丽乡村景观。棠棣村依托丰富的山林、花卉资源和兰渚山丰富的文化底蕴，着力整治村庄卫生、保护生态环境、完善公共设施，积极打造"生态、美丽、宜居"美丽乡村精品村，推动乡村旅游的发展，美丽乡村的美丽风景正转化为富民强村的"美丽经济"。

4. 第四把刷子——产业融合发展

棠棣村构建农村三产融合发展体系。大力开发农业多种功能，延长产业链、提升价值链、完善利益链，让农民合理分享全产业链增值收益。以特色产业为核心，延伸农业产业链。依托美丽乡村建设的良好基础，引导农民发展二、三产业，尤其是农家乐、民宿、观光休闲农业等，以拓展增收渠道。

引进社会资本发展"农庄经济"，发挥行业优势打造花木产业基地，加快农村土地等要素流转，培育田园综合体，并探索建立鼓励、引导、辅助等相关机制，真正促进"三农"发展。

首先，花木产业是棠棣村的三大重要产业之一，棠棣村是花木专业村，不少家庭更是三代养兰世家，棠棣村依托优势兰花产业和美丽乡村建设成果，着力打造以花木交易为主导产业、以兰花文化创意体验为新兴产业的特色旅游景区村；其次，棠棣村以文化礼堂为基，通过挖掘村文化、村旅游资源，打造民俗文化旅游节，在展示独特地域文化魅力的同时，展示棠棣村的精神风貌，让游客更加深刻地了解棠棣村的文化，也进一步地促进了棠棣村旅游业的发展；最后，棠棣村将农、文、旅完美地融合在一起，使三大重要产业都能够很好地发展。

（二）启示

1. 乡村政策要回归初心——呼应百姓对美好生活的向往

中国共产党人的初心和使命就是为中国人民谋幸福，为中华民族谋复兴。习近平总书记在党的十九大报告中提出实施乡村振兴战略，强调农业农村农民问题是关系国计民生的根本性问题，必须始终把解决好"三农"问题作为全党工作的重中之重。

当前，我国社会主要矛盾已经转变为"人民日益增长的美好生活需要和不平衡不充分的发展之间的矛盾"。于农村而言，无论农村集体产权制度怎么改，都不能丢了农村土地农民集体所有这个"魂"，这与十九大报告的主题"不忘初心，牢记使命"相契合。如今，坚持农村基本经营制度的棠棣村，干群关系和谐，农民收入水平较高，人民生活相对幸福。人民对美好生活的向往，在过去长期以来是向往城市，现在和将来更加向往的是山清水秀的乡村；过去的农村是农民的农村、农业的农村，现在和将来的农村应该是全体国民的农村，是生态宜居之所。

2. 乡村政策要注重环保——实现经济发展和环境保护相统一

把握好环境保护与经济发展的辩证关系。习近平总书记指出："保护生态环境就是保护生产力，改善生态环境就是发展生产力。"生态环境问题归根到底是经济发展方式问题。要切实把绿色发展理念融入经济社会发展各方面，形成绿色发展方式和生活方式。坚持在发展中保护、在保护中发展，实现经济社会发展与人口、资源、环境相协调。

地方政府对乡村相关政策的制定必须坚持绿色发展理念，树立大局观、长远观、整体观，把绿色发展、循环发展、低碳发展作为基本途径，把培育绿色生态文化作为重要支撑，切实把工作抓紧抓好，使青山常在、绿水长流、空气常新，让人民群众在良好的生态环境中生产生活，实现全面发展。

3. 乡村发展要善于定位——抓住自身优势

对于生态资源富集的后发展地区而言，虽然自然资源丰富、生态价值丰厚，但其生态优势难以有效转化为经济优势，因此要善于发现本地优质化资产优势并加以提升。用科学的评估体系挖掘出自身优势的服务功能价值，同时引进社会化资本，提高市场主体参与度，使产业资本进入。

棠棣村依托花木生产地优势，建设占地千亩的交易市场，融入现代物流、电子商务、文化创意等产业，引导经销大户、园艺师、品牌运营人员等入驻。依托中国春兰故乡优势，该村积极践行"绿水青山就是金山银山"的科学论断。乡村要充分利用自然资源与社会经济资源，因地制宜地选择生态农业经济，将农业生态系统和当地的生态环境紧密联系起来，进而建立起良好的促进和依托关系，最终实现生态农业经济的发展，在提升农业整体收益的同时，改善当地的生态环境，推动经济健康、有序发展。

4. 乡村发展要善于借势——利用外部资源

对于同类尚在摸索中的乡村而言，要善于利用现有资源发展产业。乡村产业兴旺要始终体现农民主体地位的原则，通过组织创新把农民有效组织起来，让农民成为产业兴旺的发展主体和受益主体。

棠棣始终以现有资源为依托，着力建设农业主导产业培育、兰花综合交易集散、农旅融合建设以及村集体经济发展壮大等10个方面的试点内容，推进产业转型提档，市场集聚引领，集体增收增效，真正将美丽资源转化为美丽经济。以兰文化为龙头，结合绍兴本地特色文化，打造传承历史、体验千年兰乡民俗风情的越兰文化村落，形成一个系统性的特色文化产业，做好"美丽经济""田园生态""乡愁人文"三篇文章。在制定发展路线时，同类乡村要注意利用好本地现有资源，因地制宜地选择发展路线。

参考文献

[1] 于水，王亚星，杜焱强 . 异质性资源禀赋、分类治理与乡村振兴 [J]. 西北农林科技大学学报（社会科学版），2019，19（4）：52-60.

[2] 向斗敏 . 环境农业探索 [J]. 重庆环境科学，1988（3）：1-5.

[3] 王丽 . 基于新农村建设环境下的农业经济管理优化策略 [J]. 农业开发与装备，2019（5）：24.

[4] 成金梅 . 健全农业经济管理体系，为新农村建设服务 [J]. 农业开发与装备，2019（7）：17.

[5] 杨歌谣 . 资源禀赋视角下农业与旅游业融合发展路径研究 [J]. 南宁职业技术学院学报，2019，24（3）：81-84.

[6] 王凤，吴渊 . 新常态背景下村庄存量规划的思考——以绍兴市柯桥区棠棣村农房改造建设示范村规划为例 [J]. 小城镇建设，2017（9）：55-60.

[7] 温丹，陈美球，邝佛缘，等 . 资源禀赋对农户生态耕种行为决策的影响分析 [J]. 水土保持研究，2019，26（2）：320-325.

[8] 何静 . 乡村振兴战略与农村区域经济协调发展 [J]. 人民论坛，2019（11）：62-63.

[9] 董迎春 . 探析新农村建设农村经济经营管理的强化措施 [J]. 河北农机，2019（6）：13-14.

[10] 吴有进 . 乡村民宿旅游发展对农业经济的带动作用 [J]. 农业经济，2018（5）：140-142.

[11] 高启杰 . 在乡村振兴背景下审视农业与农村发展 [J]. 新疆师范大学学报（哲学社会科学版），2019，40（3）：52-63，2.

[12] 郭沛，肖亦天 . 中国农业农村改革四十年：回顾发展与展望未来——第二届农业经济理论前沿论坛综述 [J]. 经济研究，2018，53（6）：199-203.

[13] 张进财，叶楠馨 . 以乡村特色旅游推进区域经济发展 [J]. 农业经济，2019（2）：49-51.

[14] 吴银毫，苗长虹 . 我国农业支持政策的环境效应研究：理论与实证 [J]. 现代经济探讨，2017（9）：101-107.

思考题

1.从棠棣村的发展来看，它是如何做到兼顾经济发展与生态平衡的？

2.根据棠棣村的乡村振兴经验，你认为在实现乡村振兴的过程中，哪些因素至关重要？

案例编写：陈佳梦（工商173） 杨晓昱（会计 ACCA171） 陈元元

（工商172） 胡默柠（工商172） 应可晴（汉语言175）

指导老师：丁志刚

案例 8

特色小镇发展之路：打造"四位一体"旅游综合体

——以绍兴黄酒小镇（东浦）为例

摘要：在特色小镇建设的背景下，东浦镇作为绍兴市的一个古镇，经过不懈的努力，逐步成了旅游综合体。凭借得天独厚的优势与相关部门的大力推进，黄酒小镇成为一个连接点——连接着传统与新潮、过去与现在。

前有乾隆赞许"越酒行天下，东浦酒最佳"，后有"双马会"轰动一时。绍兴黄酒小镇（东浦）把握时代发展机遇，致力打造融"产业、文化、社区、旅游"于一体的旅游综合体，唤醒黄酒年轻态的灵魂，创造黄酒新的商业价值，实现黄酒小镇的经济新增长以及越文化的传播和发展。

旅游综合体和城市综合体在构建模式上高度相似，本案例以黄酒小镇旅游综合体为例，以文化为导向，引领多方产业融合发展，打造可持续发展的综合体，实现绍兴黄酒小镇（东浦）的循环发展。

然而，在绍兴黄酒小镇（东浦）旅游综合体的构建过程中，也存在着一些问题，如拆迁后续改造的停滞，产业布局不完善，社区建设不完整等。在这些问题的发现与解决中，黄酒小镇形成了"四位一体"协同发展、经济稳步增长、东浦文化活化的新局面，迎来了它在发展道路上稳步发展的新气象。

关键词：黄酒小镇；四位一体；旅游综合体；东浦

一、引言

（一）研究背景

"特色小镇"这个概念是时任浙江省省长的李强在 2014 年参观云栖小镇时首次提出的："让杭州多一个美丽的特色小镇，天上多飘几朵创新'彩云'。"建设浙江特色小镇是在经济发展新常态下对发展模式的有益探索，符合经济规律，注重形成比较优势和供给能力，这是"敢为人先、特别能创业创新"精神的又一次体现。2016 年 1 月初，时任浙江省省长的李强在绍兴、宁波调研特色小镇后说道："在新常态下，浙江利用自身的信息经济、块状经济、山水资源、历史人文等独特优势，加快创建一批特色小镇，这不仅符合经济社会发展规律，还有利于解决经济结构转化和动力转换的现实难题，是浙江适应和引领经济新常态的重大战略选择。"要全力推进特色小镇建设，把特色小镇打造成稳增长、调结构的新亮点，实体经济转型发展的新示范，体制机制改革的新阵地。随后全国各地纷纷开始进行特色小镇建设。

按照"一镇两区"的开发模式，绍兴黄酒小镇（东浦片区）以"大绍兴、大黄酒、大文化、大旅游"为战略目标，以黄酒为魂、文化为核、古镇为基，打造了彰显黄酒元素、浓缩绍兴风情、把脉消费趋势的全国著名特色小镇、长三角旅游消费新热点、绍兴旅游目的地。在东浦，无论走到哪里，都能望见耸立在古镇上空的那条据说是乾隆的留墨："越酒行天下，东浦酒最佳"。东浦酒具有酸、甜、苦、辣、鲜五味一体和香、醇、柔、绵、爽的综合风格，是越酒中的珍品。东浦酒除了有好水（鉴湖水）和好米（当地盛产的优质糯米）外，最重要的是有一套独特的酿酒技艺。有人曾把鉴湖水和优质米作为酒之血和酒之肉，那么这传统技艺，可以毫不夸张地说，就是酒之魂了。黄酒小镇一直致力于打造全国最大的黄酒生产研发区、黄酒产业集聚创新区、黄酒文化集中展示区和黄酒旅游示范标杆区。2019 年 3 月，黄酒小镇已通过 4A 级景区景观质量评审。目前，小镇建设和招商工作正在同步进行中，小镇配套设施建设将不断完善。2019 年 5 月，马云的到来更为小镇的发展提供了一大机会和保障。当地管理人表示："这次，我们已经与马云互换了联系方式，期待未来能达成合作。"

作为一个特色小镇，绍兴黄酒小镇很好地利用了当地的环境优势，结合传统黄酒文化，采取了"四位一体"的旅游综合体模式，成功带动了当地的经济建设和文化传承。本案例将以绍兴东浦黄酒小镇为例，研究分析小镇的经济建设与发展，并为其提供较合理的对策与建议。

（二）研究意义

特色小镇是国家发展改革委、财政部以及住建部的重点项目，旨在发展中国特色产业，促进有条件的小镇获得更好的发展机会，挖掘一些有潜力、有特色的小镇，通过产业发展带动经济发展，同时吸纳小镇周边一部分农村劳动力就业。在过去的几年中，特色小镇在国内遍地开花，文化休闲小镇、科技教育小镇、金融商贸小镇等如雨后春笋般不断出现，其中以文化小镇最为多见。虽然各地参与特色小镇建设的热情很高，但毕竟尚处于摸索阶段，缺乏相应的经验，有的地方依照传统思维中工业园区、产业聚集地的打造方法建设所谓的特色小镇，还有的地区生搬硬套国内外知名特色小镇的模式，空有其表，并不具备鲜明特色、美丽宜居、绿色生态的特点，最终往往没有达到预期目的。如果投入与产出不成正比，就无法成功打造特色小镇。

基于特色小镇在经济发展、文化传播等方面的积极意义以及目前仍旧存在的各种问题，本案例将以绍兴东浦黄酒小镇这一发展中的小镇为例，对该小镇进行讨论研究，希望针对小镇发展中的问题总结出相关经验教训，为其他特色小镇的打造提供一定的参考与帮助。

二、案例对象介绍

（一）东浦黄酒小镇简介

绍兴黄酒小镇位于中国历史文化名镇东浦，是第二批全国特色小镇、首批浙江省级特色小镇创建单位。这里是绍兴黄酒的发祥地，距今已有 1 600 余年的历史，素有"越酒行天下，东浦酒最佳"之说；这里是唐代大文豪贺知章、南宋爱国诗人陆游和辛亥革命先烈徐锡麟的故乡，素有"水乡，酒乡，桥乡，名士之乡"的美誉，是融江南水乡之韵和黄酒文化之核的特色小镇（图 8-1）。

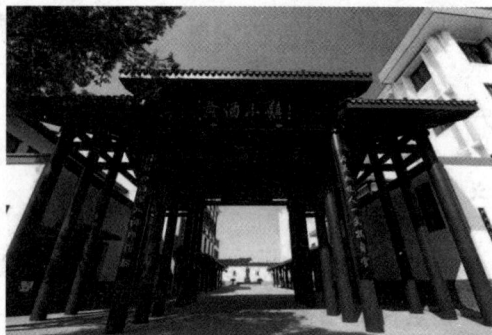

图 8-1　小镇风貌

　　东浦是绍兴黄酒的发祥地，有"醉乡""酒国"之称，酿酒历史悠久。东浦当地梅里尖山陶罐、陶鼎、陶壶等的出土，到东晋末南朝初建成的王城寺，大量的文物珍品和历史典故，以及传承在民间的古老绍兴酒酿制技术及文化，都足以证明东浦的酒酿业已有 2 000 多年的历史。街头巷尾、民家院落随处可见酒缸、酒坛、榨酒石等酿酒器具，每逢农历七月初六还会举办酒仙会。古镇内保留了孝贞酒坊、云集酒坊、谦豫萃酒厂旧址等一批黄酒遗迹，积淀了深厚的酒文化。东浦是省级历史文化名镇，历史悠久，人杰地灵，有着极其丰富的人文景观和文化内涵，以及得天独厚的资源优势。东浦具有典型的江南水乡特征，湖泊星罗棋布，水域广阔，水资源十分丰富，村庄与田野被大小江河分割成块，以桥相连，其景色非常美丽。清代文人李慈铭曾作词曰："鉴湖秋净碧于罗，树里渔舟不断歌，行到夕阳中堰埭，村庄渐少好景多。"东浦地势平坦，河道纵横，相传镇上有 72 条弄，人们大多面河临水而居，较好地保留了完整的水乡风貌。全镇有古石桥 216 座，与粉墙黛瓦、环绕的河廊，展现出绍兴独特的古镇水乡风情。东浦小镇现建有"黄酒陈列馆"，通过图片、实物、多媒体影像片等形式向我们展示了东浦黄酒小镇的悠久历史、开创现在与繁荣发展的将来。

　　小镇以"政府引导、企业运作、集约化管理、一站式服务"为原则，融江南水乡之韵和黄酒文化之核，打造了小而美、特而强的特色小镇。

（二）东浦黄酒小镇发展历程

　　东浦有历史、有故事、有黄酒，黄酒的根在东浦。目前，绍兴黄酒小镇（东浦片区）致力于打造融生产观光、展示体验、文化创意、休闲旅游于一体的特色小镇。东浦黄酒小镇发展历程如表 8-1 所示。

表8-1 东浦黄酒小镇发展历程

时 期	时 间	发展历程
萌芽时期	1994 年	绍兴市委托清华大学建筑设计研究院编制《绍兴东浦酒文化街规划设计》
	2005 年	镜湖新区把保护开发东浦古镇作为重要项目进行规划部署，委托绍兴市城市规划设计研究院编制《东浦历史文化保护区保护规划》
	2005 年	省建设厅主持召开专家论证会，通过专家论证
	2006 年	省建设厅会同省文物局召开省级城市规划审查联席会议，通过审查，并做进一步的完善
	2007 年	东浦黄酒小镇规划获浙江省人民政府批准
	省政府批准标志黄酒小镇迈入建设时期	
建设时期	2015 年	省发改委下达 2015 年省重点建设项目计划，东浦黄酒小镇作为特色小镇建设项目列入其中
	2016 年	东浦黄酒小镇的控制性详细规划方案出炉
	2018 年	以黄酒为魂、古镇为基、文化旅游为主要方向的东浦黄酒小镇开发建设工程正式动工
	新建设工程动工标志黄酒小镇迈入巩固时期	
巩固时期	2019 年	黄酒小镇通过 4A 级景区景观质量评审
	2019 年	马云到访东浦黄酒小镇
	2019 年	全国政协副主席刘奇葆率全国政协调研组调研并考察黄酒小镇

（三）东浦黄酒小镇荣誉

作为浙江省首批省级特色小镇，东浦黄酒小镇在开发建设过程中无疑受到了许多关注，其从黄酒酿造区摇身一变，成为今天的特色小镇，其改变是巨大的，其成就与进步也是有目共睹的。自 2007 年黄酒小镇规划获批以来，小镇已获得不少荣誉，正是这些荣誉见证了东浦的发展（表 8-2）。

表8-2　东浦黄酒小镇荣誉

时　间	具体荣誉
2007 年 6 月	东浦镇被列为绍兴市首批民间文化艺术之乡，被演艺界称为"活动摄影棚"
2015 年 6 月	黄酒小镇被列入浙江第一批 37 个特色小镇省级创建名单
2016 年 11 月	黄酒小镇入选经信领域浙江省级行业标杆小镇
2016 年 12 月	黄酒小镇入选浙江省首批特色小镇文化建设示范点
2017 年 8 月	东浦黄酒小镇成为第二批全国特色小镇
2017 年 12 月	获 2017 浙江（上海）旅游交易会暨"美景、美食、美宿、美购"特卖会"最佳组织奖"
2018 年 6 月	绍兴市旅游委员会开展"绍兴夏游好去处微信投票"活动。根据网友投票结果，绍兴黄酒小镇荣获"2018 年度绍兴夏游好去处网络人气奖十佳景区"称号
2019 年 3 月	黄酒小镇通过 4A 级景区景观质量评审
2019 年 9 月	在 2018 年度省级特色小镇创建和培育对象考核中考核为优秀小镇

三、案例主体介绍

东浦黄酒小镇在建设过程中经历了萌芽时期以及艰苦的建设时期。在前期，东浦黄酒小镇盲目建设，遗留下了一些问题，如青龙村搬迁后原址成废墟。但是，在走过一些弯路后，东浦黄酒小镇找到了自己的发展建设方向。东浦黄酒小镇充分利用小镇的资源，以文化、旅游为语言诠释小镇特色。首先，对于产业问题，东浦黄酒小镇积极吸引黄酒相关产业在此地落户，并提出了 8 个结合点积极发展产业；其次，对于文化，东浦黄酒小镇运用当地的黄酒文化、地域文化以及名人文化打造文化基础；再次，东浦黄酒小镇改变拆迁搬离居民区的做法，努力打造富含东浦黄酒小镇特色的社区；最后，利用具有当地特色的游览体验项目发展旅游。东浦黄酒小镇在以上四个方面的基础上积极打造融"产业、文化、社区、旅游"四位于一体的具有特色的旅游综合体小镇（图 8-2）。

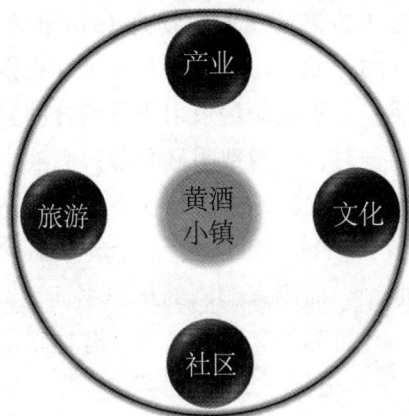

图 8-2　小镇"四位一体"结构

（一）小镇产业

"中国黄酒出绍兴，绍兴黄酒出东浦"是古人对酒乡东浦的真实写照。作为绍兴黄酒的发祥地，这里曾经出现过 500 余家酒坊，其中云集酒坊的周清酒更是荣获 1915 年巴拿马万国博览会金奖。在地理位置上，东浦有着先天的酿酒优势。东浦离鉴湖不远，横穿东浦的河与之相连。汲鉴湖水酿的黄酒，香味浓郁，清澈甘甜。目前，绍兴黄酒的几大品牌，如古越龙山、会稽山、塔牌等的前身都是东浦的酒坊。本部分将分析小镇产业的过去、今天以及未来。

1. 产业的过去

（1）始于夏禹前朝

在古书《世本》中，有"仪狄始作酒醪，变五味；少康作秫酒"的说法；在《事物纪原》中，有"杜康始作酒"的记载。仪狄是夏禹手下的一个官吏，后因失宠于朝廷而做酒；少康即杜康，是夏的第六代皇帝，在寒浞篡政时，逃到他乡过着隐姓埋名的生活，并做过有虞氏的厨正，所以善于酿酒。但晋朝学者江统则怀疑仪狄、杜康为黄酒发明家的说法，提出了黄酒自然发酵的观点。他在《尚书·周书·酒诰》中写道："酒之所兴，肇自上皇，或云仪狄，一曰杜康。有饭不尽，委余空桑，郁积成味，久蓄气芳，本出于此，不由奇方。"从黄酒的全部历史来看，在仪狄和杜康之前，已有黄酒酿造技术，可见他们二位只是当时最出名的酿酒者而已，并不是黄酒的创制者。

目前，已发现的最为古老的黄酒实物是 1974 年在河北省平山县发掘出的战国晚期中山王墓中的样品，在该墓的东库里存有铜扁壶装的酒液，西库中存有圆铜壶装的酒液。由于铜壶均采用子母咬合的紧密壶盖，酒液从而得以保存下来。当打开铜壶时，可闻到明显酒香；酒液中含有大量沉淀物，酒呈浅蓝色，是铜盐所致，经化验，酒液均含有少量酒精，沉淀物中含氮量很高，且无酒石酸盐存在。因此，可以断定，该酒既不可能是蒸馏酒，也不是果酒，而是黄酒的原型。而绍兴酿酒的历史书面记载已有 2 500 多年。据《吕氏春秋·顺民》载："越王苦会稽之耻……有甘肥，不足分，弗敢食；有酒，流之江，与民同之。"史称"箪醪劳师"。"醪"是一种带糟的浊酒，由此可见，早在 2 500 年前的战国时期，绍兴地区酿酒业就已经很盛行了。

（2）兴于明清年间

明清时期，绍兴酿酒业呈现出快速发展之势，聚集在此的制酒作坊达230 多家。清初，沈永和、云集等大型酿坊创立。"沈永和"是中国绍兴黄酒集团有限公司的注册商标，其前身是沈永和酒厂，创建于清代康熙三年（1664 年）。沈永和酿坊从创业始，一直秉承"永远和气生财"的宗旨，坚持声誉至上、质量第一的原则和薄利多销、服务周到的经营理念。因此，生意日益兴隆，酿坊逐渐扩大。传至第五代沈酉山时，遂改名为"沈永和酒坊"，从此专营酿酒。处于全盛时期的绍兴酿酒行业，竞争十分激烈。善于经营的沈酉山从祖传的母子酱油的酿造方法中得到启迪，经过反复试制，终于在光绪十八年（1892 年）成功地用精白糯米为原料、以元红酒代水的独特酿制方法，酿出了甘醇芳香的上乘美酒。为了庆贺酒的新品种问世，沈酉山设宴，邀请绍兴社会名流和酒业同行品尝。大家饮后一致赞扬："沈永和善酿、善酿，如此好酒，真是绝品！"沈酉山听了得到启发，善酿既有善于酿酒之意，又合祖训"和气生财""积善积德"之意，就取名"善酿酒"。从此，绍兴酒又多了一个品名。

1743 年，清乾隆时期，一位叫周佳木的酿酒师召集了当时绍兴酿酒业水平最高的酿酒高手，在东浦东周溇创立了"云集酒坊"。酒坊名取"云集"，就是酿酒高手云集的意思。周佳木不仅是会稽山黄酒的创始人，还是今天绍兴黄酒的创始人之一。云集酒坊传到第四代周玉山手里时，已是当时绍兴最大的酒坊之一，它的开业宗旨是诚实守信，童叟无欺。酒坊不仅酒酿得好，其当家人周玉山对他的四个儿子还管教极严，要求他们恪守商德，诚信为本，用心酿好每一缸酒。因此，乡民们都认为云集世代与人为善，老酒买卖非常兴隆。

（3）盛于民国时期

民国时期北方盛行烧酒，南方盛行黄酒。据民国《华阴县续志》记载："黄酒之名，其类最多，各省异制，而烧酒则合南北如一辙。"浙以产酒甲全国，除昌化一县外，其余七十四县，无不出产。其中，尤以绍兴地区所产最为出名，这是得鉴湖天赋水质的帮助，"青田湖为最优美，故各处酿户，都来装运水，用以酿酒"，"绍兴"后来便成为中国黄酒的代名词。民国初期，绍兴全县大小酒户共有 1 800 余家，年产黄酒 10 800 余缸，价值 4 000 余万，为我国黄酒最为集中之地。而在这段时间，东浦黄酒产业也达到鼎盛时期，有 530 多家酒坊，黄酒产量多达 15 000 吨，占了全国产量的三分之一。

"现时各县制酒之多，首推绍属之绍萧两县，次为杭属，再次为宁属嘉属温属衢属。绍兴产酒地点，可分城区、东浦、阮社、柯桥、钱清、安昌、皋埠、东关八区。"黄酒的品种更是繁多，主要分为在本地销售的"本庄"黄酒和销往外地的"路庄"黄酒两种类型。在本地销售的有醲醿、翠涛、百花酒、梨花春、酒汗、善酿酒、夹酒、三重酒、远年、陈绍、女儿酒等；销售外地的有加大、行使、放样、京庄等，此外还有彩绘其罍曰花雕者。据传，民国时期绍兴酒业继续兴盛发展，其"所产的酒，除小部分在本地贩卖外，大都运销杭州、上海、宁波等处，转运于长江、珠江、黄河各流域，东北各地也有输入，即使远在海外，也销流不少"。

酿酒大师周佳木的云集酒坊也创造了 270 多年"持续生产、持续经营、专注酿酒"三大奇迹，成长为中国黄酒行业的翘楚。据云集酒坊第五代传人周清的侄孙媳妇胡琴声老人在 2005 年的回忆，周清共有四兄弟，老大周葆塘，老二周睦瞵，老三周叔循，老四周幼山（即周清）。据 1998 年版《东浦镇志》的记载：周宝堂（应为葆塘）经营"周云集元记酒坊"；周叔循经营"周云集利记酒坊"；周木林（应为睦瞵）经营"周云集昌记酒坊"；周幼山经营"周云集员记酒坊"；周清经营"周云集信记酒坊"；周善昌（周木林儿子，周清侄儿）经营"周云集亨记酒坊"。因周幼山即周清，此处系记载有误，抑或周清曾经营两家酒坊，尚有待考证。如若《东浦镇志》所载属实，则周清名下当有两家酒坊，一家为"云集员记"，另一家为"云集信记"。2012 年 7 月 25 日，央视《中华老字号》栏目组在绍兴东浦"云集酒坊"

旧址采访。另据周葆塘的孙女周我学老人在 2005 年回忆,周幼山(即周清)兄弟的父亲好像叫玉山,还说,从前父子姓名相联,周清叫幼山,父亲叫玉山,联想到周清 1928 年出版的《绍兴酒酿造法之研究》一书记载:"至于本坊源流,夙在前清中兴时代,佳木公(即云集酒坊创始人周佳木)独力创办,传至我文玉山公,已四世矣。"文中提及"文玉山公"当为周清父亲确凿无误。周我学老人告诉笔者,云集酒坊传至周葆塘、周睦瞵、周叔循、周清四兄弟后,因周葆塘不善经营,最后酒坊资产逐渐集中到颇具经营头脑、精明能干的周睦瞵手中。随后,酒坊又传给周睦瞵之子周善昌经营。1951 年 12 月 12 日,云集酒坊被绍兴公股公产清理小组接收,改名为"绍兴县公营云集酒厂"。

1956 年《地方国营绍兴县云集酒厂历史概况、生产情况简报及今后远景规划》记载:"本厂由周善昌于 1938 年间在绍兴东浦所创设,至 1951 年底由政府接收,转为'地方国营云集酒厂'。"接收时,"仅有流动资金(新币)70 000 余元,固定资产 2 000 余元及职工 18 人,年产黄酒亦只 800 余缸,自国家接收后,生产任务骤然扩大,至 1952 年 4 月即达到年产 6 000 缸,因此原东浦厂址感到不敷使用,即于 1952 年底租赁湖塘新厂,旧厂生产,后因湖塘地区偏僻,交通运输不便,又在 1953 年底续租阮社东江及詹家湾三处民房为厂房,并择定东江为总厂,湖塘及詹家湾为两个分厂,同时进行生产,经过 54 年基本建设,买绝东江民房进行改建,自此初步奠定了工厂的基础。"1956 年,"地方国营云集酒厂职工向全省酿酒工厂职工倡议开展提前完成五年计划的厂际竞赛"活动,并提出大力学习推广先进经验,贯彻全国酿酒工作会议精神,推广山东烟台白酒操作法,提高出酒率,节约粮食,总结黄酒生产经验,进一步推行"低温发酵""人等耙""耙耙捺牢"等先进操作法。

随后,云集酒厂以过硬的技术、品质在绍兴当地百姓中树立了好口碑,喝"云集酒"成为绍兴人的一种风俗,现在则变成了喝"会稽山"绍兴酒。"喝酒就喝会稽山""会稽山,绍兴人喜欢喝的绍兴黄酒"地位由此奠定。

2. 产业的现在

随着不少酒坊的改制、搬迁,东浦的酒坊数量逐渐减少,如今仅存 2 家酒企。不过,一到冬酿时节,不少居民还是有着酿酒的习惯,但所酿的酒大多以自饮为主。

东浦古镇位于绍兴城市核心区镜湖新区西部，毗邻柯桥区，地理位置独特。核心区北至耶溪路，南至洋江西路，东至大树江河沿，西至杭绍台高速高架（大越路），古镇北入口为地铁1号线站前大道站。古镇作为绍兴"城市会客厅"，距离高铁北站仅4.5公里，距离杭绍台高速兴越路互通和胜利路互通仅3公里，古镇内河网可通达绍兴城市各片区域，为开辟水路游线提供良好的先天优势。

作为2005年第一批国家级非物质文化遗产的绍兴黄酒酿造技艺，从选料至陈储，无不精工细作，赋予了绍兴黄酒优良香醇的品质。而酿造黄酒最好选在冬至以后，以糯米为原料，经过筛米、浸米、蒸饭、摊冷、落作（加麦曲、淋饭、鉴湖水）、主发酵、开耙、灌罐后酵、榨酒、澄清、勾兑、煎酒、灌罐陈酿（3年以上）等精细步骤造出成品酒。但是，由于存在黄酒酿造周期长、酿造用水及其他原料要求高、工艺复杂且需要经验等困难，当下手工古法酿造法逐渐被新型酿造工艺取代。

中粮绍兴酒有限公司是目前小镇内仅存的两家酒企之一。目前，公司在多个地区设有生产区，但最主要的酿造区仍在东浦。公司仍坚持古法酿造，以保持黄酒的传统风味，其黄酒品牌"孔乙己"现已销往全国。截至2017年10月，中粮绍兴酒取得了销量增长70%的（行业增长5%）好业绩。

小镇内的另一家酒企——东浦酿酒厂建于1979年，20多年前，其生产的"越宫牌"加饭酒曾出口日本、美国、马来西亚等地。但现在，企业多以代加工生产为主，产量也远不如从前。

与昔日"孝贞"销往北京、天津，"汤源元"供应杭州、上海，"云集"远销福建、香港的场景相比，现在小镇内的黄酒产业在数量和品牌上存在一定差距，黄酒老字号亟须挖掘与发展。

2017年9月，云集酒坊在古镇核心区块正式开业。作为会稽山绍兴酒股份有限公司的前身，该百年酒坊也首次设立了展示馆。在两层楼的云集酒坊里，不仅还原了传统酿酒工艺，还专门设立了花雕定制中心，可供游客定制自己的专属花雕酒。200多年前，云集酒坊在这里成立，今天，在这里设立一个对外展示的窗口，不仅能展示绍兴黄酒的历史文化，还能展示绍兴的人文历史。

3. 产业的未来

东浦黄酒小镇将深度发掘黄酒历史文化，精选发展业态，打造集黄酒与文化创意于一体的浙江经典产业小镇，集体验与度假于一体的国家 5A 级景区，传统与现代共生的水乡宜居古镇。东浦黄酒小镇控规编制范围面积约 5.28 平方千米，西临大越路，东至绿云路，北起群贤中路，南至凤林西路。小镇将以"黄酒文化"为核心，构建"一心、四点、两轴、四带、四片区"的功能结构，打造了"产业、文化、旅游、社区"四位一体的大格局。

　　黄酒产业未来的发展需要结合黄酒小镇的特色，黄酒产业未来将作为东浦小镇产业链条中最核心的部分，这是东浦小镇产业活力提升的关键。小镇产业未来的发展离不开黄酒产业的引领，要想发展黄酒酒庄，打造黄酒产业制高点项目，就要以黄酒文化为包装，以游客、消费者需求为导向，将黄酒文化深深植入各项产业的发展与创新之中（表 8-3）。

表 8-3　黄酒酒庄未来规划

序　号	项目名称	内　容
规划一	手工古法酿造的展示与体验	打造全透明、近距离的黄酒酿造室及储存室，让游客更为直观地感受到手工古法酿酒复杂的工艺流程以及严格恪守传统的工匠精神；并开放游客体验传统酿酒流程
规划二	黄酒品牌的演绎	在优质、古典的黄酒品牌特征基础之上，打造出新颖、年轻化、自由化且更具个人特色的品牌，树立质量与活力相结合的品牌形象
规划三	黄酒产品的展示	展示坛装、瓶装黄酒成品，设列黄酒衍生品展台。定期举行陈酿品鉴大赛，参赛者对不同年份陈酿的黄酒做出年份评估和口感评价，并根据自身喜好选择最心仪的黄酒
规划四	酒俗文化的表演	进行黄酒原酒隆重且有仪式感的开坛仪式与封坛仪式等酒俗文化表演
规划五	酒礼、酒道表演	结合酒酿品鉴比赛，在现场展示更为专业、系统、完整的酒道表演
规划六	藏酒的展示	展示不同年份陈酿的珍贵黄酒并予以少量分装品尝、销售
规划七	分装原酒包装的 DIY 设计	针对自身喜好，游客可 DIY 分装原酒的包装
规划八	配套的餐饮行业	根据具体需求，推出配套餐饮

（二）小镇文化

1. 地域文化

（1）水文化

浙江省位于南方地区，地跨钱塘江、瓯江、灵江、苕溪、甬江、飞云江、鳌江、曹娥江八大水系，由平原、丘陵、盆地、山地、岛屿构成，是著名的鱼米之乡。浙北的绍兴市受八大水系及其支流的影响，境内河道密布，湖泊众多，素以"水乡泽国"享誉海内外。

位于绍兴西北部的东浦具有典型的江南水乡特征，境内江河纵横，湖泊星罗棋布。小镇东面的青甸湖就是古鉴湖的残留部分。绍兴唐代大诗人贺知章因年老向高宗皇帝辞官回乡时，高宗赐他"镜湖判溪一曲"，故后人称鉴湖为"镜湖"。李白在他的《梦游天姥吟留别》中曾写道："一夜飞度镜湖月。"因其水清如镜，又称"照湖"。此外，还有"庆湖""贺家湖""南湖""长湖"等名称。

俗话说"佳酿之处必有名泉"，绍兴酒之所以晶莹澄澈、馥郁芳香，除了因为其用料讲究和有一套多年的酿酒经验所积累起来的传统工艺外，还因为它是用鉴湖水酿造而成的。鉴湖水来自崇山峻岭、茂林修竹的会稽山区，湖底还埋藏着上下两层泥煤，下层泥煤埋在湖底 4 米深处，分布比较零散，对湖水仅有间接作用；上层泥煤分布在湖岸和裸露在湖底，直接与水体接触，其长度约占鉴湖水域的 78%，湖底覆盖面积约 30%。这些泥煤含有多种含氧官能团，能吸附湖水中的有害污染物，加强了水的自净能力。这是鉴湖特殊的地质条件所形成的，是其他湖泊所没有的。据检验，鉴湖水中含有适量矿物质和有益的微量元素（如钼），盐分低，硬度适中，这些恰好有利于某些微生物的生长，因此用以酿酒，极为适宜，再加上历代制酒师傅的卓越技艺和辛勤劳动，从而使绍兴黄酒色香味更出众。优质的鉴湖水质保障了绍兴酒的优良品质，因此离开了鉴湖水就没有绍兴酒可言了。正如清朝梁章钜在《浪迹续谈》中说过："盖山阴、会稽之间，水最宜酒，易地则不能为良，故他府皆有绍兴如法制酿，而水既不同，味即远逊。"古时农家自酿酒往往不惧几十里路，前来此处汲水载回，就是源于这个道理。绍兴古时的有名作坊均出于此，当时东浦一带有着较为密集的酒厂，其原委便在于此。

（2）娄文化

靠山吃山，靠水吃水，绍兴的水养育了一代又一代的绍兴人，随着时代的更迭，绍兴人为了更好地在水乡之中生活，发明了"溇"。"溇"与我们现在经常说的"沟渠"是有区别的，所谓"沟渠"，指的是"为灌溉或排水而挖的水道统称"，但在绍兴方言中，"溇"专指一种独特的地理实体，非湖、非河、非泽、非沟，也不同于渠，民间俗称"断头河"。其一端接着江湖，另一端连着民居，便是许多文中所指的"水的尽头"。这种"溇"大多是人工挖掘的，将大江大湖里的水引到家门口，让家家临溇，户户通水。"溇"既是生活用水的埠头，又是船只停泊的码头，于生产、生活、交通都十分方便，是聪明人巧于用水的典范。这种"溇"一般也叫"江溇"，尽头则称"溇底"。"溇"通常宽十米，以容船只进出为度，而溇底更加宽阔一些，那是为了满足船只调头的需要。该类地形在绍兴十分普遍，故以"溇"为通称的地名也特别多。

小镇也有许多"溇"以及以"溇"命名的地方，这些"溇"的背后还有许多故事，如四方溇，因溇底呈四方形，故名。该溇底建有抗日志士朱克明先生碑亭。朱克明，系东浦村四方溇人，抗日战争爆发回乡，出任东合南乡第十保代理保长，1941年5月，因反抗日寇暴行被日寇用狼狗咬死于西郭门外荷花塘。碑文"劲节可风"四字由时任县长的林泽所书，陈子英为其撰写碑文。又如孙家溇，最早叫朱家溇，位于东浦徐锡麟故居后门，一个东西向呈"U"形的溇。该溇最早的居民是朱姓。他们从外地来此定居，子孙繁衍，沿溇而居，便将无名之溇命名为"朱家溇"。明末清初年间，一孙姓人家携妻女奔逃来此栖身。孙姓人善于经营，后专事商业，一时成了当地富户。孙氏人丁日益增多，便在村口竖上"孙家溇"的石碑。两族人争论不休，闹到了山阴县衙门。孙姓人暗中谋划，当县太爷到达时，一群安排好的小孩齐喊："县太爷到孙家溇来了！"山阴知县说："小孩嘴里出真言，这溇就是孙家溇。"当场做了判决，从此朱家溇改名为孙家溇。所以，人们说，孙家溇是孩童嘴里喊出来的。

（3）桥文化

中国是桥文化的故乡，自古就有桥的国度之称，发展于隋，兴盛于宋。遍布在神州大地的桥、编织成四通八达的交通网络，连接着祖国的四面八方。古代中国桥梁建筑艺术有不少是世界桥梁史上的创举，充分显示了古代中国劳动人民的非凡智慧。

位于江南地区的绍兴可以说是一座没有围墙的博物馆，是一本漂在水上的书，它素有"东方威尼斯"之称。在绍兴南高北低、群山环绕、盆地内含、平原集中的地理环境中，东浦镇可以说是一块风水宝地，没有山地围绕，地势平坦，河网密布，河流将小镇分割成不同的块状，为了让彼此之间的交流以及交通便利一些，勤劳智慧的绍兴人在一些河流之上造桥。旧时，东浦的老桥头往往是交通要道和集市、码头，社交、乘凉、聊天、游览的场所。据不完全统计，在东浦境内，各式各样的古桥共有276座，这些古桥上至明清，下至民国，或与廊亭相连，或依庙台而设，或拱梁结合，或拱涵配套，或长虹卧坡，或沿河而架，气象万千，匠心别具，不一而足。在东浦，民间流传着这样一首越谣："磕头跪拜上大桥，上城坐船马院桥；东浦老酒越浦桥，吹吹打打薛家桥；说东到西大木桥，买鱼买肉过洞桥；哭哭啼啼过庙桥，欢天喜地跨新桥；看病求医西巷桥，革命传统下大桥。"这首越谣或者说桥谚，既叙述了古镇东浦古桥之多，也记录了东浦独特的桥俗和桥文化，又反映了东浦当时的民俗和风土人情。可惜的是，历经风雨沧桑，有名的古桥如今仅存了8座，上大桥与下大桥已经不存在了。又如越浦桥，据《嘉庆山阴县志》记载："县西十四里曰越浦桥。"另据《东浦镇志》记载："石桥位于东周溇口，原为单孔平梁石桥。桥长10米，宽1.2米。"溇内有云集、孝贞酒坊，故有东浦老酒越浦桥之说，1992年8月桥梁断裂，同年，重建成钢筋水泥平桥。

2. 名人文化

"积水之区，小者为浦。"东浦人杰地灵，英才辈出，素有"名人之乡"的美称，在这个白墙黛瓦、黄酒飘香的古镇，诞生了不少革命家、军事家、政治家、文学家和科学家。它是南宋爱国诗人陆游的故里，也是近现代爱国将领陈仪、革命先烈徐锡麟以及当代文学家许钦文的家乡，走在东浦老街上，随处可以感受到浓郁的人文气息。

（1）陆游——百岁光影半归酒

陆游生逢北宋灭亡之际，幸而他的家族在当时仍旧是名门望族，属江南藏书世家，他的高祖陆轸考中进士，官至吏部郎中；祖父陆佃师从王安石，精通经学，所著书籍皆为陆氏家学精华；父亲陆宰退居乡里，专心于藏书与读书，书有万卷。在陆游出生后不久，金兵南下，其父陆宰遂携家眷回到了老家山阴，即现在的东浦，期间一路奔波，直到陆游四岁才逐渐安定下来。陆游虽成长在偏安的南宋，但从小深受家庭爱国思想的熏陶，民族的矛盾、家国的不幸、家庭的流离，都给他当时幼小的心灵留下了不可磨灭的印记。

陆游自小便聪慧，家中好读书的氛围，再加上陆宰能为他提供较为优越的学习条件，他十二岁即可作诗文，后又蒙长辈恩荫，被授予登仕郎之职，甫一进京参加锁厅考试，便大放异彩，两次考试第一，却因压了秦桧孙子一头，遭秦桧记恨，从中作梗，使陆游与官场绝缘，直到秦桧病逝，已38岁的陆游才得以重返仕途。一个一心为家国着想之人却没有机会实现抱负，实谓可悲。孝宗继位后，赐陆游进士出身，任命陆游为枢密院编修官。然而，好景不长，从小一腔爱国热血的陆游在抗金救国的道路上，没有选择与投降派同流合污，而是向孝宗献策出师北伐，因此备受反对与打压，最终惹怒孝宗，被贬为建康府通判。一首《卜算子·咏梅》就代表着他当时的心境，"驿外断桥边，寂寞开无主。已是黄昏独自愁，更著风和雨。无意苦争春，一任群芳妒。零落成泥碾作尘，只有香如故。"陆游就像这梅花，从未因生活的打压，奴颜婢膝，他留下的诗文句句都是力透纸背的清傲孤高。

怀才不遇，报国无门，这两个词仿佛就是为陆游量身打造的。虽然他朝思暮想要从戎报国，梦寐以求一统中原，但仅仅是提出北伐的建议就被排挤、被贬职。日思夜想，敌不过大梦一场，多么可笑。闲居在家的陆游也曾想过放下报国执念，享受田园生活，身处东浦，在行宫、韩家、石堰三山环抱之中结草庐而居，即现今的陆游故居。他踏足镜湖、梅山、会稽山、大禹庙，留下的足迹早已无处可寻，而在那里写下的诗歌直到今天依旧在流传。乡野山村，真心待客，鸡豚腊酒，倾尽所有，酒足饭饱，走走停停，山水繁复，正疑无路之时，柳暗花明又一村。被罢免的陆游是落寞的，但推出家门，家乡东浦这些淳朴的人与自然和谐的景象让他解忧。做官的兴味逐渐淡去，62岁的陆游却又被召回京城，只能作诗自嘲，然后为了家国天下低头领命。即使满腔的热血，也抵不过岁月一盆盆的兜头冷水；即使"众人皆醉我独醒"，也是一种罪过、一种自我折磨；即使人生八十五载，他也早已从一个风华正茂指点江山的少年郎变成了鬓发斑白、年华已逝的老者。陆游的一生从没有放下家国大义。临终前，陆游写下《示儿》，既是遗嘱，也是抗金的决心书。"死去元知万事空，但悲不见九州同。王师北定中原日，家祭无忘告乃翁。"寥寥数语，此恨绵绵，生命的弥留之际，陆游带着满腔的遗憾、"出师未捷身先死"的壮志未酬，徒留希望寄托给漫长的未来。

陆游的一生可谓波澜数起。考取第一，被除名，再考第一，再被除名；

上任，被罢免，再上任，再被罢免。宦海的浮浮沉沉，人生的起起落落，身陷一个又一个遗憾的死循环。在一个又一个或落寞或痛苦的夜晚，在一个又一个或慷慨激昂或意气风发的时刻，与他为伴的只有酒。孑然一身的陆游看遍了人生百态，尝尽了世态炎凉，失意多，得意少，回顾自己人生八十多载，只叹"百岁光阴半归酒，一生事业略存诗。"

（2）徐锡麟——满腔热血惟报国

河流交错、石桥遍布的东浦无疑是典型的江南水乡小镇，这个地方充满着诗情画意，这里的人们讲着吴侬细语，一切看起来都温柔恬静。然而百余年前，在民族危难之际，东浦也诞生了许许多多投身于革命的热血青年，其中就有徐锡麟。就像七百多年前的陆游一样，徐锡麟也生于国家即将破灭的危险时代，也有一腔热血支撑着他与命运做斗争。这个不拘泥于四书五经、不愿受封建社会束缚的少年生在东浦，长在东浦，刚烈的东浦黄酒培养了他倔强刚毅的性格，醇厚的东浦黄酒渗染了他爱民救国的赤子之心。

1873 年的冬季，下着雨的某一天，一群读书写诗之人踏着湿漉漉的青石板来到徐氏宅中探访，期待着一个小生命的降临，这个孩子的出生为全家上下带来喜悦。从小，他在"梅墅"旁嬉闹，在"桐映书屋"内晨读，在"一经堂"接受教诲，家中资本甚厚的徐锡麟原本或许会顺利过完一生，然而中国之事态瞬息万变，这个小小少年见过了百姓之疾苦，心中悄然种下与封建强权抗争的种子。1903 年，徐锡麟以参观大阪博览会的名义前往日本，随后结识了不少反清革命斗士，积极营救因反清而入狱的章炳麟，回国后在绍兴设立书局，宣传反清革命。1904 年，加入光复会，继而创立大通学堂，为光复会会员提供学习之处。徐锡麟在家乡长期奋斗，一点点地传播革命的火种，为家乡人民和全国人民争取自由和解放。在这期间，徐锡麟仍旧受到朝廷重用，作为巡抚眼前的大红人，没有人想到徐锡麟会参与革命。1907年，徐锡麟于安庆刺杀安徽巡抚失败，紧急之下率学生军起义，激战四小时，寡不敌众，失败被捕。徐锡麟被捕后，自画供词："我本是革命党大首领，捐道员到安庆，专为排满而来，做官本是假的，使无人可防备……尔等言抚台是好官，待我甚厚，但我既以排满为宗旨，即不能问其人之好坏。至于抚台厚我，系属个人私恩，我杀抚台，乃是排满公理……"词壮气直，大义凛然。被捕当晚，他在安庆抚门前遭受了剖腹挖心酷刑，慷慨就义。

安庆的一声枪响昭示着一次注定失败的起义，怀着"只解沙场为国死，何须马革裹尸还"这等豪情的徐锡麟结束了自己的生命，却在风云突变之中，给了暮气沉沉的晚清一记响亮的耳光，以惨烈之痛楚，换来了更多人的觉醒，在认定的信仰之路上，他凛然前行。

当年那个徐锡麟出生长大的徐氏家宅就坐落在东浦黄酒小镇之内，小镇门口现已竖着他的铜像，沿着青石板一路向里走，再穿过一条狭长的小巷子，推开那扇漆黑的大门，徐锡麟的故居就映入眼帘。在徐锡麟曾经接受教诲的一经堂大厅中陈列着他的遗物，匾额下挂着他与马宗汉、陈伯平共三位烈士的油画像，两旁是孙中山先生所提的悼词楹联"丹心一点祭余肉，白骨三年死后香"；第二间堂前的门上写着"忠孝持家远，诗书处世长"，似是前人教诲；踩着吱呀作响的台阶上到二楼，则是徐锡麟从前的卧室，年少时，他便酷爱在此观察夜空中的繁星，也曾像个普通少年郎一般寄托心事，畅想未来；故居西侧的书屋是他上课的处所，父亲辟书屋为家塾，亲自教导……徐宅的布置大致如前，一桌一椅、长排窗栏都照旧陈设，上面遍布的岁月痕迹仿佛仍旧在诉说徐锡麟少年时代的奇闻趣事，风中却再也没有他的琅琅读书声。徐锡麟故居不再有主人的身影，但它却在告诉所有参观游览者：这里，曾有一位立志救国的少年；这里，曾有走出过一位为国捐躯的英雄。

（3）全玖皇后——身世浮沉雨打萍

南宋有两个容易让人记住的女人，一个是南宋的开国皇帝宋高宗赵构的长寿皇后吴皇后，她做了好几朝的太皇太后，还有一位就是南宋的末代皇后全皇后。

全皇后本名全玖，母家即在东浦，祖辈世代都以种田作酒为生。她自幼聪颖秀丽，善画人物写生，曾自画像"广额凤眼，双眉入鬓，衣道服"，流传后世。全玖自幼随着父亲往返江湖，备尝艰难险阻，时有大臣提议选她为太子婚配，认为以全玖之经历，如果身处富贵，一定能警戒事业成功之道，成为一名合格的皇后。宋理宗对全玖感叹她父亲的死，道："你的父亲昭孙过去在宝祐年间死于王事，每念及此，令人哀痛。"全玖却回答说："我的父亲固然可怜，淮、湖的人民尤其可怜。"皇帝深感惊异，对大臣们说："全氏女言语非常得体，应当配婚太子，承接祭祀。"

当时的东浦只不过是小小乡村，出了南宋一国之母，是为一大奇闻。全皇后入主后宫，五年三月省亲归里，回东浦大办酒席，在凤仪楼宴请宗亲。

在东浦流传下一整套的皇家礼仪排场，如"女儿酒"习俗、祝福祭祀的形式、福王府剪纸、灯彩等，这些习俗逐渐成了东浦当地的民俗。

宋度宗去世以后，尊全氏为皇太后。1276 年，元军兵临临安，全太后虽久居深宫，但有着与其他世家小姐不同的见识，她拿出自己的金银首饰，变卖后拿到老家东浦买了黄酒，犒赏将士，鼓舞士气，也可谓有不一般的女子气概。之后，太皇太后带领宋恭帝投降，后宫女子皆被押解到大都，这些可怜的女子或被杀害，或以死明志，而全太后为了自己年幼的孩子，无论遭到多少折磨，受到多少恐吓，也没有放弃生的希望，但最后被逼无奈，在大都的正智寺出家为尼，默默而终。

生在南宋末代，随父亲奔波，又嫁入深宫，或许注定了全皇后的一生飘摇，终日要为家国、为百姓、为亲人而担忧，她的一生正如雨中浮萍，哪有安定之时。

（三）小镇社区

社区是具有某种互动关系和共同文化维系力，由一定领域内相互关联的人群形成的共同体及其活动区域。在古代社会，人们必须通过群居生活，才能团结合作，获取生存的基本资料，而长期的合作生产和生活的交往使人们之间形成了自然的情感联系和心理认同，慢慢地也就形成了本群体共同的文化习俗和道德规范，进而形成了社会组织来服务人们，这个社会组织就是社区。亚里士多德认为，人们走到一起，生活在一个社区环境中，享受社区结社、实现基本需求、发现生活意义。托马斯·霍布斯则把社区视为一个自然的过程，人们聚到一起实现他们的利益最大化。同样，社区对东浦黄酒小镇有着重要意义。

"社区"这一想法在很多特色小镇建设中尚未涉及，对于黄酒小镇来说就是一个亮点，可吸引各界人士前来参观、学习；小镇将社区居民纳入了建设之中，处处体现了"以人为本"的观念，增强了社区居民的归属感，对黄酒小镇的建设起着巨大的推动作用；社区是小镇与外界联系的纽带，让黄酒小镇不再只是一个旅游参观体验的地方，更是一个生活的地方，增添了黄酒小镇的人气与底气。

1. 社区现状

东浦镇下辖 32 个行政村，1 个社区。社区内的居民生活在自己熟悉的土地之上，过着有条不紊、悠然自得的生活，有时晒晒藕粉、划划乌篷船，有时和其他人坐在石板凳上聊聊天，有的居民还帮他人理理发，卖卖黄酒棒冰，日子很惬意。小镇对外来的居民也是采取了留下代替搬迁的做法。有些有店面的居民继续经营生意，有些居民借由现有的房屋开起了民宿。虽然小镇形成了不同的社区，但置于相同的人文气息中，这使小镇充满了活力和生命力，也增强了小镇建设的特色竞争力（图8-3）。

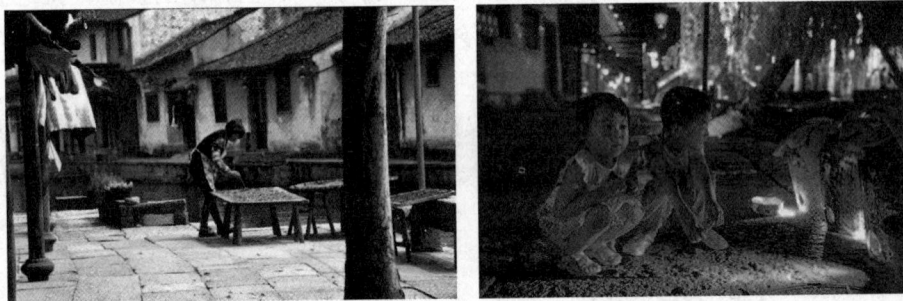

（a）　　　　　　　　　　　　　　　（b）

图8-3　小镇居民生活掠影

2.社区建设存在的问题

在黄酒小镇建设过程中，由于前期发展速度过快，小镇建设走了弯路。在建设初期，小镇管理者依照其他特色小镇的做法，在青龙村开展拆迁工作，但由于后续工作跟不上，原本人丁兴旺的青龙村变成了一片废墟，杂草丛生，存在许多安全隐患。小镇社区建设存在的问题主要表现在以下几个方面。

（1）社区管理功能较为短缺

社区功能有以下几种：管理功能，管理生活在社区的人群的社会生活事务；服务功能，为社区居民和单位提供社会化服务；保障功能，救助和保护社区内的弱势群体；教育功能，提高社区成员的文明素质和文化修养；安全稳定功能，化解各种社会矛盾，保证居民生命财产安全。但是在调研过程中，我们并没有看到小镇社区健全功能的有效发挥。

（2）社区老龄化现象严重

小镇的社区居民大多是老年人，年轻人较少。对于某些突发情况，老年人的反应能力与保护能力较弱，容易造成损失。

（3）社区建设滞后

那些因为搬迁而留下来的废墟还没有开始建设，在一定程度上影响了小镇社区的建设步伐。小镇的社区规划将社区建设与小镇发展融为一体，使小镇不会因为内部建设——建造商贸城等而变成一座空城，更不会因为与外部缺少联系而变成一座孤岛。对于规模稍小的居民社区，小镇提倡向游客面对面展示当地居民的生产生活日常，让游客们体会到当地的民俗、乡土风情。对于规模较大的社区，小镇着力为当地居民以及当地产业工人提供生活帮助。小镇鼓励居民建造民宿，在提高居民生活水平的基础上，为游客解决暂住问题，让游客体验到原汁原味的东浦人民的生活，真正达到舒缓压力、愉悦身心、增长见识的目的。

（四）小镇旅游

1. 花雕酒坛 DIY

据了解，古代越地民间艺人会在女子陪嫁的器物上髹饰花纹，用以美化婚庆器物、烘托吉祥气氛，后来把这一工艺应用到酒坛上，以增加酒坛的美观性。

在东浦黄浦小镇，设有专门区块，可供游客脑洞大开，借助画笔在酒瓶上描绘出心目中的美好画面，制作一个属于自己的花雕酒坛。制作者可用色彩在花雕瓶上勾勒花鸟虫鱼、人物脸谱，描绘出精彩纷呈的大千世界。

2. 酒道表演

中国乃礼仪之邦，酒乃礼仪之催化剂。以酒为礼，以酒会友，以酒论事。酒之道表达的是一种尊重、一种诚意、一种礼仪，更是一种对社会秩序的遵从。黄酒之道，谓之酒道。

酒道之衍是绍兴黄酒的文化传承，是对祖辈留下的宝贵文化传统的继承和延续，也是修身养性、崇礼扬德、倡导和谐的一种形式。一套完整的酒道须同时配备上出自越窑青瓷的酒器、酒具。小镇的酒道老师通过对酒的礼俗、品鉴技艺和饮酒流程的形象化、艺术化的演示，让大家从中学习到品尝佳酿的最佳方法。

第一步酒道表演。先行酒礼，净手、洗杯、温酒，当气温低于 10 ℃时，黄酒即可温饮。温酒是酒礼的起始，也是行礼的准备，通过对温酒进行加热，可以使黄酒中和融洽，有利于酒香入味，暖人心扉。

第二步是品酒。黄酒品尝有三：一看、二闻、三尝。三者合一谓之品。品酒为酒道之精华。绍兴黄酒看似温和，其实颇有后劲，适宜细酌慢饮。斟酌之间，不仅是品酒的色、香、味，品酒的历史、文化，还是品人生之真谛。

第三步为敬酒。敬酒须彬彬有礼，不卑不亢，敬酒行礼，体现的是酒礼与酒德，符合扬礼崇德的文化内涵，是对优秀民族传统文化的继承和发扬。

3. 乌篷船游

乌篷船是江南水乡的地域符号，常常出没在密集水巷之间，行则轻快，独则飘然。船身狭小，船篷低矮。船板上辅以草席，可坐可卧，但因船篷低矮和船身狭小，故乘客不方便直立，否则有失去平衡而翻覆的危险。划乌篷船是需要技巧的，用人力推进，以脚蹒桨，划船的人坐在船身后梢，两脚踏在桨柄末端，以腿的伸缩蹬踏使木桨击水推进，时速可达10多千米。航向是由划船人的手桨来控制的。乌篷船大多在江中行驶，行则轻快，泊则娴雅，或独或群，独则独标高格，群则浩浩荡荡。乌篷船是水乡的精灵，更是水乡的风景。在东浦黄酒小镇，随处可见的是水，而水上有人们划着乌篷船来来去去的景象更是彰显了这是一个充满生活气息的小镇。

2019年5月，阿里巴巴创始人马云先生来到小镇，与绍兴市委书记马卫光先生体验了一把坐乌篷船品黄酒的乐趣。他们坐在摇曳的乌篷船上，一边品尝着绍兴黄酒、吃着茴香豆，一边欣赏着古镇沿河的美景，感受着千年酒乡的魅力风情。

4. 古装体验

为弘扬中华民族传统服饰文化，增加游客体验感，东浦黄酒小镇推出了朝代服饰免费租借体验服务，邂逅千年古镇，体验古装之美。游客们走在幽幽石板路上，感受小镇的千年历史沉淀，或坐一叶乌篷，或喝一壶黄酒，往事就随着清风，娓娓道来。

四、案例研究分析

（一）理论综述

1. 要素禀赋理论与资源禀赋理论

要素禀赋亦称"赫克歇尔—俄林理论""H—O理论"，是关于要素差异的国际贸易理论。由瑞典经济学家俄林在赫克歇尔的研究基础上形成，并在

1933 年出版的《地区间贸易与国际贸易》一书中提出的。该理论认为，各国间要素禀赋的相对差异以及生产各种商品时利用这些要素的强度的差异是国际贸易的基础，强调生产商品需要不同的生产要素，如资本、土地等，而不仅仅是劳动力；不同的商品生产需要不同的生产要素配置。根据此理论，一国应该出口由本国相对充裕的生产要素所生产的产品，进口由本国相对稀缺的生产要素所生产的产品，而且随着国际贸易的发展，各国生产要素的价格将趋于均等。

以东浦黄酒小镇为例，资源禀赋理论的运用是指合理有效地运用现有的资源——桥、水、溇、土地等。用古桥沟通河两岸以及吸引游客；以镜湖水作为吸引黄酒制造产业的源头；将部分溇作为供乌篷船停靠的码头，扩大乌篷船这个旅游体验项目的承载量；让出部分土地用于建设黄酒小镇黄酒产业，也可以用来建设与黄酒小镇相关的旅游产业以及部分附属产业，如民宿等。

2. 体验经济理论

体验经济是从生活与情境出发，塑造感官体验及思维认同，以此抓住顾客的注意力，改变消费行为，并为商品找到新的生存价值与空间。体验经济是以服务作为舞台，以商品作为道具来使顾客融入其中的社会演进阶段。由于服务经济也在逐步商业化，人们的个性化消费欲望难以得到彻底的满足，因此企业开始把注意力和金钱的支出方向转移到能够为其提供价值的经济形态上，这就是体验经济。体验经济是一种全新的经济形态，它的提出展示了经济社会发展的方向，孕育着消费方式及生产方式的重大变革。在体验经济时代，能否适应体验经济以及适应体验经济的快慢成为企业竞争能否取胜的重要因素之一。

体验经济的核心是为消费者提供难以忘怀的享受体验。因此，东浦黄酒小镇要想突出自己的特色，让黄酒小镇有别于其他特色小镇，就要给消费者难以忘怀的体验。小镇以充满小镇特色的体验项目，如品尝黄酒、乘坐乌篷船、画花雕等，来吸引游客前来体验，并在体验中让游客了解其中的文化及内涵，加深游客对这些体验项目的印象，让游客们不自觉地口口相传，吸引更多游客前来体验，加快东浦黄酒小镇的经济发展。

3. 旅游综合体理论

旅游综合体就是指基于一定的旅游资源与土地基础，以旅游休闲为导向，进行土地综合开发而形成的以互动发展的度假酒店集群、综合休闲项目、休闲地社区为核心功能构架，整体服务品质较高的旅游休闲聚集区。作为聚集综合旅游功能的特定空间，旅游综合体是一个泛旅游产业聚集区，也是一个旅游经济系统，并有可能成为一个旅游休闲目的地。简而言之，旅游综合体是一个拥有各类旅游设施和旅游功能的空间组合体，能够为游客提供全方位的服务，满足游客的各种需求。

初级阶段的旅游综合体呈点状分布在城镇之中，满足了景点观光的游客的需要；而随着大众旅游需求的日益提升以及旅游功能城市化的不断加深，旅游综合体模式也由观光浏览型转向休闲度假型，不再是线状的景点旅游，而是转化为某一旅游区域的驻地度假旅游。在全方位满足游客的生活需要的同时，要求旅游综合体不断驱动小镇更新和完善小镇社区以及配套服务，即满足城镇功能需要。

旅游综合体最大的特点就是旅游联动，即旅游过程中涉及的各个要素之间相互影响、相互联动。根据各个要素的属性以及在旅游综合体中发挥的最终效能的不同，要素被分为内生影响要素与外生影响要素。内生影响要素是旅游综合体四位一体联动的内部决定力量；而外生影响要素从社会环境角度影响着旅游综合体四位一体联动的最终效能（图 8-4）。

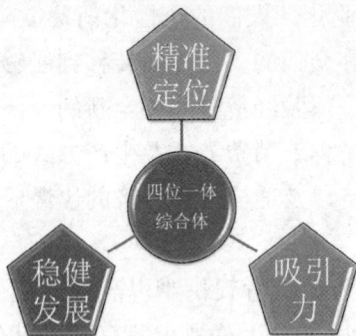

图 8-4　四位一体综合体功能

东浦黄酒小镇打造的四位一体旅游综合体旨在通过内生要素（产业、文化）与外生要素（社区、旅游）之间的协同联动，发挥四位一体旅游综合体模式的最大效能。

（二）依托资源禀赋，实现小镇精准定位

1. 以产业为支柱，支撑小镇发展

目前，东浦黄酒小镇尚处于发展阶段，小镇内部以及外部产业的规模并不大，而且产业种类尚不健全。就目前而言，现有的产业对小镇的建设有一定影响。因此，我们借助资源禀赋理论来分析目前小镇的产业以及之后规划的产业对黄酒小镇的影响。

独特、精湛、纯熟的手工古法酿造技艺依然具有高度的文化价值与历史价值，其在黄酒小镇中也不乏吸引力与话题度。小镇周边的黄酒企业大多坚持古法酿造，坚持维护绍兴黄酒的原始味道，他们制作黄酒的水大多来源于镜湖，因为水源的独特性，其酿造的黄酒风味纯正，拥有镜湖水源的小镇吸引着其他黄酒企业，这些企业的到来促进了小镇产业的发展，为当地居民提供了就业机会，提升了小镇居民的收入，促进了消费的增长，带动了小镇经济的繁荣。而政府政策的支持使企业在小镇发展产业获得了一定的土地优势，因为土地价格的降低，不少与黄酒相关的企业会到东浦进行生产活动，完善了小镇的产业结构。小镇还利用内部水资源发展乌篷船产业，吸引外来游客，这在一定程度上促进了小镇的经济和旅游业的发展。小镇民宿产业的发展为外来游客提供了住处，让他们体验了当地居民的生活，为小镇发展旅游业提供了后勤保障。众所周知，东浦是绍兴黄酒的发祥地，有着悠久的历史，土生土长的东浦人大多喜欢喝黄酒，这也让黄酒企业选择在东浦生产，最终也促进了东浦的发展。

小镇未来产业规划对于小镇的影响也不可估量。小镇将来会重新展现手工古法酿造黄酒技术，还原绍兴黄酒最纯正的味道，向外来游客展现绍兴人的智慧以及传统文化的魅力；向当地居民尤其是下一代宣传传统文化，吸引年轻一代回到东浦黄酒小镇进行寻根之旅，提高东浦的知名度。东浦作为酒乡，作为绍兴老酒的发祥地，黄酒产品应有尽有。黄酒产品的展示将突破传统的图文了解与导游、商家的介绍，搭建黄酒产品展示平台，构造黄酒全功能展厅。小镇将邀请游客品尝绍兴黄酒，借由绍兴黄酒的口碑，将绍兴黄酒以口口相传的方式宣传出去，让绍兴黄酒走出绍兴。黄酒小镇中各类黄酒不再局限于类似古越龙山、会稽山、金枫等传统的黄酒品牌"传统优雅""经典至上"的品牌理念，将以拥有更大群体规模与市场需求的年轻人为对象，结合年轻人的个性特点，发散黄酒产业品牌新思维。展示馆将展示黄酒产

品，以黄酒棒冰、黄酒奶茶等一系列新兴产品改变人们对黄酒的固有想法，吸引越来越多的年轻人品尝黄酒抑或加入酿造黄酒的队伍中，促进就业，传承黄酒文化。小镇将使黄酒品鉴比赛更加完善化，从中找寻黄酒的新味道，找到符合现代人口味的黄酒。小镇将举行酒俗文化的表演以及酒礼、酒道表演，吸引游客和当地居民前来观看，以独特的文化吸引人们的眼光，促进黄酒小镇的文化传播。

产业发展对小镇的影响有利有弊。随着小镇周围产业建设逐步走上正轨，环境保护问题开始凸显。产业在发展过程中会产生大量的污染，如何促使他们改变原有的生产方式以及思路，找寻新的可持续发展道路，是黄酒小镇急需解决的一个问题。

2. 以文化为导向，引领小镇发展

东浦黄酒小镇作为旅游综合体，以一定的"产业、文化、社区、旅游"资源为基础，以旅游休闲为导向，因地制宜，综合开发。随着全面建成小康社会进程的不断推进，文化将成为一个国家、一个民族发展中更深沉、更持久的力量。东浦作为省级首批特色小镇，在坚守传统历史文化的基础上，也肩负起了传扬、创新的重担。作为有名的"水乡、桥乡、黄酒之乡、名士之乡"，体现酒乡风情文化、东浦地域文化和名人文化，在黄酒小镇的开发过程中无疑是重中之重。在此，我们借助资源禀赋理论，从黄酒历史文化、东浦地域文化、东浦名人文化三个角度出发，对小镇文化资源的开发利用情况及其对小镇的影响进行分析。

据史料记载，绍兴的黄酒酿造历史已有两千五百余年，早在明清时期，绍兴的黄酒已名满天下，此后"绍兴"更是成为"中国黄酒"的代名词，而东浦作为绍兴酿酒业的发祥地，在鼎盛时期，黄酒产量几乎占到全国黄酒总产量的三分之一。在建国初期，云集酒厂大力学习先进经验，不断创新黄酒酿造技术，推行"低温发酵""人等耙""耙耙捺牢"等先进操作法，使酿造的黄酒品质绝佳，在百姓中树立了好口碑。可以说，东浦的黄酒历史文化颇为深厚，这是建设黄酒小镇的先天优势。而东浦在开发过程中也牢牢把握了黄酒文化这一特点，在黄酒历史文化以及衍生出黄酒酒器文化、黄酒酿造文化等的基础之上，在小镇内开设黄酒酒器展示馆，在馆内布置了历朝历代用来酿造黄酒的工具以及饮用黄酒的器皿，让参观游览者在这里可以看到古法酿酒的器具、百年前的花雕酒坛、从古至今的黄酒酒器演变过程。除此之外，小镇还计划打造黄酒小镇展示馆、云集酒坊、黄酒馆、同泰当铺等项目，向游客们揭开黄酒酿造的神秘面纱，为游客们提供黄酒品鉴、坛体装饰等体验项目。

除了酒文化外，河湖纵横、溇滨密集的东浦还很大程度上保留了旧时的白墙黛瓦、溇桥水巷、天然石块与青石板铺就的小路，小镇的人们倚河而居，桥街相依，老宅子门口晒着藕粉、晾着香肠，斑驳的石板路上三两人为伴嬉戏，水面上倒映着瑟瑟草木，摇曳着乌篷船，船上承载着摇橹划桨的东浦人，坐船人一边就着茴香豆品味地道的黄酒，一边听着越剧感受绍兴的韵味，湖水缓缓荡漾开来，时光也变得很慢，使人今朝愿在古镇的酒与景中沉醉。除了日常生活极富水乡古镇特色外，东浦还有众多独具魅力的习俗。在东浦旧时婚嫁时，用"女儿酒"见证夫妻的恩爱和睦，水乡婚礼以酒为纳采之礼和陪嫁之物，平日里用于维持生计的乌篷船载着新人与嫁妆，新娘子的笑容如酒般醇厚。绍兴多雨，一下雨，东浦便应了"烟雨江南"这四个字细雨霏霏，为小镇披覆上一层朦胧的纱，在夕阳下或是月色中，更显温柔。东浦是如诗如画的水乡、桥乡，总是给人一种安静、温润的感觉，而经过开发的东浦在保留东浦水乡气息的同时能够为游客提供更多的体验项目，"溇桥水巷"乌篷风情水上游、着汉服邂逅千年古镇等服务能够让来到东浦黄酒小镇的游人们深入感受水乡、桥乡的魅力。

小镇的老街亦有浓厚的人文气息，这个柔美的水乡小镇走出了陆游、徐锡麟这等豪杰义士，也有过"身世浮沉雨打萍"的全皇后这般可叹可敬的女子，这些人都代表着一个时代，这些名士的精神与气节都造就了东浦小镇的不平凡。东浦是柔的，东浦的人说着吴侬细语、面带和善的笑容，可一旦面对危难和生与死的抉择，东浦的人又是刚毅的。东浦黄酒小镇在入口处竖立了徐锡麟的铜像，他永远保持着坚定的目光、挺拔的身姿，提醒着所有人：要在认定的信仰之路上凛然前行；踏访徐锡麟故居，尽极大努力、最大限度还原的徐宅向游客昭示着烈士的光辉；精心修缮过的兴福候昌王祠代表了全皇后及其父亲，供人们寄托美好的愿望。小镇将这些名人在当地的痕迹尽力保存，以便更好地讲述他们的故事，当游客来到东浦，扑面而来的不仅有酒香，还有值得传世的精神。

东浦黄酒小镇有着成为优秀特色小镇的潜质和文化优势，东浦的管理团队牢牢把握了这些优良条件，充分调动现有资源，在东浦的规划、建设过程中，利用文化资源，在传统文化习俗的基础上进行创新，开发了符合发展要求的新项目，有益于做活历史积淀、做实特色文化，成为了东浦特色小镇建设道路上的一大助力。

3. 以社区为载体，完善小镇发展

社区是若干社会群体或社会组织聚集在某一个领域里所形成的一个生活上相互关联的大集体，社区中的人们都会拥有一种独特的联系和归属感。东浦黄酒小镇在建设过程中对当地居民的安置并没有按照惯常采取的措施，一味地将他们迁出，留出大片空地，建造大型商场，令小镇因人为操作而失去生命力，无法可持续发展，无法长久的存在，而是选择将他们留下来，采用社区的理念将当地居民纳入黄酒小镇的建设中，使居民与东浦黄酒小镇融为一体，打造新型的特色文化旅游小镇。社区的创建对东浦黄酒小镇的可持续发展具有长远的意义。社区的存在使东浦黄酒小镇重新焕发了生命力，使东浦黄酒小镇的活力不再与旅游旺季淡季相关，让小镇一年四季都有生活气息，不再独立于人们的日常生活之外。

东浦黄酒小镇内部留下了许多土地以及房屋供当地居民居住以及使用，在黄酒小镇内部，社区居民们可以充分利用现有资源，如可以在家门口的石板上晒晒藕粉，也可以在家门口的那条河里养花养鱼，还可以观光游玩，充分感受黄酒文化的魅力。

居民的日常生活给小镇带来了持久的生命力和活力，而且这里的烟火气会使黄酒小镇不像普通的特色旅游小镇那样让游客产生产生分割感，而可以让游客找到一种归属感。内部社区的建立向游客展现了真实的东浦黄酒小镇以及小镇居民的日常生活，让游客不再是单纯地游览风景、体验活动项目，而是真真切切地感受当地居民的生产生活。内部社区慢节奏的生活方式令许多生活在快节奏地区的人们无比向往，让他们慕名而来，体验真实的慢生活，缓解快节奏生活中积累的疲惫。众所周知，有人居住的房屋十几年甚至几十年都不会破败，而没人住的房子只要几年就会变得杂草丛生、破败不堪。因此，东浦黄酒小镇内部社区及社区居民的存在是黄酒小镇长期存在、可持续发展的重要因素。

东浦黄酒小镇外部的居民可以充分有效地利用当地的公共基础设施，可以利用与小镇邻近的优势发展合适的产业，也可以自由出入黄酒小镇与内部社区的居民进行交流。

小镇外部社区的存在让外部居民与黄酒小镇以及社区的居民在日常生活中产生交流，人员之间有来有往，使黄酒小镇不会成为一座孤岛。小镇内部与外部社区的联系更加突出黄酒小镇的宜人性，展现了东浦黄酒小镇与其他特色小镇的不同之处。一方面，黄酒小镇是当地居民挥洒汗水、自由生活、付出心血的地方，是当地居民的故乡，是与他们不可分割的土地；另一方面，外部社区的居民也是小镇的消费人群，外部居民与内部居民在交流联系中会产生消费行为，在不知不觉中促进了东浦黄酒小镇的经济增长。外部社区的居民或是顺应潮流，将自己的房屋出租，结合当地的生活状态，设计出独具小镇特色的民宿来从事经营活动；或是经营一些具有当地特色的店铺；或是经营小本生意。这些社区居民的活动都会给东浦以及小镇带来较大的经济效益。外部社区的建设减轻了东浦黄酒小镇内部人员的就业压力，避免了黄酒小镇内部社区承载力达到饱和甚至过高的可能，也解决了东浦黄酒小镇内部环境污染以及游客体验感不好的问题。

无论是东浦黄酒小镇的内部社区还是外部社区，都可以充分利用小镇的资源禀赋来达到提高经济收入、改善居住条件的目的，从而促进东浦黄酒小镇乃至整个东浦的经济发展。在东浦黄酒小镇的社区建设中，一是承载了当地旅游产业以及黄酒产业员工的生活问题，减少了人员在路上以及住宿上的花费，使他们更用心地建设东浦黄酒小镇，全心全意地为建设东浦黄酒小镇付出努力；二是为游客的衣食住行提供一条龙服务，使游客不再为其他事情奔波，真正地做到放松自己，体会慢生活的乐趣；三是有居民就意味着有消费者，在社区生活就意味着有消费行为，这无形中促进了小镇的经济增长，也保证了东浦黄酒小镇的长久竞争力。

（三）开拓体验服务，提升小镇吸引力

体验经济可认为是一种变被动为主动，变主动为互动的新型经济形态。相对于产品经济和服务经济，它更强调顾客参与及亲身体验，通过体验获得美妙深刻的印象，并达到自我提升的境界。通过开拓体验服务，有力提升了小镇的吸引力。

1. 借用"感官体验"，吸引消费者

体验经济明确指出最终消费者是作为自然人的顾客和用户。东浦黄酒小镇致力于给消费者，也就是游客带来体验感。而当今社会体验就是一切，产

品是体验，服务是体验，品牌也是体验。每个企业，无论处在哪个发展阶段，都围绕着一个共同的目标——为客户提供更好的体验，所以一个小镇要想持续发展，必须重视游客的体验感，体验感是游客的第一感，体验感的好坏直接决定了小镇的存亡。而东浦黄酒小镇在这一点上有一定优势，如让游客乘坐乌篷船，让游客品尝现做的黄酒奶茶，等等。东浦黄酒小镇带给人们的不仅是视觉上的体验，通过乌篷船等项目还使人们获得了听觉和触觉的体验。此外，黄酒的衍生品也带给人们味觉上的体验。由此可见，东浦黄酒小镇对游客感官的照顾是非常全面的。

2. 增强"参与感"，提供差异化服务

在当代社会，无论是工业经济还是商品经济，追求的都是标准化，这不仅要求有形产品的同质性，还要求制造过程的无差异性。但是，在服务经济中已经表现出相反的倾向，这是因为最终消费者的情况千差万别，企业要满足不同顾客的需求，就必须提供差异化的服务。也就是说，对于不同的消费者，所提供的物品和服务应该是不同的。东浦黄酒小镇在经营中也同样渗透了这样的理念，如对于来游玩的成年人，小镇会提供品尝黄酒的服务；对于小朋友，则会提供黄酒巧克力、黄酒棒冰等既有特色，酒精含量又较少的产品。这就体现了东浦黄酒小镇差异化服务的理念。并且，在整个过程中不仅要为游客提供不同的体验感，还要让游客用心来领会。在体验经济的理念中，产品与服务的文化内涵是十分重要的。这一点东浦黄酒小镇做得很好：黄酒博物馆的建立使人们在用眼睛看黄酒历史的同时，也用心思考黄酒的过去和现在，增加了游客对黄酒的认知以及对黄酒文化的思考。在品酒时观赏酒道的表演，更是让人们提高了对黄酒文化的兴趣，而在整个观赏过程中给人带来的知识的扩展是不言而喻的。

消费者参与的典型活动是自助式消费。在东浦黄酒小镇体验项目的设计中，充分考虑了游客的参与性。在小镇上，有一个手工 DIY 花雕酒瓶的体验项目，来到小镇的游客可以自己设计花雕酒瓶的样式，并通过自己的双手来绘制花雕酒瓶，制造出属于自己的花雕酒瓶（图 8-5），这样的方式增加了消费者的参与性，让消费者既买到了纪念酒瓶，又参与了设计，使整个活动有了非凡的意义。除此之外，游客对企业的监督也是一种参与方式，而相应的补偿也是游客理所应得的。企业提供的产品与服务难免有令消费者不满意的地方，甚至会给消费者造成伤害或损失，而这就需要建立良好的补偿机制。黄酒小镇在这一点上做得还不够，没有对游客体验感进行相关的调查，也没有成立专门的部门来处理顾客的投诉，征求游客的意见，缺乏一定的补偿性。

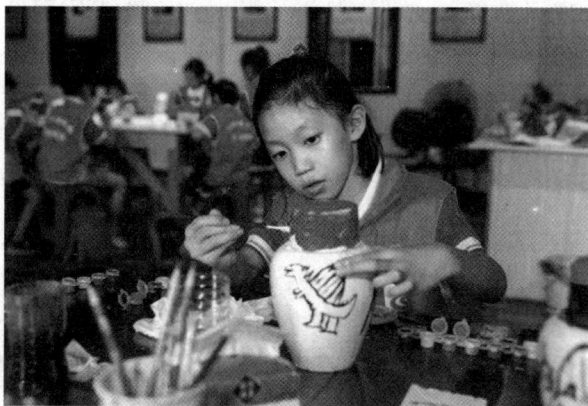

图 8-5　画花雕

3. 关注"相互关系"，共创美好回忆

留下美好回忆是体验经济的结果性特征。黄酒小镇所带来的体验感必定会给游客留下深刻的记忆，也将带来良好口碑的传播。要使游客有好的体验感、拥有愉悦的记忆，关键在于提升整个小镇的服务水平。目前，黄酒小镇提供的酒道表演、承办的黄酒知识竞赛等活动增加了游客的趣味感，使游客产生了愉快的记忆，已成为小镇的亮点。但是短时记忆并不足以支撑小镇的持续性发展，从长远看，企业要通过多次反复的交易才能使双方关系得到巩固和发展。如同朋友之间存在友情，企业与消费者也需要形成朋友关系，实现长期的双赢。对于这一点，东浦黄酒小镇尚存在欠缺。但是，小镇已有规划，打算在小镇中开一家糯米店，游客可以到糯米店中购买糯米，然后制作独属于自己的黄酒，在整个制酒过程中，游客都能了解到黄酒的制作工序到哪一步了，通过这样的方式可以使游客与小镇建立长期的、稳定的关系。

体验服务的各个特征并不是孤立存在的，而是存在一定的联系的。从过程看，其存在感官性、个性化、参与性的特点；从结果看，给游客留下了回忆；从长期看，体验服务是过程与结果的交替和反复，在加深关系的同时增强了记忆，在交易关系之中融入了朋友的色彩。不难设想，如果黄酒小镇能够将所有特征进行融合，充分诠释体验经济理念，那么黄酒小镇必将不断完善，不断成熟，成为极具魅力的黄酒小镇。

（四）四位一体，助推小镇稳健发展

东浦黄酒小镇通过满足游客、当地居民所需的生产、生活、生态等"三生"需求，实现了产业、文化、旅游、社区四个要素协同发展，打造出了"四位一体"的特色小镇发展模式。在东浦黄酒小镇旅游综合体模式中，各个要素之间既是相对独立、各有差异的，又是相互包容、相互补充的，存在着要素差异性与要素互补性。

1. 包容差异

黄酒小镇在打造旅游综合体的过程中，产业、文化、社区、旅游都发挥着各自不同的作用。东浦黄酒小镇的文化与产业是围绕绍兴黄酒、东浦酒乡孕育和规划的。作为黄酒小镇旅游综合体建设中的内在影响因素，东浦的历史文化以及产业都是小镇建设和规范的基石。而社区与旅游是小镇旅游综合体建设的外在环境因素，社区基础设施与小镇外围社区的建设，以及东浦镇整体旅游环境的建设，直接影响到小镇的开发建设成本、未来规划以及整个黄酒小镇的建设步伐。文化和生产需要黄酒小镇的自身挖掘与创新，社区和旅游除了要留住小镇居民以外，更多的是要实现与外界的合作、建设、互动与吸引。

2. 增强互补

黄酒文化和黄酒产业是相辅相成的。文化本身就是一种宣传，赋予了黄酒产业以及相关产品的文化卖点，如手工古法酿造的展示、酒俗文化的表演、酒礼酒道表演以及黄酒品牌的演绎，无一不体现着黄酒文化，而这些文化元素的挖掘又为黄酒产业带来了创新和活力。而对于社区，文化是它的底蕴，失去了文化，黄酒小镇的社区也就失去了生命力。以黄酒文化为代表的越文化是小镇社区建设的文化理念；而小镇社区使这种文化得以传承与发展。同时，宜居的社区满足了产业员工的基本生活需求，为观光旅游、度假休闲的游客们创造了优质的休憩生活区域。总之，黄酒小镇作为四位一体的旅游综合体，其生产、文化、社区、旅游之间的作用互补与联动，才是旅游综合体的本质。

3. 有机融合

小镇在打造"四位一体"旅游综合体的过程中，以小镇黄酒产业为核心，实现了黄酒小镇各产业的共生融合。小镇通过创立东浦黄酒酒庄，打

造了黄酒博物馆、中国黄酒展销中心等项目，打造了特色"生产"旅游综合体。

文化与生产既相互独立又相互联系，在产业结构完善同时促进了当地文化的蓬勃发展。结合小镇特有的黄酒历史文化、酒礼酒俗，整合现有文化资源，审视、分析、选择具备产业化开发价值的黄酒文化资源，如黄酒非遗文化资源——手工古法黄酒酿造技艺、黄酒礼仪文化资源——温酒礼等用酒礼仪、黄酒品牌文化资源——古越龙山等象征品质的老牌黄酒品牌以及新颖年轻黄酒品牌的演绎，发展具备潜力的文化精华，创新喜闻乐见的文化形式，以及对历史文化、名人文化、故居建筑文化等不同文化层面的开发，形成了文化产业链条。总之，只有传统文化与现代生产理念、生产实践有机融合，才能达到产业创新，文化也才能推陈出新。

现有的以旅游综合体为发展模式的特色小镇，大多存在酒店与房产比例过大，社区基础设施、商业与生活配备不足等问题，导致许多特色小镇出现空城现象（找不到在小镇居住的人）与孤城现象（小镇中缺乏配套的社区与活动）。而东浦黄酒小镇通过社区的创建与配套设施的完善，打造成了适宜"生活"的旅游综合体。

东浦小镇始终致力于打造具有新型社区特征的社区结构，完善了"人"与配备设施的规划。小镇的人群结构主要分为三类：一是原先就居住于此的居民；二是后来通过搬迁、投资等途径加入小镇的商家群体；三是前来小镇旅游、度假的游客群体。小镇目前拥有一个社区，拥有较为完善的区域性社区环境。小镇对居住于此的居民提供安全、方便、快捷的基础设施，包括用水用电、民宅民房、交通出行、安全保护等，在创造更为和谐、更为人性化的社区环境时，将小镇内部切切实实的居民生活状态更好地呈现出来。小镇社区环境的改善可以最大程度吸引游客的光临，在吃、住、行、游、购等传统业态不断改善的基础上，黄酒小镇内外两部分的设施还有待完善。在古镇内部，将博物馆、非遗馆、大型游客中心等配套设施融合进社区，不脱节于小镇社区，使其更具有人味、文化味。在小镇外围，地铁站、酒吧街的开设让社区环境不被小镇庄严的大门界定，有利于新鲜、有活力的思想进入黄酒小镇社区，使文化更加多元，更加年轻，以便吸引年轻群体的加入，改善社区老龄化现象严重的问题。

在文化资源上，作为省级历史文化名镇的东浦，拥有丰富的人文景观与文化内涵；在产业规划上，东浦黄酒小镇凭借黄酒生产历史，围绕未来八大亮点展开规划；在社区建设上，黄酒小镇多元社区的建设促使人与自然和谐共处的生态化设计理念落到实处，为小镇社区注入了活力；小镇从产业到文化再到社区三方面的建设，为旅游产业打造了更大规模的集聚效应。随着相关产业的完善，旅游产业将不断适应产业化发展，形成旅游产业链。黄酒小镇未来产业的融合发展、传统文化的推陈出新以及小镇内外部社区设施的完善配备，是游客最为关注的问题，也将满足其休闲旅游的需要。

五、案例总结与启示

（一）案例总结

近几年来，随着国家对特色小镇培育、建设的逐步重视，国家发改委、住建部、财务部不断出台相应扶持政策，力求挖掘一些有潜力、有特色的小镇。通过建设特色小镇，可以保护当地的优秀历史文化遗迹、自然人文景观，改变人们的观念，使人们积极参与到小镇的保护、开发规划之中，谋求人与自然和谐共处、走中国特色社会主义可持续发展道路。推进特色小镇规划建设还有益于增强小镇发展能力，加快城镇化进程，为人民群众带来实际收益，造福人民。

黄酒小镇的开发建设响应了国家号召，给予东浦焕然一新的面貌，为古镇的发展贡献了一己之力。东浦黄酒小镇的发展经历了萌芽期、建设期、巩固期，小镇前期因操之过急造成大面积拆迁扩建、资金链供应等问题。但是，经过数年的努力，黄酒小镇带着过去时的天然质朴、进行时的蓬勃生机，产业、文化、社区、旅游"四位一体"融合发展，焕发着勃勃生机，绽放着古镇风采。

本案例基于"四位一体"旅游综合体模式，对东浦黄酒小镇的发展情况进行了全方位的分析与研究，以期为国内其他特色小镇的开发建设提供借鉴与参考。然而，这仅代表的是东浦黄酒小镇折射出的国内特色小镇的情况，个体与整体之间一定还存在着某些差异，这些差异需要更深一步的研究，需要更多的案例样本，其中更加深刻的联系值得更多的学者去研究。

希望我国其他特色小镇能够在开发建设过程寻找到合适的发展道路、管理办法，涌现出更多优秀的特色小镇，壮大特色产业，为人民谋福祉，为社会谋发展，为国家的繁荣富强添砖加瓦。

（二）案例启示

在对东浦黄酒小镇的分析过程中，我们对特色小镇的建设有了深入的了解，扩展了知识面，也产生了许多感想。

当今社会，随着生活水平的日益提升，人们对旅游质量的要求也越来越高，所以无论是服务业还是旅游景点，都需要不断克服困难，不断进步。目前，全国范围内建立了许许多多的特色小镇，但是能否建立完善的旅游体系，持续发展，还是一个未知数，换句话说就是旅游综合体建设还走在路上。要想建设一个有生命力的特色小镇，做到以下两点是至关重要的。

1. 因地制宜，建设特色小镇

作为一个特色小镇，要想持续发展，就必须把自己的特色展现出来，至于如何发展小镇的特色，则需要因地制宜。东浦黄酒小镇最大的特色是黄酒，要想将黄酒小镇发展起来，不单单要向游客展现黄酒的历史文化、独特风味，更要将黄酒产业发展起来，与游客建立联系。而东浦黄酒小镇特殊的地理环境也是它的亮点所在，要想建设特色小镇，就必须将它所有的亮点，包括黄酒文化、特殊地理环境、悠久的小镇历史、特殊的建筑物等，都结合起来，形成一种浓郁的有别于其他小镇的小镇文化。

2. 多元融合，发展特色小镇

首先，发展特色小镇，政府的支持必不可少，无论是区域的划分还是和当地居民的协调，都少不了政府的帮助，而在小镇建设的初期更是少不了政府的规划。其次，资金也是不可或缺的，小镇的建设离不开资金，没有资金，规划做得再好也只是纸上谈兵，要想顺利地实施计划，就必须要有足够的资金。这就需要小镇的相关建设人员去筹备，向政府筹集资金，或者向企业家寻求投资，无论用什么方法，目的都是筹得足够的资金，支持小镇的建设。最后，小镇的建设也少不了政策的支持。近年来，从中央到各级地方政府都在大力推进特色城镇建设。2015年4月，浙江省人民政府颁布的《关于加快特色小镇规划建设的指导意见》，首次明确了"特色城镇"的概念，并在之后的几年间，评选特色小镇，颁布相关政策，可见政府对特色小镇的建设是非常支持的。

但是，不得不承认，特色小镇的发展时间还比较短，相关的建设经验还不足，目前的特色小镇相对来说还比较稚嫩。就拿东浦黄酒小镇来说，其目前还处在发展阶段，小镇中的一些设施还不够完善，相关的产业也还没有发展起来。总而言之，小镇建设正在路上，如果把东浦黄酒小镇比作一棵树，那么现在的黄酒小镇还只是一棵小树苗，需要资金作为泥土，需要政府给它浇水施肥，需要小镇的负责人员来给它修剪枝芽，只有结合多方面的力量，东浦黄酒小镇这棵小树才能最终成长成一棵繁茂的参天大树。

参考文献

[1] 陈吴蓓，夏倩倩，吴立周，等. AGIL 舒适物理论视角下绍兴黄酒小镇建设分析 [J]. 农村科学实验，2018（2）：112.

[2] 牧祺. 走进黄酒小镇，忘了时间忘了归去 [J]. 中国酒，2018（6）：46.

[3] 谢海生，王艳飞. 新时代特色小镇的成功要素探究 [J]. 中国房地产，2018（9）：31–37.

[4] 建鑫. 供给侧改革的浙江实践——浙江省首届特色小镇 +PPP 高峰论坛启幕在即 [J]. 中国房地产，2017（8）：68–69.

[5] 王睿. 特色小镇如何开出"特色之花"？[J]. 创造，2017（4）：56–58.

[6] 戴旭宏. 田园综合体建设支持保障机制的若干思考 [J]. 农村经济，2018（11）：30–34.

[7] 程萍. 浙江特色小镇"特"在哪里？[J]. 小康，2017（1）：48–53.

[8] 王益翔. 东浦黄酒特色小镇建设与绍兴酒发展新商机 [J]. 中国酒，2015（7）：50–54.

[9] 白小虎，陈海盛，王松. 特色小镇与生产力空间布局 [J]. 中共浙江省委党校学报，2016,32（5）：21–27.

[10] 闫文秀，张倩. 浙江省传统经典产业特色小镇的建设发展与经验借鉴 [J]. 上海城市管理，2017，26（6）：55–60.

[11] 蒋伟涛. 特色小镇为何在浙江出发 [J]. 中国房地产，2017（17）：40–44.

[12] 叶晓青，李若云，汪涔宇，等. 特色小镇基础设施建设融资问题及建议 [J]. 合作经济与科技，2017（15）：82–83.

[13] 张红喜，汪长城．政策触媒下浙江省特色小镇创建路径探讨——以淳安县乐水小镇为例 [J]．小城镇建设，2016（11）：46–51.

[14] 史云贵．当前我国特色小镇的功能与路径创新 [J]．国家治理，2017（14）：18–27.

思考题

1. 东浦黄酒小镇的资源禀赋表现在哪些方面？
2. 东浦黄酒小镇发展之路对特色小镇建设有哪些启发？

案例编写：张静雯（工商 181）　吴涵迪（工商 181）　叶欣雨（工商 181）　许心怡（工商 181）　许鸿辉（国贸 171）

指导老师：朱杏珍

人力资源篇

案例 9

利箭搭良弓：基于协同效应下的广源公司准 BOT 模式

摘要：党的十九大报告指出，要贯彻新发展理念，建设现代化经济体系，推动互联网、大数据人工智能和实体经济深度融合，在人力资本服务等领域培育新增长点、形成新动能。因此，推动中小人力资源服务企业的快速成长对我国经济向高质量发展阶段转变尤其重要。然而，社会公信力等问题一直制约着中小人力资源服务企业的可持续发展，因此企业需要找到一种有效的手段解决这些问题。

本案例以广源人力资源有限公司为研究对象，以该企业通过"准 BOT 模式"的构建实现对企业公信力的塑造与提升为逻辑主线，从协同效应视角探讨广源公司"准 BOT 模式"获得行业竞争优势与可持续发展的动力机制。

首先，案例从广源公司的基本发展现状入手，发掘出公司成长的关键推手——准 BOT 模式；其次，重点梳理了广源公司准 BOT 模式萌生、形成、推广三个发展阶段；再次，从协同效应角度阐述了广源公司准 BOT 模式产生的经营协同效应、管理协同效应和财务协同效应，厘清了广源公司获得行业竞争优势的动力机制；最后，总结广源公司准 BOT 模式发展的经验，并提出"因势利导、强化实力""结合实际、开拓创新""取长补短、合作共赢"三点建议，为其他同类企业发展提供借鉴参考。

关键词：人力资源服务；准 BOT 模式；协同效应

一、引言

（一）研究背景

人力资源服务业是为人才和用人单位提供相关服务的行业，现代化完善的人力资源服务业能够对人力资源进行有效开发和优化配置，实现优势集聚，推动企业发展。改革开放以来，我国经济迅速发展，人才管理逐渐成为企业核心竞争力的一部分，人力资源服务业随之产生并不断壮大。与此同时，国家提供的政策支持更是推动了人力资源服务行业的快速发展。

然而，人力资源服务行业也存在发展困境。由于行业服务质量参差不齐和相关企业社会公信力缺失导致的市场认可度较低等问题，阻碍着整个行业的进步。（企业的社会公信力指企业在空间、时间上与公众交往和利益交换过程中使公众对企业产生一定的认知、情感与行为，同时获得的公众对其的信誉度评价和信任影响力。）虽然在后来的发展过程中，许多人力资源服务公司通过互联网技术，慢慢提高了服务质量，但在公信力方面，绝大多数公司未能取得突破性发展。因此，中小人力资源服务企业需要通过一种有效的手段快速提高自己的社会公信力，从而在竞争激烈的市场中实现企业的可持续发展。

嘉兴广源人力资源有限公司（以下简称"广源公司"）是浙北地区人力资源服务行业中的佼佼者，其始终牢牢把握行业前进方向，探索更适合于自身的发展道路。广源公司不断化解自身发展过程中存在的困难，有效提高了自身的服务能力，同时面对企业社会公信力低这一根深蒂固的难题，凭借自身优势率先与当地政府达成合作，通过"准 BOT 模式"的构建实现对企业公信力的塑造与提升，在政企合作模式下打造人力资源服务平台，实现互利共赢，这可以为企业发展提供理论指导。

（二）研究意义

1.本案例提出的准 BOT 模式是对 BOT 模式的完善与发展

本案例中的广源公司在"BOT 模式"的基础上，历经萌生、形成、推广三个发展阶段，创新发展了"准 BOT 模式"，扩大了 BOT 模式的应用范围，丰富了政企合作项目的研究方向与研究类型。

2. 本案例用协同效应理论阐释了"准 BOT 模式"的可行性

本案例从协同效应角度阐述了广源公司准 BOT 模式产生的经营协同效应、管理协同效应和财务协同效应，分析了政企合作给双方带来的益处以及该模式对合作项目产生的作用，厘清了广源公司准 BOT 模式获得行业竞争优势的动力机制，为准 BOT 模式的有效使用奠定了理论基础。

3. 本案例提出的准 BOT 模式推动了同类人力资源服务企业的转型升级

准 BOT 模式既能成为广源公司转型升级的经验总结和理论依据，为其之后的发展道路提供新思路、新方向，又能为同行业的其他中小型企业提供帮助，使其规避风险，从而提高行业整体服务水平。

（三）研究工具

1. 准 BOT 模式

BOT 模式即政府授予私营企业一定期限的特许经营权，许可其融资建设和经营某公用基础设施，在规定的特许期限内，私人企业可以向基础设施使用者收取费用，由此来获取投资回报。待特许期满，私人企业可以将该基础设施无偿或有偿交还于政府。

本案例中涉及的"准 BOT 模式"是基于 BOT 模式的一种政企合作方式，两种模式的不同之处主要表现在运行程序、资金规模和合同期限方面。BOT 模式是由私营企业单独负责项目的建设和运营，而准 BOT 模式是由公共部门负责项目及公共设施的搭建，私营企业负责公共设施的运营与建设，且准 BOT 模式的项目资金规模和合同期限都远小于和短于 BOT 模式。

在本准 BOT 模式中，公共部门作为项目的甲方，主要负责项目的准备、招标、建设、运营和移交全过程的工作；私营企业作为项目的乙方，主要负责项目中标后的建设、运营、移交工作，双方合作通过招投标的形式实现。

2. 协同效应

1965 年，美国战略管理学家 H. 伊戈尔·安索夫（H.lgor Ansoff）首次将"协同"的理念引入企业管理领域。1971 年，德国物理学家赫尔曼·哈肯（Hermann Haken）提出了协同的概念。协同效应原本为一种物理化学现象，是指两种或两种以上的组分相加在一起，产生的作用大于各组分单独应用时产生的作用总和。

本案例涉及的协同效应分为三个方面，即经营协同效应、管理协同效应、财务协同效应。经营协同效应是指组织双方在合作后，生产经营活动的总体效率大于单方经营效率；管理协同效应是指组织双方在合作后，组织整体绩效将会高于各单独部分的简单相加之和；财务协同效应是指组织双方在合作后，组织总体经济效益大于单方经济效益。组织双方在这三个协同效应的共同作用下，实现了协同发展，互利共赢。

二、潜心观箭：广源公司介绍

（一）公司简介

嘉兴广源人力资源有限公司成立于 2008 年 5 月，总部设在嘉兴市秀洲区，是一家由政府核准的、专业从事人力资源供应和管理服务的综合性人力资源服务企业。目前下设多家子公司、分公司，具有《人力资源服务许可证》《劳务派遣许可证》和《民办学校办学许可证》等证件，营业证照齐全。

公司负责运营嘉兴市秀洲人力资源市场、嘉兴人才人力网、桐乡市人力资源市场、桐乡人事人才网和湖州人事人才网。广源公司通过多年的市场运作，已和百余家企业、事业单位达成长期稳定的合作关系，为其提供代理招聘、人才测评、培训、人事代理、劳务派遣和外包等多方位的人力资源服务，合作单位涵盖政府机关、事业单位、生产制造业、金融机构、医疗卫生单位等，拥有丰富的人力资源服务和职业教育培训经验，在行业内具有一定的影响力。

公司始终遵循"为企业获得优秀人才而赢得效益，为个人获得就业机会而赢得发展"的经营理念，以专业化的团队、先进的经验和本地化的研究，致力于成为江浙地区最专业的人力资源供应和管理服务机构之一。

（二）组织结构

广源公司现拥有 3 家独立分公司，下设培训部、财务部、行政人事部、管理咨询部、劳务业务部、人事代理部、代理招聘服务部、网站／新媒体运营部、现场招聘服务部以及负责各地区的市场部等部门，各部门互相协作、共同进步。

（三）产品与服务

公司的产品与服务主要包括人力资源外包服务、招聘服务、教育培训服务、管理咨询服务、人事代理服务五个方面。

1. 人力资源外包服务

公司根据国家政策要求及企业发展需求，为企业量身定制"多元化、综合性外包解决方案"，主要服务内容有劳务派遣、劳务外包、项目外包（生产线 / 档案 / 后勤 / 物业 / 客服等）、灵活用工，通过一系列专业的人力资源服务方式，满足客户多元化的用工需求。

2. 人力资源招聘服务

提供线上线下招聘平台，供广大企业招聘人才、求职者应聘就业；以代理招聘、RPO 的招聘流程外包和猎头的形式解决了企业招聘周期长、成本高等问题；使用人才测评工具保证了选才、用才的准确性，提升了人力资源优化配置水平。

人力资源招聘服务主要包括招聘平台服务（嘉兴市秀洲人力资源市场、嘉兴人才人力网、桐乡市人力资源市场、桐乡人事人才网、湖州人事人才网、新媒体平台招聘、本异地招聘渠道）、代理招聘服务（RPO& 猎头）、人才测评服务。

3. 人力资源教育培训服务

嘉兴广源人力资源有限公司的教育培训以职业培训为主，按照职业或工作岗位对劳动者的要求，以开发和提高劳动者的职业技能为目的进行教育和培训活动，包括职业技能培训就业、指导互联网 + 创业培训、企业管理培训、学历培训等。

4. 人力资源管理咨询服务

帮助企业梳理人力资源管理方面的流程以及规章制度，设计并整合薪酬、福利和职业发展规划方案。人力资源管理咨询主要包括员工管理制度规范、人力资源管理流程优化、薪酬管理、劳动关系协调、劳动争议咨询、企业战略管理。

5. 人力资源人事代理服务

根据需求将一项或多项人力资源管理工作或职能外包，由专业的第三方代理，以降低人力资源管理成本，提高人力资源管理效率。人力资源人事代理主要包括社保代理、薪酬结算、各类劳动事务代理服务（如工伤 / 生育金代理申报、赔付等）。

三、搭箭推弓：准 BOT 模式的形成与完善

人力资源服务业是为人才和用人单位提供相关服务的行业，其主要目标是满足用人单位和求职者相关的人力资源服务需求。但是，这些企业的市场认可度不高，导致其社会公信力较低，阻碍企业发展。广源公司作为一家中小人力资源服务企业，创造性地形成了一种准 BOT 模式，以此快速提高自己的社会公信力，获得竞争优势，实现了企业的快速发展。

纵观公司准 BOT 模式的萌生、形成、推广三个发展阶段，企业从一个新型行业的探索者一步步成长为如今年营业额达两个多亿的公司。

（一）萌生阶段：铸铁成箭，利箭难发（2008—2014 年）

自 2008 年成立以来，广源公司始终秉持"为企业获得优秀人才而赢得效益，为个人获得就业机会而赢得发展"的经营理念，不断提升自身服务水准、扩大业务覆盖范围，为公司发展奠定了基础。

1. 备材造箭：积极探索，拓展业务

2008 年 5 月，嘉兴广源人力资源有限公司成立了。在国家鼓励人力资源行业发展的大背景下，公司将人力资源管理咨询服务、人力资源服务外包、人事劳动事务代理三大业务作为起步业务，为企业提供专业性的人才补给。

2009 年 1 月，广源公司成立了位于桐乡的子公司——桐乡广源人力资源有限公司，并取得《劳务派遣许可证》。为支撑企业发展，公司积极开拓人力资源外包的各种服务业务，如招聘服务、劳务服务、教育培训、人事代理等。

2011 年，广源公司成立桐乡市广源职业技术培训中心（以下简称"广职"）。广职的出现填补了公司在人力资源培训方面的空缺，提高了公司的服务水平。作为嘉兴地区最早的无纸化模拟系统操作培训机构之一，广职不仅在一定程度上缓解了求职者的就业压力，在市场上获得了较好的反响，还使广源公司自身得到了新的发展，促使其在人力资源服务领域变得更专业化和体系化。

2012 年，市场上出现部分企业为降低生产管理成本，将某些项目承包

给第三方，委托其代为处理的情况，广源公司敏锐地关注到这一市场需求，于同年推出项目外包服务，具体包括档案管理及其数字化业务、物业服务业务等。项目外包的推出不仅增加了求职者的就业机会，其中数字化技术的应用还使广源公司的人力资源服务水平及发展潜力得到了进一步的提升。截至2012年，公司已形成三大较为完备的业务模块（图9-1）。

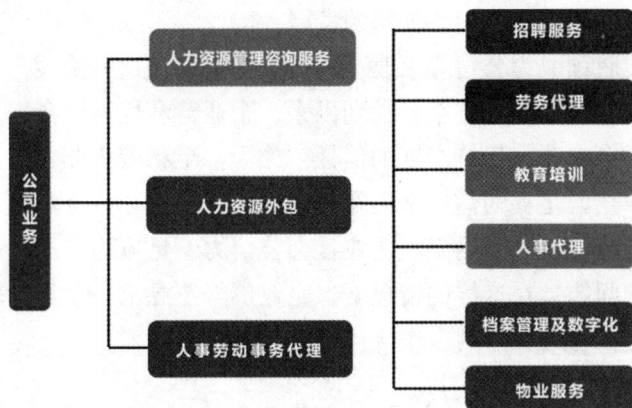

图 9-1　截至 2012 年公司开拓的业务

2.审时度箭：紧跟时势，创新发展

在公司实力壮大的过程中，广源公司承受着来自内部和外部的双重压力。一方面，作为一家起步不久的服务性企业，广源公司的经验相对不足，对市场的了解度不高，企业在服务上存在多处漏洞。另一方面，用人单位和劳动者人力资源意识的淡薄、求职者的自身实力不高，严重制约着公司的发展。

2014年是广源公司转型升级的一年，公司积极顺应时代潮流，通过互联网技术、大数据等不断进行优化调整。2014年11月19日，第一届世界互联网大会在中国浙江乌镇举办，公司紧紧抓住机遇，依托乌镇作为历届国际互联网大会的地址优势，试图以互联网技术与人才市场线下结合的方式迈向企业的转型升级之路。在倡导"互联网＋人力资源服务"的时代背景下，公司把握社会潮流和国家政策趋势，于当年开始进行研发大数据、创办智能化招聘平台和智能人事管理平台。智能化平台的打造让广源公司的服务水平和服务质量得到了进一步提高，使其在同行业中的优势愈加明显。

在业务拓展期，政府的保驾护航与广源公司的"互联网＋技术"的运用提高了公司的创新能力，增强了公司的可塑性，为之后的发展夯实了基础。

3. 精细磨箭：遭遇困境，寻求改革

通过前六年的积累与沉淀，广源公司已经初具规模，不仅基本实现了"招聘、配置、培训、就业、创业"一条龙服务，在智能化平台的研发上还取得了一定成效。在该过程中，广源公司的市场规模得到了扩展，基础业务服务能力也不断增强，逐步解决了服务质量低的问题。然而，缺乏社会公信力的行业难题依旧阻碍着广源公司的发展。

企业发展瓶颈成为公司寻求改革的重要推力，在这一阶段，广源公司开始去分析问题并寻求解决方案。长期以来，企业营利性与服务性之间的矛盾始终无法让公众对公司保持高度的信任。作为一个私营企业，广源公司难以从消费群体中获取足够的信任来拓宽其市场范围，这导致企业客户吸纳难度大，使其业务范围进一步受阻。企业社会公信力不足成为广源公司发展过程中亟待解决的问题，在这样的情况下，企业不得不寻求一个具备较好信誉基础、拥有一定社会号召力的合作伙伴协助公司走出困境。

（二）形成阶段：寻求良弓，精诚合作（2015—2017 年）

在这一阶段，广源公司基于企业发展的实际，探索出了一种准 BOT 模式来提高企业的社会公信力，突破了公司的发展瓶颈，让公司的发展实现了质的飞跃。

1. 良弓备箭：顺应趋势，达成合作

长期以来，人社局为了给当地经济发展提供人力资源方面的支持，对当地人力资源市场投入了大量的人力及物力资源，但由于专业型人才和技术的缺乏，一直没有取得好的效果。为此，人社局希望招聘一家具备专业知识和能力的人力资源服务企业来参与人力资源市场运营，以期构建和完善桐乡市人力资源服务体系。

2015 年，嘉兴市商务局将广源公司列为嘉兴市首批政府重点培育服务外包骨干企业，与行业内的其他人力资源服务公司相比，获得官方认可的广源公司显然更具竞争优势。而桐乡市人社局作为政府管辖的人力资源部门，具有较强的公信力和社会号召力。政府部门良好的信誉基础和其对企业形象树立的正面作用都让广源公司意识到政府是最佳的合作伙伴。

2017 年上半年，嘉兴市政府推出了大量政企合作的项目，并取得了良好的效果，为人社局管理当地人力资源市场提供了极大的借鉴。在经过政府和行业内企业的多方沟通、考虑之后，桐乡人力资源和社会保障局人才市场管理办公室决定在借鉴 BOT 模式的基础上，对资金规模、运行程序等进行调整，通过对外公开招聘人力资源市场服务运营商的方式，实现人力资源市场的良好运营。

2017 年 12 月，桐乡市人社局人才市场管理办公室公开招聘桐乡市人力资源市场服务运营商。

企业主动顺应政府改革趋势成为其获得突破性进展的重要条件。招标公告发布之后，广源公司积极整理项目相关信息，结合桐乡人力资源发展现状，拟定了关于人力资源市场运营的具体措施和方法后进行投标，并最终凭借公司自身的发展优势，与政府签订合作协议，获得了桐乡市人力资源市场和配套的网站的运营权，开始投资智能招聘与配置平台运营。

就此，广源公司找到了能够帮助企业获得突破性成长的助手，当地政府也在众多企业中挑选出能够帮助自身发展的心仪企业，双方开始了有利于各自发展的准 BOT 协作之路。

2. 搭箭拉弓：精准定位，各司其职

准 BOT 模式的形成过程主要分为五个阶段，本案例重点对前四个阶段展开介绍。

（1）准备阶段

政府与当地人力资源企业积极沟通，设计项目。当地人力资源企业与政府制定项目内容、共同统筹平台的建造规划等。在这一阶段，政府主导项目的开展。

（2）招标阶段

政府推出招标，广源公司投标并中标。为实现项目的落地，政府采用线上线下结合的方式进行招标，各私营企业纷纷向政府投标；广源公司则凭借自身的资金、技术、管理经验等优势在众多同类型企业中脱颖而出。

（3）建设阶段

政企双方发挥各自优势，加快项目推进。广源公司凭借自身实力为政府人力资源服务平台的建设提供技术与资金支持，以良好的口碑、专业的技术等服务于桐乡市人力资源服务平台的建设；政府负责统筹项目的规划用地、出资建造人力资源平台。该举措在缩小项目的资金规模、减少政企双方资金压力的同时，让政企双方充分发挥了各自的优势。

（4）运营阶段

政企双方分工明确，配合默契，共同参与人力资源服务平台的运营。广源公司借助政府的公信力，不断改进自身问题，提高服务质量和服务水平。政府则对现场招聘会等人力资源市场活动进行多渠道宣传，努力优化当地的人力资源市场环境，并对广源公司的运营工作进行规范和监督。公司在运营阶段帮助政府对人力资源市场和平台进行的运营和改造使市场和平台更加专业化、智能化、实用化，双方的合作提高了大众对人力资源服务业的认可度。

在整个准 BOT 模式的形成过程中，广源公司作为私营企业，参与项目的招标、建设、运营、移交阶段，定位于项目的社会资本方、建设承包方和运营方，参与人力资源服务平台的打造和运营，拥有对项目及其相关公共基础设施的运营权。而政府作为公共部门，参与项目的全过程，定位于项目的主办方，参与人力资源服务平台的搭建并主导合作，始终拥有对项目及其公共基础设施的所有权。

无疑，广源公司与桐乡市政府的精诚合作成为广源公司发展过程中的一个里程碑，处在业务拓展阶段的广源公司正需要政府这样的平台去赢得市场口碑和社会公信力。

3. 箭飞云霄：强强联合，合作共赢

在广源公司和桐乡市人社局的合作下，桐乡市人力资源市场及服务平台运营效果良好。观察桐乡市人事人才网 2017—2019 年流量变化图（图 9-2）和桐乡人力资源市场 2017—2018 年解决就业情况（图 9-3）发现，2017 年10 月，桐乡人事人才网开始投入运营，网络人流量达到 120 万，2018 年，该网站网络浏览量则高达 1 825 万。桐乡人力资源市场自广源公司运营以来，解决就业人数呈逐年上涨的趋势，2017 年解决就业 1 万余人，2018 年解决就业 1.2 万余人。两者的协同发展使桐乡市人力资源市场及相关服务平台的发展更上一层楼。

单位：万

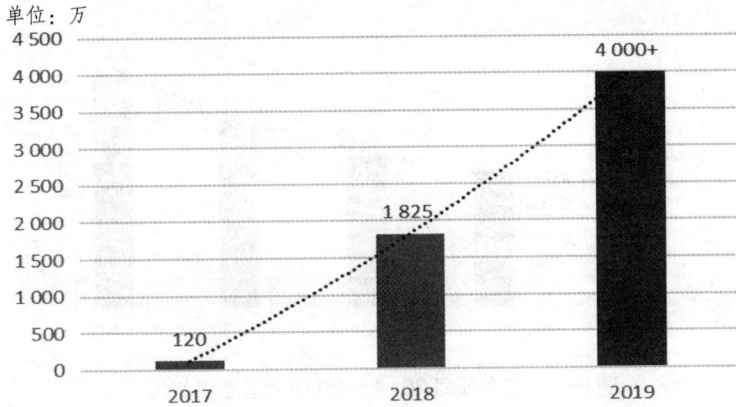

图 9-2　桐乡市人事人才网 2017—2019 年流量变化

单位：人

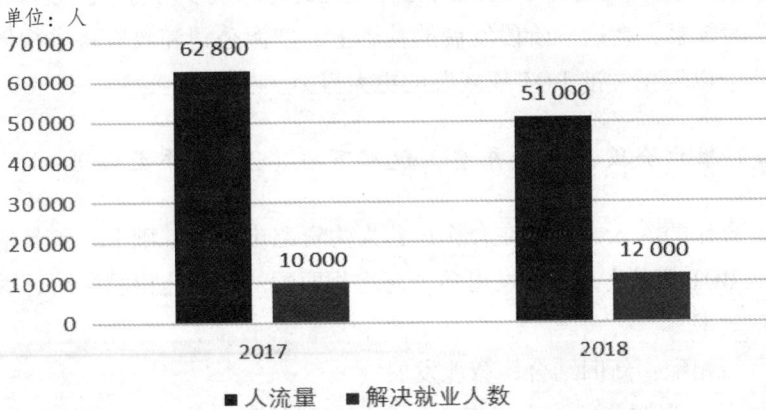

■ 人流量　■ 解决就业人数

图 9-3　桐乡人力资源市场 2017—2018 年解决就业情况

对于广源公司来说，准 BOT 项目的开展使公司的经济效益有了更进一步的提高。如图 9-4 所示，2017 年平台建成以后，公司的营业额有了显著的增长，从 2014 年年末的 0.82 亿元增长到 2018 年年末的 1.63 亿元，同比增长 98.8%。

单位：亿元

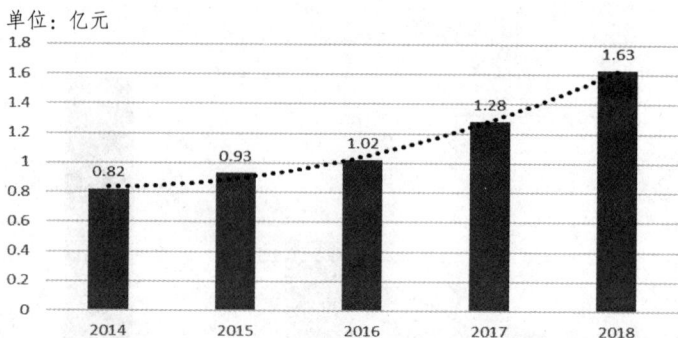

图 9-4　广源公司 2014—2018 年营业额变化

广源公司与政府通过这一阶段的尝试，基本实现了准 BOT 模式下的合作共赢，双方在发展过程中遇到的各种问题也基本得到了解决，达到了"1＋1＞2"的效果。在这一阶段发展的基础上，广源公司和政府将进行创新成果的推广，以发掘"准 BOT 模式"的更大潜力。

（三）推广阶段：携手并肩，锐不可当（2018 年至今）

随着合作的深入，双方在合作运营人力资源市场的基础上，到其他地区推广"准 BOT 模式"，并开发出多个与之相匹配的智能化招聘平台，大大提高了运营效率。

1. 弓箭相配：新旧结合，智能发展

2018 年，广源公司与嘉兴市政府合作打造的嘉兴首家"互联网＋"智能人力资源市场——嘉兴市秀洲人力资源市场落成。早期对互联网技术与传统人力资源服务结合的尝试，以及第一届世界互联网大会在浙江乌镇的举办，都给广源公司带来了许多新的思考，也使其积累了不少相关经验。秀洲人力资源市场是广源公司利用国内最新移动互联网技术创新体系、智能化招聘软件和设施搭建起的智能化人力资源公共服务平台。

秀洲人力资源市场作为浙北地区首家高端智能化招聘市场，将全新的市场与全新升级的嘉兴人才人力网站相结合，推出了具备岗位自动配对、邀约面试等功能的智能平台，实现了数据在线下和线上的无缝对接，提供了具有权威性的人力资源供求信息。该智能市场不仅方便用人单位利用互联网技术实现智能化人事管理，提高"人岗匹配"率与管理效率，还便于为企业薪酬设计、用工规划、招聘策略等提供最新数据分析依据，更为社会解决了很多

人才需求、人才引进、就业创业指导等方面的难题。

如今的秀洲人力资源市场经过改造，已经全部采用无纸化招聘，平台设备齐全、功能强大，实现了真正的智能化招聘，为求职者和寻求人才的企业搭建了桥梁。这是广源公司在寻求发展的道路上迈出的重要一步。

不仅如此，广源公司还为秀洲人力资源市场设置了线上的智慧人力资源服务平台，为大众提供了线上的人力资源服务。

平台主要包含十大系统：

（1）客户关系管理系统

以云数据中心为支撑，运用新型管理机制对招聘客户进行跟踪管理。

（2）信息综合自助服务系统

求职者可在招聘现场实时查询企业概况、招聘信息、搜索查询职位、投递简历、办理在线业务。

（3）智能求职系统

既能维持入场秩序、提高安保等级，又实现了入场求职人员的求职信息的实时收集和现场配对。

（4）才情检测系统

实时全方位掌握就业动态，亦可根据出具的各种图表数据形成才情分析报告。

（5）人才网站系统

高效搭建具有强大功能、高稳定性的各类人性化、实用性人才网站，包含触屏版、微信平台的快速实施。

（6）智能化招聘系统

有效解决了线下招聘资源不足、求职对接效率低、供需结构性矛盾等问题。

（7）中高端人才猎聘系统

对比分析了行业内专业高端人才招聘平台，取长补短，开发出了具有良好用户体验的中高端猎聘平台。

（8）招聘信息实时发布系统

实时发布到展位信息屏、室内外 LED 大屏，提升了招聘求职对接效率和用户体验度。

（9）简历智能打印系统

提升了市场信息化服务水平。

（10）市场运作管理系统

考勤任务下达与反馈、服务电话录音回放。

2. 一箭多发：拓展视角，多维合作

智能人力资源市场的建设让广源公司的业务规模得到进一步扩大，使其逐渐在浙北地区打响了名号，吸引更多的浙北地区其他市县与其进行合作。2018 年 11 月，广源公司与湖州工会服务中心合作创办了湖州人事人才网。这一举措极大拓展了广源公司在湖州市的业务，不仅增加了公司知名度，还给招聘服务业务带来了新的突破。

截至 2018 年年末，广源公司已与多个地方政府形成了“准 BOT”合作模式，先后运营了三个智能平台——桐乡市人才市场及桐乡人才网、嘉兴市秀洲人力资源市场及嘉兴人才人力网、湖州人事人才网。如今，三大智能平台运营良好，公司业务处理效率得到大大提高，在解决就业等社会问题上取得了显著成效，在企业和大众中的反响较好。

2019 年 1 月，广源公司成立了嘉兴蔚才信息技术有限公司，希望借此继续扩大公司的规模。蔚才信息技术有限公司通过规范业务流程和优化企业用工环境，大大改善了职场失信现象，为建设职场诚信系统打下了良好的基础。

未来，广源公司将在更多地区开展“准 BOT 模式”，而南浔便是广源公司的下一个目标。公司计划建设南浔人力资源市场及其智能化平台，开展职业技术培训项目，并结合公司原有业务，将南浔人力资源市场建设成具备“求职、招聘服务、职业技能培训、人力资源配置、到企业人力资源管理”一条龙服务的招聘市场，以达到促进南浔区就业创业、优化人力资源配置的目的。

3. 箭无虚发：直击目标，效果显著

“准 BOT 模式”的开展使智能化招聘平台的运用达到了政企双方满意的效果。以桐乡市人力资源市场为例，在 2019 年人力资源总量减少的情况下，招聘现场仍出现连续多天所有展位求职者爆满的情况，现场日均人流量也一直保持在 3 000 人次以上。目前，桐乡人力资源市场日常招聘会设有约 150个展位，平均每场招聘会吸引的求职者达 1 800 人次左右。在 2019 年 1 至 5

月期间，广源公司协同桐乡市人社局共举办 45 场线下招聘会，现场累计服务人次达 5 万人。

桐乡人事人才网日均浏览量达到 10 万以上，公众号粉丝达 5 万以上。网站一年内引进大学本科及以上学历人才 8 000 多人，其中硕博士学历的人才 100 多人，个别大型企业近三个月发布的招聘信息及收到的求职简历近 6 000 份。

多个人力资源市场的改造和智能化平台的开发使准 BOT 模式下该合作项目的潜力得到了有效发挥。而如今的广源公司也已经成长为一家集现代化、专业化、智能化于一体的综合性人力资源服务公司，拥有广阔的发展前景。

（四）小结

在准 BOT 模式的政企合作项目中，如果广源公司是"人力资源服务市场"箭袋中最锋利的箭，政府便是一把良弓。在合作过程中，无论是良弓，还是利箭，都是不可或缺的。

作为当地发展势头较足的人力资源服务公司，广源公司的技术团队、管理经验、资金实力能够充分支持该政府平台的发展壮大。对政府而言，搭建并主导发展人力资源市场平台最主要的目的是改善当地人力资源市场现状，借助平台构建人力资源服务体系、提高政府工作效率，以实现人力资源优化配置、促进就业。双方在优势互补的情况下实现合作，这种互利互惠的方式极具创新性。

四、一箭三雕：准 BOT 模式的协同效应分析

广源公司找到了能够使公司实现转型升级突破的关键——准 BOT 模式，并成长为一家集现代化、专业化、智能化于一体的综合性人力资源服务公司，为其他同类企业发展提供借鉴和参考，为我国中小人力资源服务企业成为人力资源服务领域新的增长点赋能。接下来，本案例将详细研究广源公司准 BOT 模式成功的原因。

（一）经营协同效应分析

经营协同效应是指由于存在规模经济、范围经济，组织双方实现合作

后，生产经营活动的总体效率大于单方经营效率，最终使项目经营成效更理想。在本项目中，经营协同主要体现在战略目标的趋同、职能的相互配合以及资源优势互补三个方面。

1. 战略协同：双方目标趋同

在合作前期，广源公司一直备受行业社会公信力低下的困扰，而政府又在经营当地人力资源市场方面遇到了诸多难题。经过一系列磨合与发展，广源公司和桐乡市政府以准 BOT 项目的运作模式作为两者合作的范本，在综合建造和运营平台等方面进行协调合作，打造了企业招聘、个人求职和人事公共服务三位一体的"互联网 +"智能化人力资源公共服务平台。在项目中，双方的目标达成一致（图 9-5），即在数字化技术的支持下，使人力资源市场的运营效率上升到一个新的高度。与此同时，经营目标的趋同能够帮助广源公司解决社会公信力不足的问题并满足企业发展和持续盈利的需求，也在一定程度上解决了人社局在专业方面遇到的问题，从而提高了桐乡市政府为人民服务的能力。

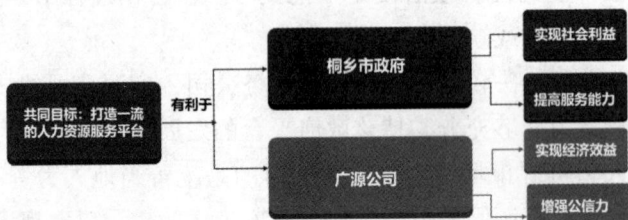

图 9-5　经营目标的趋同

2. 分工协同：职能相互配合

受公信力不足的影响，参与合作前的广源公司不得不在宣传方面分散其有限的精力，政府则由于运营人才市场的效率不高，公信力良好的优点难以得到有效发挥。然而，在此合作模式下，两者通过不断磨合、合理分工，充分发挥各自的长处，弥补对方的不足，无论是在项目的建设规划期还是运营期，都能做到配合默契。

3. 运营协同：实现资源互补

通过多年探索，广源公司获得了大量的人才资源和技术资源，却缺乏与之相匹配的市场，资源难以得到有效利用；政府拥有人力资源市场，却又缺乏相关的技术支持和人才。双方在合作中提供了各自的优势资源，广源公司投入技术、设备及专业人才，政府则投入基础的数据信息资源及市场资源，从而降低了项目的成本，推动了项目的高效运行，实现了运营上的协同。经营协同下的协同比较如表 9-1 所示。

表9-1　经营协同效应下的合作前后比较

对象 经营 协同效应	合作前		合作后	
	广源公司	桐乡市人社局	广源公司	桐乡市人社局
战略目标	提高企业公信力	缓解就业压力	战略协同：实现招聘智能化和效益最大化	
职能范围	全程跟进项目	全程跟进项目	分工协同：实现经营效率最大化	
运营状况	市场占有率小	缺乏相关人才资源	运营协同：实现资源利用最大化	

（二）管理协同效应分析

管理协同效应是指管理能力、管理效率存在差异的组织进行合作，合作后组织整体绩效将会高于各单独部分的简单相加之和，最终使综合管理效率得到提高。在本项目中，管理效率的提升具体体现在以下三个方面：人才协同、技术协同、制度协同。

1. 人才协同：节省管理成本

在十多年的发展过程中，虽然

广源公司培养了一批拥有丰富管理经验的人才，但仍缺乏一定的监督机制来进一步提升各方面的效率。桐乡市人社局的行政人员均是机关单位通过层层选拔录用的，人员素质和工作能力较强，但在运营人力资源市场方面缺乏相关的专业人才，导致经营效果不佳。在具体的合作过程中，广源公司积极运用自身的人才优势，为公共平台提供了相应的管理人员、网络运营员、市场拓展员、微信编辑员等；桐乡市人社局则派遣专门的行政人员负责平台及市场日常的统筹、监督工作。双方通过合作，实现了人才的有效利用，避免了政企双方因各自发展所产生的人才费用，节省了双方的管理成本。

2. 技术协同：增强管理效能

在尚未形成协同之前，广源公司受业务范围、市场规模较小等问题的约束，缺乏技术平台；政府则由于技术设备的缺乏，难以对人力资源市场进行有效管理。在合作过程中，广源公司出于自身利益的考虑，不断投入资金、人才、研发设备和技术等，公司每年在设备、研发、技术创新上投入的资金有 60 余万元，希望借此增强企业创造力，提高企业服务平台与社会的质量。桐乡市人社局借助广源公司的人事管理智能化平台、聚英圈等不断发展人力资源市场，增强了政府为人民服务的能力。双方的合作提升了项目整体的管理效率，有利于发挥项目整体的功能效应。

3. 制度协同：保障管理经营

一方面，广源公司作为一家业务丰富多样、专业程度高的人力资源服务公司，拥有良好的竞争机制和管理机制；另一方面，政府作为当地的官方平台，拥有较为完备的规章制度。两者达成合作之后，广源公司可以为平台引入较好的管理方法，运用自身丰富的管理经验对人力资源市场和平台进行专业化改造与运营，使市场更加专业化、智能化、实用化；政府则通过对广源公司、平台进行规章制度上的约束，使平台和市场更加规范。两者的合作，能够推动平台更好地发展。经营协同下的协同比较如表 9-2 所示。

表9-2　管理协同效应下的合作前后比较

对象 管理协同效应	合作前		合作后	
	广源公司	桐乡市人社局	广源公司	桐乡市人社局
人才配置	研发人员不足	运营人员不足	人才协同：节省了双方的管理成本	
技术投入	技术平台缺乏	技术设备缺乏	技术协同：提升了项目整体管理效率	
制度保障	拥有良好的管理机制	拥有完备的规章制度	制度协同：市场更专业化、智能化、规范化	

（三）财务协同效应分析

财务协同效应是指合作给组织双方财务方面带来的效益，主要体现为参与双方资金利用更高效、资金压力更小。在本项目中，财务协同主要表现为减轻财务压力、提高经济效益、降低项目耗资。

1. 资本协同：减轻政企双方压力

从政企双方的角度出发，单个经济体独立去投资，建设一个人力资源服务平台或者市场，在经济方面需要承受巨大的压力。通过准 BOT 的形式实现合作，一方面，政府对场地的建设使广源公司不用承担土地购买、楼房建造的费用；另一方面，因为社会资本的注入，桐乡市人社局也可以免去一部分的设备投资建设费用，一定程度上减轻了政府因公共项目建设所带来的财政压力。双方通过共同参与平台的建设与打造，减轻了各自的经济压力。

2. 收益协同：提升项目经济效益

对任何一方来说，单独运行整个项目得到的经济效益远小于协同时产生的经济效益。广源公司作为桐乡市较为知名的人力资源服务企业，业务能力与服务水平在当地首屈一指，其较强的综合实力保证了项目的运营，提高了项目的经济性。桐乡市作为当地的官方平台，参与整个项目的运营，其良好的信誉基础与强大的社会号召力，增强了公众对平台运营的信心。公众作为市场的消费主体，对项目拥有的强大信心，最终将有利于提高项目的经济效益。

3. 费用协同：降低项目总体耗资

在本案例中，广源公司从前期的场地建设阶段就与公共部门进行接触，参与人社局的意见收集，与桐乡市人社局共同参与平台建设、运营。频繁深入的接触与沟通能够使双方的目的更加明确，既保证了项目技术上的可行性，又在很大程度上缩短了项目的前期工作周期，减少了项目的周旋费用和部分不必要的时间成本，从而降低了项目的总体耗资。经营协同下的协同比较如表 9-3 所示。

表9-3　财务协同效应下的合作前后比较

对象 财务协同	合作前		合作后	
	广源公司	桐乡市人社局	广源公司	桐乡市人社局
项目投资	单独投资项目，需要承担较大的经济压力		资本协同：减轻了双方的资金耗用	
费用消耗	单独建设项目，需要耗费较长周期及资金		费用协同：降低了项目总体耗资	
收益情况	单独运营项目，难以维持项目的持续赢利		收益协同：提高了项目经济和社会效益	

五、利箭搭良弓：案例总结与建议

广源公司"准 BOT 模式"的整个形成过程漫长且复杂，但效果显著。那么，其他人力资源服务企业如何能与目标组织进行合作，建立"准 BOT 模式"，实现协同发展，在众多企业中脱颖而出呢？本书将在广源公司案例的启示下对其他中小人力资源服务企业的经营发展提出三点建议。

（一）因势利导，强化实力

在发展的过程中，广源公司顺应时代潮流，积极寻求发展途径，不断拓展、完善业务，扩大规模，提高市场影响力。

公司通过依靠国家政策对人力资源服务行业的支持，与时俱进，建立培训中心、研发智能平台等，提升自身的核心竞争力，为下一阶段公司规模的扩大打下了坚实的基础。同时，在竞争激烈的市场环境里，广源公司始终把着力点放在引入优秀人才、提高服务质量的发展战略上。不断加强服务队伍的建设，广泛吸纳优秀人才，为企业发展注入新鲜的血液；不断优化服务流程，积极创新服务模式，使服务更高效；不断结合国家出台的相关政策，调整自身发展战略，坚守质量，不断创新，在同行业中脱颖而出。

因此，对其他中小人力资源服务企业而言，只有紧跟时代潮流，与时俱进，不断借助新的技术和手段，如创新发展互联网大数据等，来提高公司的市场竞争力，才能使自身拥有更大的发展空间。

（二）结合实际，开拓创新

广源公司在发展的过程中，从自身实际出发，不断调整发展方针，创新发展模式，实现飞跃发展。

在前期充分准备的情况下，广源公司于 2015 年开始进行大数据的研发，并于次年成功上线，运营多个智能招聘平台，创新了招聘的形式，大大增强了公司的竞争力；本项目创新了 BOT 模式，形成了符合自身实际情况的"准 BOT 模式"；此外，在接手桐乡市人力资源服务市场之后，广源公司根据实际情况，不断调整发展方针，整合平台拥有的信息和资源，引用"互联网+"，着手运营微信公众号、人力资源服务平台网页、小程序等，开启线上线下招聘相结合的方式，创新了人力资源服务模式，与当地各类型企业合作，提高了服务的质量。

因此，对于中小人力资源服务企业而言，应该不断根据实际情况调整自身发展方针，结合自身的条件与时代背景，创新人力资源服务模式，从而实现新发展。

（三）取长补短，合作共赢

在发展的过程中，广源公司不但做好了自身的战略定位，而且始终精准把握市场环境的变化，抓住时代给予的机遇，寻找恰当的合作伙伴，实现了协同发展。

在十一年的发展历程中，广源公司始终坚持走自我完善与成长之路。在成立初期，公司基础业务少，业务能力也较为薄弱，没有广泛的客户基础，但它并未退缩，而是积极响应国家号召，寻求扩大经营和进一步发展的途径，在当地树立良好的口碑；在发展中期，公司面临社会公信力低下的难题，依旧砥砺前行，坚持发展，不仅与政府开展项目合作，发挥了自身的竞争优势，大大提高了公司的公信力和品牌影响力，还找准自身的定位，积极把握桐乡市政府运营人力资源服务市场的机会，最终成为本地人力资源服务企业中的佼佼者。

因此，对于中小人力资源服务企业而言，在准确把握市场环境的变化、评估自身发展状况，不断壮大自身、做好战略定位的同时，还需要果断抓住市场机遇，与目标组织合作，借力借势迅速成长，学会取长补短，寻找合适的机会发挥自身的优势，努力通过合作实现共赢。

参考文献

[1] 周晓唯，杨静.企业公信力与企业社会责任研究 [J].石河子大学学报（哲学社会科学版），2013，27（5）：76–81.

[2] 谈小燕，袁婷婷，刘亚兰.现代企业公信力初探 [J].重庆职业技术学院学报，2006（6）：72–74.

[3] 周瑞新.我国企业人力资源管理外包的现状及发展 [J].中国商论，2017（26）：90–91.

[4] 丘开浪.PPP 项目的协同效应研究 [J].中国资产评估，2016（3）：27–33.

[5] 李小朋.PPP 项目政府与私人合作的协同效应研究 [J].建筑经济，2010（12）：56–60.

[6] 伍迪，王守清.PPP 模式在中国的研究发展与趋势 [J].工程管理学报，2014，28（6）：75–80.

[7] 白列湖 . 协同论与管理协同理论 [J]. 甘肃社会科学，2007（5）：228-230.

[8] 赵阳 . 浅谈企业并购与协同效应理论 [J]. 理论导刊，2004（9）：40-42.

[9] 潘开灵，白列湖 . 管理协同机制研究 [J]. 系统科学学报，2006，14（1）：45-48.

思考题

1. 什么是协同理论？有哪些要点？
2. 企业如何利用协同理论实现成长？

案例编写：戴倩茹（工商 172） 董妍（工商 172） 范洁茹（工商 172） 包伟杰（会计 183） 宁一阳（国商 181）
指导老师：周鸿勇　陈锦文

案例 10

马斯洛需要层次理论下的留才管理新思路

——杭州海顺企业"内包制＋"的成功实践与经验

摘要：人才是企业在市场中保持竞争力的"第一核心"资源，然而难以留才一直是制约中小企业持续发展的难题。本案例研究的是一个企业根据自身特点进行管理创新，成功实现留才的事迹。案例研究对象杭州海顺制药机械有限公司通过对企业外贸部实行内部承包制留才，并通过"内包制＋"不断完善，降低了内部承包带来的风险，持续推动了企业发展。

首先，案例分析从海顺企业的基本情况入手，介绍了海顺企业实现发展的关键制度——内包制；其次，梳理海顺企业内包制发展的四个阶段，不断通过"内包制＋"完善制度留人；再次，用马斯洛需要层次理论解释了海顺企业"内包制"成功实施的内在机理，总结出满足"安全、社交、尊重、自我实现"四大需求留才的模式；最后，根据海顺企业"内包制"实施的成功经验提出了四点留才建议。

关键词：海顺企业；留才管理；"内包制＋"；马斯洛

一、引言

（一）研究背景

人才作为重要的战略资源，其重要性越来越明显。然而，难以留才一直是制约中小企业持续发展的难题。与大企业相比，中小企业管理相对不成熟，薪酬福利相对较低，个人发展机会少，专业人才往往会更愿意在资本充足、体系较为成熟的大企业工作。因此，中小企业需要根据企业实际情况制定有效的留才管理方法，以保持企业的竞争力，推动企业持续发展。

为了发挥人才积极性，一些中小企业往往采用内部承包的方式。内包制作为一个让所有人员参与到经营中，打破以往雇佣干活、老板付钱传统模式，共担风险、共同受益的制度，能够在缓解高层管理压力的同时，很好地发挥优秀人才的作用，并让其服务于企业。然而，由于内包制有着明显且致命的缺陷，作为核心人物的承包人，尤其是那些在关键部门掌握关键技术、关键客户的人才一旦离开，就会使整个工作陷入混乱，使企业处于危险的境地。因此，如何留住优秀的人才，成了内包制企业亟待解决的难题。

杭州海顺制药机械有限公司（以下简称"海顺企业"）通过对企业外贸部实行内部承包制，激发了人才的积极性，推动了企业发展。但是，对外贸部这样的核心部门实行承包制会使企业面临巨大的风险，因此企业针对发展过程中发现的问题对内包制采取了一系列改良措施，并通过对"内包制 +"的不断完善，形成了具有海顺企业特色的留才管理体系，降低了实行内部承包制带来的风险，持续推动了企业发展。这一成功经验可以让我们找到企业通过实际情况进行制度创新，实现有效成长的一种新方式，为企业发展提供了理论指导。

（二）研究意义

本案例对海顺企业如何运用"内包制"成功留才的问题进行研究，并运用马斯洛需要层次理论深入分析其成功机理，具有理论和实践的双重意义，具体包括以下三点。

1. 提出完善中小企业内包制的思路

内包制以其内部承包为主，可以使企业减少管理压力、分摊一定风险，但内包制也存在本身不可避免的问题，一旦承包核心人物离开，企业将面临巨大风险，所以一直以来在国内的企业中鲜少应用。并且，应用内包制的企业也多在生产车间等非核心部门实施，以降低人才流失和企业资源流失产生的风险。但是，海顺企业通过一系列的留才措施完善"内包制"，逐步形成了适合企业发展的"内包制 +"模式，使企业在外贸部内部承包的情况下，仍能将人才留在企业并且使其能力得到最大限度地发挥，这样的留才新思路完善了内包制。

2. 从理论解读"内包制＋"的留才机理

本案例以马斯洛需要层次理论为基础，根据企业人才的实际，忽略生理需要这个次要因素，重点围绕马斯洛需要层次理论中的安全、社交、尊重、自我实现四个需要层次，对海顺企业如何通过"内包制＋"来满足董事长和总经理双方的需要进行分析，解读"内包制＋"体系留才的机理，验证此思路在我国中小企业中的可行性。通过此次研究，也为企业未来发展提供了有效的理论指导。

3. 为其他企业成功实施内包制提供借鉴

海顺企业的"内包制＋"体系通过满足人才的需要很好地解决了企业中最主要的人才流失问题，是中小企业在经营期间为提高效率、协调内部人才、调整管理制度的典型代表，其实践成果可给予类似企业一些参考。其他内包制企业可以借鉴海顺企业的成功案例，针对自己企业制度上存在的问题，根据企业自身的制度特点进行完善，满足人才各方面的需求，使其与公司成为命运共同体，与公司共同发展，实现企业各方面效率和质量的提升。海顺企业对"内包制＋"的应用开拓了企业留才的新思路，对我国企业人才制度管理方式的丰富和完善具有一定的实践指导意义。

（三）理论依据

运用马斯洛需要层次理论，对海顺企业"内包制＋"体系如何满足企业人才需要进行分析，可以解读"内包制＋"体系留才的机理。马斯洛需求层次理论是人本主义科学的理论之一，其是由美国心理学家亚伯拉罕·马斯洛于 1943 年在《人类激励理论》论文中提出的。书中将人类需求像阶梯一样从低到高按层次分为五种，分别为生理需要、安全需要、归属和爱的需要、尊重需要和自我实现的需要。

各层次需要的基本含义如下：

1. 生理需要

生理需要是人类维持自身生存的最基本要求，包括饥、渴、衣、住、行等方面的要求。如果这些需要得不到满足，人类的生存就成了问题。在这个意义上说，生理需要是推动人们行动的最强大的动力。马斯洛认为，只有这些最基本的需要满足到维持生存所必需的程度后，其他的需要才能成为新的激励因素，而到了此时，这些已相对满足的需要也就不再成为激励因素了。

2. 安全需要

安全需要是人类要求保障自身安全、摆脱事业和丧失财产威胁、避免职业病的侵袭、接触严酷的监督等方面的需要。马斯洛认为，当这种需要相对满足后，也就不再成为激励因素了。

3. 归属和爱的需要

归属和爱的需要包括两个方面的内容。一是友爱的需要，即人人都需要伙伴之间、同事之间融洽的关系或保持友谊和忠诚；人人都希望得到爱情，希望爱别人，也渴望接受别人的爱。二是归属的需要，即人都有一种归属于一个群体的感情，希望成为群体中的一员，并相互关心和照顾。归属和爱的需要比生理需要来得更细致，它和一个人的生理特性、经历、教育、宗教信仰都有关系。

4. 尊重的需要

人人都希望自己有稳定的社会地位，要求个人的能力和成就得到社会的承认。尊重的需要又可分为内部尊重和外部尊重。内部尊重是指一个人希望在各种不同情境中有实力、能胜任、充满信心、能独立自主。总之，内部尊重就是人的自尊。外部尊重是指一个人希望有地位、有威信，受到别人的尊重、信赖并得到高度评价。马斯洛认为，尊重需要得到满足，能使人对自己充满信心，对社会满腔热情，体验到自己活着的意义和价值。

5. 自我实现的需要

自我实现的需要是最高层次的需要，是指实现个人理想、抱负，最大限度地发挥个人能力，完成与自己的能力相称的一切事情的需要。人只有从事自己喜欢的工作，才会感到快乐。马斯洛提出，自我实现的需要是在努力发挥自己的潜力，使自己成为所期望的人物。

需要层次理论对企业管理者如何有效地调动人的积极性具有启发作用。马斯洛认为，人的内心都潜藏着这五种不同层次的需要，但在不同的时期表现出来的各种需要的迫切程度是不同的。人的最迫切的需要才是激励人行动的主要原因和动力。人的需要是从外部得来的满足逐渐向内在得到的满足的转化。有的需要一经满足，便不能成为激发人们行为的动力，于是被其他需要取而代之。对人才来讲，生理需要往往已是相对满足的需要，因此也就不再成为激励因素了，本案例将不涉及马斯洛需要层次理论的生理需要。

本案例分析主要从安全需要、归属和爱的需要、尊重需要、自我实现的需要四个方面分析海顺企业是如何通过"内包制 +"满足董事长和总经理双方的需要，从而实现长期留人，推动企业发展的。

二、海顺企业概况

（一）企业简介

杭州海顺制药机械有限公司坐落于风光秀丽的富春江畔，是一家以生产并销售大型酿造设备为主的外贸企业，现拥有员工 105 人，技术人员 16 人、外贸业务员 10 人。企业成立于 2010 年 3 月，注册资金 3 000 万元，位于富阳经济开发区场口新区百丈畈路 8 号，占地面积 26 667 平方米，生产厂房面积达 20 030 平方米。

公司主要产品有制药浓缩设备、啤酒酿造设备等，拥有三条生产流水线，年生产啤酒酿造设备达 2 500 套。

质量通过欧盟 CE 认证和德国莱茵 TUV 认证、ISO 质量管理体系认证、美国的 UL 和 API 官方认证并且产品远销欧美、日本、东南亚等地区，深受各国制药企业与酿酒企业的喜爱。

（二）组织结构和管理特点

杭州海顺制药机械有限公司目前有一名董事长、一名总经理，由 6 个部门组成。董事长总揽公司各项事务的管理，包括人员的管理和调动以及订单的审核。总经理是职业经理人，与企业董事长非亲非故，主管外贸部，负责外贸部的各项事务，调控生产进度。各部门的职责如下：

生产部：负责公司产品的生产。

质检部：负责公司产品生产的监管和产品的质量检测等。

技术部：负责产品研发、技术研发，负责产品的电脑 CAD 制版等。

外贸部：负责外贸业务，负责订单的收纳、录入。

采购部：负责原材料、小型配件以及各项办公用品的采购。

财务处：负责公司财务报表的制作等。

海顺企业对外贸部实行内部承包制，由总经理承包。这种内部承包制度激发了人才的积极性，推动了企业发展。但对外贸部这样的核心部门实行承包制，风险很大，一旦总经理辞职，核心业务将会失去。海顺企业在逐步控制内包制多层风险的过程中，形成了董事长对总经理和外贸部特殊的控制、监督体系。

（三）企业荣誉

自主研发了"自动化多功能双效热回流浓缩机组"等十项实用新型专利。

产品多次被评为国内首台套和省级新产品。

欧盟 CE 认证和德国莱茵 TUV 认证、ISO 质量管理体系认证。

美国的 UL 和 API 官方认证。

2013 年 5 月获得"杭州市小微企业规范升级"先进单位。

2013 年被评为杭州市高新技术企业。

2013 年度浙江省最具创新活力小微企业。

2014 年富阳区企业技术中心。

2014 年富阳区十佳成长型优势企业。

2014 年浙江省创新型示范中小企业。

2015 年浙江省工商信用 AA 级守合同重信用单位。

2015 年获得阿里巴巴国际站 SGS 商务信用认证。

2017 年获得浙江省"最具发展潜力企业"。

三、海顺企业"内包制＋"的形成与发展

海顺企业的创立和发展历经波折。在这个过程中，为吸引和留住人才，创造性地对外贸部这个核心部门实行了内部承包制（内包制），并不断进行完善，解决了掌握核心业务的人才外流的问题。海顺企业内包制的创立与完善经历了以下四个阶段（图 10-1）。

图 10-1　海顺企业"内包制＋"形成发展图

（一）创业阶段：亲力亲为，艰难起步（2007—2013 年）

1. 艰难起步，单独管理

2007 年，海顺企业的董事长凭借前卫独到的眼光，发现了国内制药机械、啤酒酿造机械市场扩大而生产商稀缺的情况。然而，当时正值金融危机，外贸环境不景气，于是他搁置了创业计划。2010 年 3 月，他抓住经济危机后的第一次创业热潮，带着在江苏、山东等地的食品机械厂中学习到的制造技术回到杭州富阳，创办了生产制药机械的海顺企业。

在创业之初，海顺企业董事长面临资金缺乏、生产办公用地缺失和工作团队未成形等一系列问题。为此，他通过各种渠道，四处筹资，终于拼凑出了 500 万元来启动创业计划。他跟别人合伙租下了一层写字楼和一个 3 000 平方米的车间作为公司生产办公的地方，海顺企业的故事从这里正式开始书写。解决了前期资金筹备和生产用地的问题后，组建一支目标一致的工作团队就成了当务之急。于是，董事长联系其在外学习考察时结识的制药机械行业的专业人才，邀请他们一同创业。同时，他奔走于高校之中，网罗毕业生加入团队。

2011 年初，在资金、生产办公用地、工作团队都具备后，结合企业所在地的产业集群效应，将掌握的技术投入生产，海顺企业的运营终于开始步入正轨。因初期公司规模较小，业务较少，为了提高整体的运作效率，企业采用相对扁平化的组织结构，董事长亲力亲为，除了财务由专业人士负责之外，其他生产、技术、业务、采购等都由其单独管理。

2. 无法兼顾，引进人才

但是，问题很快出现了。由于公司贸易、生产、技术研发等方面的工作多，董事长无法兼顾所有工作，导致公司问题频发。一方面，因管理不当，产品出现生产质量问题的次数增加，导致无法交货，甚至出现了一些安全事故，使公司蒙受了巨大损失。另一方面，由于精力有限，无法接到客户的订单，生产产品的合同不多，缺少稳定的业务。如果继续这样下去，企业将很快出现入不敷出的局面。

2012年年初，海顺企业的董事长决定为公司纳入一批专业的外贸人才，在他承担的外贸业务上做减法，把更多的精力放在自己擅长的生产过程管理和技术研发上。经过一段时间的招聘，海顺企业以业务水平和忠诚度为考核标准，成功引进了一批符合要求的外贸业务员加入团队。从此，董事长与业务员们一起拓展国内、国外两条线的客户，既寻找国内小型制药机械客户，发展发酵罐主要部件封头下线，又积极参加国外大型机械展会，拓展海外客户。经过不断的努力，海顺企业逐渐打破了外贸订单稀少的局面。

到2012年年底，海顺企业已初具规模，但是外贸部业绩总体不高。个别外贸业务员凭借自己突出的个人销售能力，通过平台提供的与国外企业交流的通道，与海顺企业董事长一起积极联系国外客户，如俄罗斯、葡萄牙等多个国家的客户，还发展了美国哈特兄弟企业（经销商）为固定客户对象。虽然在客户的拓展上取得了一定的成果，但1100万元的产值带来的利润只能勉强维持公司运行，并且大部分产值都是由个别突出的外贸员创造的。

（二）开拓阶段：分身乏术，内包萌生（2013—2014年）

1. 企业搬迁，压力巨大

海顺企业渐入佳境，其2013年的产值已经达到3000万元。规模不断扩大的海顺企业迫切需要一个独立的生产基地、一套更加完备的生产体系来支撑公司的生产活动，还迫切需要突出的贸易型人才来带动整个外贸部的进一步发展，从而将海顺生产的高质量产品推向国内同行的前列。就在这时，当地政策要求，企业必须在2013年底搬离当时租用的工业区域，生产用地的缺失使海顺企业再次陷入了困境。

2013年年底，面对生产用地缺失的问题，董事长与公司高层决定启用在初期运营中积累的资本和公关资源，把修建新的生产用地提上日程。董事长和几位创始人以及拥有资源的员工都为公司争取新的生产用地四处筹资、东奔西走，致力于争取到一个交通便利的工业用地来进行后续的生产活动。

顶着贷款的巨大压力，海顺企业在2014年12月迁到了杭州富阳区场口工业园区。在定好厂址后，公司大幅增员至105人，其中助理级员工15人，技术员20人，直接参与技术开发研究的技术人员8人。生产用地的问题解决后，企业规模的进一步扩大使公司拓展外贸业务的任务更加艰巨，而董事长也因为公司规模扩大，事务繁杂，感到分身乏术。

2. 实行内包，拓展业务

2014年，为了攻克业务拓展的难题，海顺企业定位突出人才，实行内包制。当时，企业里有一位精通多国语言和文化、业务能力和工作经验都为人称道的业务员，而且他曾经在公司融资建新址、参加国外展会等艰巨任务中有着出色的表现，自创业以来就与企业共进退。董事长看重其突出的能力和优秀的品质，在综合考察后，认为这位业务员是一位能够担当大任的不错人选，于是公司高层在与这位业务员进行了细致的协商之后，在企业的管理上大胆地实行了符合海顺企业实际情况的内包制，将外贸部内包给这位能力出色的业务员，让他参与到经营管理中来，发挥专业能力，拓展外贸业务，共担风险，共同受益。

为了进一步激励人才，以维持内包制的运行，海顺企业合理地制定劳动合同和部门承包条款。首先，在合约中明确其承包外贸部业务管理的具体职权与责任，以在制度上保证外贸部负责人能够合理行使权力，规范管理部门，包括安排客户的行程接待、应酬交际，完成外贸部与技术、生产部门的对接，根据企业实际情况调控生产进度，保证销售和生产达到高效益的平衡，等等。其次，在劳动合同上给予其应有的劳动保障，包括按照其工作的质和量支付相应的劳动报酬，并且根据实际情况提供充分的劳动条件，如办公区域、办公设备等，同时保证其享有劳动保护及社会保险、福利等权利和待遇。最后，给予外贸部负责人一定的外贸业绩提成，提成与其带领外贸部做出的业绩挂钩，以此激励其提高绩效。

海顺企业精准定位人才，合理下放权力，使其有了更大的发展空间。外贸部也因此成了一个较为独特的团队，团队文化使整个部门凝聚在一起，以更加专注和专业的态度来拓展业务。实行内包制以后，海顺企业突破了外贸业务拓展的瓶颈，订单数量逐渐增加，外贸部的运行也更加稳定、有序。

（三）维稳阶段：持舵分桨，隐患消除（2014—2015 年）

1. 适当放权，消除隐患

自 2014 年海顺企业实行内包制以来，外贸部负责人的职位问题、人才和外贸业务流失的风险，是一直存在的隐患。一方面，外贸部负责人的能力与其工资水平并不相符，这会导致其工作积极性下降。负责人承包了外贸部以来，其工资底薪并没有得到相应的提升。另一方面，负责人本人有升职的想法，然而当时公司并没有满足他的升职需要，这样更容易使其萌生辞职的想法，使人才和外贸业务流失的风险增加。为了消除这些隐患，海顺企业的董事长采取了一些措施。

第一，根据外贸部负责人的能力，给予其总经理的职权。实行内包制以后在企业的实际运营中，外贸部负责人虽然内部承包了外贸部，对外贸部的事情负责，但在与其他部门的协调配合中，常常因为职权不够而不具备足够的号召力以高效地形成决策，完成工作任务。而且，其对企业中其他部门运作的了解较少，难以在带领外贸部冲刺业绩的同时完成外贸部与各个部门的高效对接。因此，董事长决定任命该负责人为总经理，上调他的底薪，提升地位，增强其在企业中的号召力。为了突出其地位，显示对其能力的信任，公司特地为总经理配置了专用公车，以此来提高他的积极性。

第二，由于外贸部负责人在公司工作期间已经积攒了一定的积蓄，为了能够更好地发展，获得更多的利益，让自己的地位有所提升，向董事长提出希望入股公司，成为合伙人，与企业共同发展的想法。负责人在董事长看来，自该业务员承包外贸部以来，公司发展进度有了明显改善。作为企业外贸部的负责人，其不仅熟悉企业的各种业务，手中还掌握着一批能为企业带来稳定收益的客户。因此，董事长自然不愿意让公司失去这样一位突出型人才，在综合考虑后，同意了外贸部负责人请求入股的提议，同意其作为股东获得企业的分红。他认为，与其单纯地用业绩提成来留住外贸部负责人，不如让其成为企业的合伙人，将企业利益与其本人利益捆绑在一起，让其与企业共进退。

第三，以制定目标的方式来激励、留住人才。为了激励外贸部负责人和留住人才，公司高层给外贸部负责人定下了为期五年的中期目标，希望他能够在承包外贸部的五年的时间内做出一定数额的业绩，积累尽可能多的稳定客户，助力企业的进一步发展。而且，公司每年都会根据形势给予外贸部一定的业绩目标，如果未达到目标，负责人只能额外获得约定比例的业绩提成，而如果达到或超额达到目标，他将获得高于约定比例的提成。虽然中期目标的制定使外贸部每一位成员都承担了更大的压力，但也受到了更大的激励。

2. 增强交往，密切感情

除以上的策略之外，董事长也非常注重员工的情感社交，以情感社交留才。早年海顺企业面临着一些资金紧缺、客户拓展以及工厂生产事故等困难时，董事长与外贸部负责人一起奔波、筹资，一起参加国内外各大展会，积极寻找新的客户，当工厂出现事故时，董事长与外贸部负责人也一起协商解决。这些共同经历拉近了董事长与外贸部负责人之间的距离，他们的关系不仅是共事的上下级，还更像是一起历经风雨、同甘共苦的搭档和兄弟。此外，董事长还积极组织公司团建，拉近管理者与员工、员工与员工之间的距离，加强了团队建设，致力于形成互帮互助、团结协作的人文环境。

在外贸部负责人升职为总经理之后，其在企业中的地位也有了很大的提高，能够更加高效地完成工作。从原本的承包人转变成企业的合伙人之后，其社会地位也有了很大的提升，在国内外业务洽谈的过程中也更加得心应手。董事长将外贸部放权给总经理，使总经理利用自己在外贸上的能力与经验，带领着外贸部继续为企业的进一步发展发光发热；再利用制定目标、注重员工的情感社交等方式，进一步构建和谐的工作环境，激励和留住人才。自此以后，总经理以高涨的工作热情协助董事长管理公司日常事务，而海顺企业在董事长与总经理的双核驱动下发展得越来越快，进入了一个平稳的发展时期。海顺企业实行内包制前后的企业产值如图 10-2、图 10-3 所示。

单位：万元

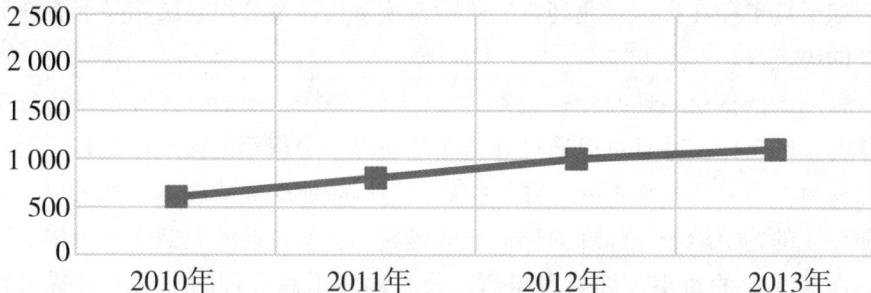

图 10-2 海顺企业实行内包制前的年产值

单位：万元

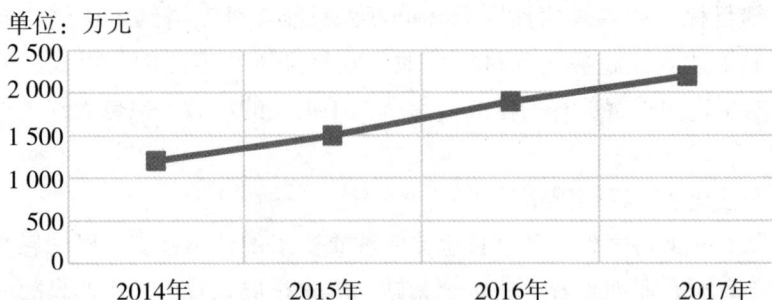

图 10-3　海顺企业实行内包制后的年产值

（四）发展阶段：大局调控，成熟运行（2015 至今）

在内包制实行过程中，如果无法很好地控制和留住人才，就会使与该人才相关的整个部门难以控制。在把外贸部交由总经理负责的这几年里，初始时，外贸业务较少，这些外贸业务都是由董事长全权负责的。但随着企业规模的扩大、客户的拓展，董事长对外贸部和客户的掌控也越来越少。而且，随着近几年原材料、劳动力价格的上升，考虑到企业的利益，原先约定的业绩提成比例已经不再适合当下的实际情况，再继续以该提成比例给总经理获利，将在一定程度上折损企业的利益。因此，董事长对总经理和外贸部的控制还需进一步加强。为了进一步弥补内包制的不足，保证企业的利益，海顺企业的董事长从各方面采取了一些措施。

第一，审核业务合同。各个业务员包括总经理在达成交易后必须将合同交由董事长亲自审核。董事长综合考虑客户定制要求、付款方式、交易价格等要素后签字，再将合同交到财务处，经过一系列后续工作后才能投入生产。如果订单存在折损企业利益的风险，董事长以及公司高层领导都有放弃生产的决定权。

第二，调整总经理的外贸业务提成比例。海顺企业的总经理也参与外贸订单的收纳工作，并且可以通过外贸业务获得一定份额的提成。但是，近几年原材料、劳动力价格不断上涨，拉高了海顺企业的经营成本，如果再继续按照原先的约定给予总经理同样份额的提成，会使企业的利益受到折损。因此，海顺企业的董事长综合考量后，及时调整了总经理的外贸业务提成比例，以保障企业的利益。

第三，参与外贸部例会。海顺企业的外贸部是由总经理全权负责的，董事长为了加强对外贸部的掌控，不让它与其他部门脱节，选择参加外贸部的例会。一是为了了解外贸部的运作情况，商讨业务市场和成本；二是通过对每月贸易额以及业务员业绩的考量，为部门判定目标并提出建议。通过这样的方式，董事长可以加强对总经理和外贸部的控制。

第四，扩大共同交际圈。自海顺企业成立之初引入一批外贸业务员开始，董事长就带着总经理等人接触了许多同行和客户，拓展了他们的社会交际圈。随着总经理业务能力的增强，接触到的客户越来越多，而董事长忙于企业的其他事务，可能会无法完全掌控客户的来源，部分客户可能缺乏与董事长的交流。因此，董事长逐步加强与客户的交流沟通，积极扩大与总经理的共同交际圈，以更好地掌控企业的客户。

第五，提高技术硬实力。企业专注于产品细节和创新型技术的研发，保证企业在同行中的竞争力，从而留住贸易型人才以及客户资源。打造以先进技术生产为核心的企业品牌，牢牢抓住现有的客户，并且保证对潜在客户的吸引力。

通过采取以上措施，海顺企业进一步合理地弥补了内包制存在的不足，逐步形成了"内包制+"的模式，加强了对外贸部和总经理的控制，优化了企业的管理，提高了企业的一体化程度。

在未来，海顺企业将会继续面向市场，根据内外部环境灵活地调整自身，完善"内包制+"的管理模式，维持外贸业务的活跃度，提高技术硬实力，不断向前迈进。

（五）小结

海顺企业的创立和发展历经波折。在创业初期，董事长和几位创始人致力于解决资金、工作团队的问题，以支持企业步入正轨。当企业渐入佳境时，海顺企业又面临着企业规模扩大和外贸业务难以拓展的矛盾，此时董事长精准定位突出性人才，将外贸部内包给外贸人才，以推进企业外贸业务的拓展。然而，内包制本身存在着内包出去的业务难以控制、难以留才等问题，为了解决这些问题，海顺企业不断创新，从制度、情感、利益等各个方面采取了科学合理的措施来弥补内包制的不足，逐步形成了符合企业实际情况的"内包制+"管理模式（表10-1），推动企业向前迈进。

表10-1　内包制创设与完善过程

形成过程 企业阶段	创业阶段	开拓阶段	维稳阶段	发展阶段
出现问题	资金不足 业务缺乏	人才要求更高地位	企业订单质量降低	资源流失风险增大
董事长的解决方案	奔走筹资 网罗人才	赋予职位 提高薪酬	订单审核 例会引导	控制客户 调整薪酬
"内包制+"模式	暂无涉及	内包制+命运互通 内包制+灵活薪酬	内包制+权益控制 内包制+情感控制	内包制+平台效应 内包制+目标实现

四、需要视角的"内包制+"成功机理分析

面对棘手的人才保留难题，海顺企业结合企业自身情况，对其进行因地制宜的改善，形成了适合海顺企业的"内包制+"新制度。由于内包制下的人才多为突出型人才，对生理需要层次的限制性不高，本案例接下来将重点从马斯洛需要层次理论的安全需要、社交需要、尊重的需要和自我实现的需要四个层次对海顺企业的成功原因进行详细分析。

（一）制度保障，满足安全需要留才

马斯洛认为，整个有机体是一个追求安全的机制，人的感受器官、效应器官、智能和其他能量主要是寻求安全的工具，甚至可以把科学和人生观都看成是满足安全需要的一部分。人们需要生活在有一定安全感的社会里，或者生活中有一种力量能够保护他，需要所处的环境中没有混乱、没有恐吓、没有焦躁等不安全因素的折磨。

在访谈中海顺董事长就曾提道："我们企业只有满足员工的基本安全需要，才能使员工能够安心地工作。"海顺企业依靠改善后的"内包制+"，通过职业保障、薪酬制度、审核监督等手段可实现董事长与人才双方的安全需要。"内包制+"通过职业保障、薪酬制度、审核监督等方式，分摊收益与风险，使人才的安全需要得到基本保障，董事长也可以获得安全感，最终满足了人才与董事长双方的安全需要（表10-2）。

表10-2 "内包制＋"满足的安全需要

措　施	董事长的安全需要	总经理的安全需要
提供职业保障	公司留才的基本条件	满足基本工作要求
优化薪酬制度	调整薪酬以维护公司利益	得到更高的业务提成
审核订单合同	控制外贸业务、生产进度	共担风险，维护利益

1. 提供职业保障

为了满足双方的安全需要，海顺企业致力于给人才提供合理的职业保障。一方面，企业与其协商制定合理的劳动合同，由企业承担职位保障和五险一金的费用。另一方面，在企业扩建后，公司为人才提供了舒适宽敞的办公环境。不仅如此，企业还通过设置娱乐设施，如跑步机、哑铃等来缓解人才在办公过程中的压力，满足人才的安全需要。劳动合同中一些规避风险的条款可以使在外贸内包运行过程中出现利益矛盾时，尽可能减少企业和董事长的损失，从而实现董事长的安全需要。

2. 优化薪酬制度

"内包制＋"管理模式下可调整的薪酬制度使人才与董事长的安全需要得以满足。海顺企业在外贸部负责人升职为总经理后，为其设立了专门的薪酬制度。在调研过程中，我们了解到海顺企业按照外贸部的业绩给予负责人提成是一个分层次的利益分配方式。

公司方面只需要负责与总经理谈妥总的贸易提成比例，然后将这笔资金在每年年底结算给总经理。总经理可以在外贸部中根据业绩自行制定业务员的底薪。而且，总经理有权决定和发放业务员的提成。于是，其中就会产生公司给予总经理的提成与总经理发放的外贸员的提成之间的差值，这个差值就成为他的其他收入。"内包制＋"模式下的薪酬制度极大地满足了总经理的物质安全需求，增强了他对公司的信心。

随着市场的变动，外贸、劳动力、原材料等成本的增加，再加上对长期客户的订单价格难以上调，海顺企业的利润增长日趋降低。为了保证企业的稳定发展，薪酬制度中约定了企业与总经理签订的合同中总的贸易提成比例是可调整的，以保证整个企业的利润始终呈上升趋势，从而满足董事长与企业的安全需要。

3.订单合同审核

"内包制+"体系中相互管理监督的方式使人才与董事长的安全需要得到满足。每个订单的合同都必须由总经理和董事长审核过后才能投入生产，并且每月外贸部都要召开例会分析贸易和利益情况。

经过双方审核过的订单合同可以对生产和产品有保证，在接单、传达、翻译图纸等环节有了双重保险，让双方都为订单顺利生产保驾护航。每月的例会可以为寻找客户和制定价格指引方向，建立外贸员们对海顺企业的生产和品牌的信心，满足人才的安全需要。

审核体系帮助避免出现生产方式、交易方式不明确带来的矛盾以及产品价格过低等问题。在每月例会中董事长可以与外贸部一起讨论并严格控制产品的相关参数，保证一定的利润率，使企业上下对公司发展充满信心，满足董事长与企业的安全需求。

（二）交际扩大，满足社交需要留才

马斯洛认为，人人都希望得到相互的关心和照顾。人们希望和他人保持友谊，希望得到信任和友爱，渴望有所归属，成为群体的一员，这就是人的归属感。

海顺企业在"内包制+"下积极贯彻马斯洛需要层次理论，并将马斯洛需要层次理论合理运用到公司日常的工作和生活中。在访谈中，董事长表示，帮助员工们特别是人才搞好同事关系，可以提高企业的工作效率，营造出良好的工作环境。海顺企业在满足人才的个人需要的同时，还可以让人才在企业中找到归属感，从而帮助企业更好地留住人才，以实现公司的持续发展。海顺企业"内包制+"通过对外交际建设、对内团队建设来实现总经理与董事长的社交需要，有利于提高人才工作的积极性，增强个人归属感，从而增强企业凝聚力（表10-3）。

表10-3 "内包制+"对社交需要的满足

措　施	董事长的社交需要	总经理的社交需要
扩展外部交际	形成相互关联的人际关系	拓展客户，结交人才
加强内部团建	增强团队凝聚力	增强与他人的配合和情感

1. 拓展外部交际

海顺企业"内包制+"体系注重扩大人才的交际圈。总经理跟随董事长参加各个展会，经董事长引荐，接触了许多业内成功人士，拓展了总经理的社会交际圈，并且积累了一些稳定的客户。

企业成立之初，资金紧张、客户稀少，为了公司发展以及拓宽销路，总经理以其出色的销售能力，帮助董事长和企业不断积累客户，提升利益。同时，董事长和总经理一起拓展客户，积累人脉，形成了相互关联的人际关系网，是一种在人情上的留才方式。

2. 加强内部团建

海顺企业"内包制+"体系注重给予人才归属感。每年组织全体员工一起外出旅游进行团建是海顺企业的一项特色，也是一个传统。除此之外，海顺企业也会通过举办一些烧烤聚会、小型比赛等，使企业的同事与同事之间、领导与下级之间的距离更近，从而使总经理与董事长的社交需要得到满足。

在总经理的工作方面，他通过企业的各种团建，拉近了自己与下属之间的关系，有利于工作的展开与企业内部社交关系的提升。在心理方面，他会加强对企业的热爱，产生强烈的归属感，满足自己的。

对于董事长，通过各种团建，不仅能拉近自己与员工之间的距离，还能够更加全面地了解各个人才在工作中无法展现出来的能力，以便于更好地识人用人，加强企业凝聚力，满足董事长的社交需要。

（三）职权提升，满足尊重需要留才

马斯洛认为，人们都希望自己有稳定的社会地位，希望个人的能力和成就得到社会的承认，得到尊重。

在对董事长的访谈中，董事长说："我们在实行'内包制+'的过程中，表达了我们对员工的尊重，使员工在工作中有了更多的自豪感、自信心和责任心，从而极大地激发了员工的工作积极性和主动性，挖掘他们的潜力，发挥他们的创造力，使他们心甘情愿地、愉快地为实现组织目标而不断地努力，为企业做出更大的贡献。"

针对总经理这个人才，董事长还特别强调要"给予他更高的地位和更大的权力，让总经理更加具有信心，更灵活自主地开展工作"。"内包制+"

通过职位晋升、入股分红等方式使自我尊重与他人尊重要求得到满足，有利于促进人才工作积极性的提高、个人业绩的提升、尊重需要的满足，最终形成人才与企业共同利益上升的良性循环。

1. 提供晋升机会

对于人才而言，海顺企业董事长在对外贸业务员进行忠诚度、工作能力以及处事风格的考察之后，对其全面的能力特点以及果断的处事风格给予了肯定，并且在与董事会高管开会讨论决定后，给予了能力突出的外贸部负责人总经理一职，从而初步形成了海顺特色"内包制＋"管理模式。从外贸部负责人到总经理，其业务不再局限于外贸部，因此有更多的机会展现自己除销售以外的能力与价值。在取得一定的成绩后，其自信心不断提高，积极性不断上升，最终满足了总经理的自我尊重需要。

对于董事长而言，此外贸部负责人晋升为总经理后，为企业与公司带来了更多的利益，也进一步体现了他的识人用人能力，提升了企业的利益，使董事长自身的能力得到了更广泛的体现，最终满足了董事长的自我尊重需要。

2. 应允投资入股

海顺企业董事长会积极听取总经理意见并进行及时的反馈。不仅如此，"内包制＋"对总经理这样有突出贡献的人才还采取了一些鼓励政策，如入股企业。总经理入股之后，与企业形成命运共同体，调动了其积极性，使企业的整体利益得到提升，他也会因为业绩提升得到董事长以及其他职员的尊重，最终满足总经理的他人尊重需要。

"内包制＋"中总经理的入股分红政策不仅会激发员工的工作积极性，还会使董事长注重人才培养、懂得惜才的形象深入人心，为企业后期人才的招聘与企业文化的不断深入打下基础，从而满足董事长的他人尊重需要。

（四）自我升华，满足自我实现需要留才

马斯洛认为，自我实现的需要是最高层次的需要，是指实现个人理想、抱负，最大程度地发挥个人能力，接受自己也接受他人，增强解决问题能力，提高自觉性，善于独立处世，要求不受打扰地独处，完成与自己的能力相称的一切事情的需要。也就是说，人只有从事自己喜欢的工作，才会使他们感到最大的快乐。而为满足自我实现需要所采取的方法是因人而异的。

在访谈过程中，关于员工自我实现需要的满足，董事长说道："很多事情我们不敢做，并不在于它们难，而在于我们不能迈出第一步，因此在这种情况下，我们企业的'内包制+'通过给不同能力的员工设立不同的目标和业绩标准，给予员工接受工作的勇气和完成工作的信心，充分发挥员工的才能。"

在当前的社会背景下，尊重和满足员工的自我实现需要体现了以人为本的治企理念。海顺企业的"内包制+"通过不断满足员工的需要，有效调动了他们的积极性，真正实现了他们的人生价值，全面提升了企业管理水平，实现了企业和员工的互利共赢，最终满足了人才与董事长的自我实现需要。

1. 建设人文环境

在实际工作中，海顺"内包制+"通过积极引导总经理参与公司的管理工作，营造了一个宽松的工作环境，增强了总经理的主人翁意识。

建设人文环境有利于引导总经理加深对企业文化的理解，提高践行企业文化的自觉性。让总经理明白企业的生存与发展同个人的生存与发展是息息相关的，增强其对企业的归属感，产生与企业共进退的思想，从而满足总经理的自我实现需要。

文化的建设使企业文化深入人内心，有利于人才凝聚力的不断加强，对人才保留有更大的作用。

2. 树立理想信念

公司通过内部报刊、简报和宣传栏等多种形式宣传企业文化，树立共同发展的理念，将企业文化建设具体化、形象化。

总经理在完成了一定的业务目标后，创造力得到激发，增强了自身的竞争力，推动了企业的长远发展。总经理在感受到企业对自身的关怀后，会以更加饱满的精神投入工作中，同时会追求更高层次的满足，即自我实现需要的满足。这样，企业的关怀与总经理的投入形成良性循环，企业与总经理也实现了共赢。

（五）小结

海顺企业的"内包制+"紧扣马斯洛需要层次理论，围绕其中的安全、社交、尊重和自我实现四个需要展开，从董事长和总经理双方需要的满足出发，完善了内包制，实现了企业的持续发展（表10-4）。

表10-4　董事长和总经理双方四大需要满足情况总结

	安全需要	社交需要	尊重需要	自我实现需要
董事长	调整薪酬 控制外贸	形成共同交际圈 增强团队凝聚力	盈利体现决断 效果体现能力	营造文化氛围 建设企业环境
总经理	更高提成 更低风险	积累自身人脉 融入企业团队	升职增加自信 工作良性循环	加强归属感 激发创造力

五、总结与建议

贸易业务与生产管理是中小型制造业企业中最重要也最难管理的部分。目前,海顺企业的内包制确实给公司带来了外贸业务上的进一步拓展,提高了企业利润。根据海顺企业克服内包制缺陷,解决利益分配、职权责任、人才保留等方面问题的成功经验,我们可以结合马斯洛需要层次理论来给其他企业提供一些在企业管理方面可行的建议。

(一)制定合理薪酬制度

不同的人有不同的能力,就会处于不同的岗位,就需要制定不同的薪酬制度去和他们相匹配,只有这样,才能留得住人才。

对于人才缺乏的中小型企业来说,企业中的突出型人才是宝贵的资源。企业可以通过为人才制定特殊的薪酬制度来激励人才,如通过制度合理规定他们在劳动过程中可以获得的报酬、福利。另外,对于忠诚的、具有一定资本实力的突出人才,企业管理者甚至可以根据实际情况通过一定的业绩提成制度来激励人才。当然,为了企业的整体利益着想,提成的比例要根据企业的实际经营情况来决定。这会使人才的工作热情高涨,从而为企业创造更多财富。

本案例对海顺企业成功留才的分析就说明了在企业开拓阶段为人才制定合理的薪酬制度能够很好地留住人才。

(二)加强人际关系建设

扩大人才交际圈可以使人才的内心获得满足,能力获得提升。每个人都有属于自己的交际圈,能力突出的人会希望扩大自己的交际圈。

在中小型企业中,存在由于企业规模不够大,业务能力有限,而导致的企业中员工交际圈狭小的问题。除了企业领导外，企业员工无法接触更加丰富的社会交际圈，限制了企业员工的发展，导致中小型企业中人才的流失。这时，企业要注重扩大人才的交际圈，如让企业领导带领突出人才洽谈业务、参加展览展会等，这样在提升人才个人能力的同时，满足了人才的社交需要，有助于企业更好地留住人才，使其为企业发展贡献力量。

本案例对海顺企业成功留才的分析说明了中小型企业在维稳阶段扩大人才交际圈能够为中小型企业留住人才提供帮助。

（三）给予人才提升空间

随着人才在企业中的不断发展，当其能力的上升跨度大于职位时，其本身就会产生不满情绪，最后导致人才与企业的不和谐发展，影响企业的效率和收益。所以，一定的职位晋升空间可以在一定程度上稳定人心，实现企业与人才的共赢。

企业应根据不同员工的忠诚度、能力以及其对他方面的综合考量，给予人才一定的晋升机会。并且，对于忠诚的、具有一定资本实力的突出人才，企业管理者也可根据实际情况考虑让他们参与投资，通过入股分红额外获利的方式，将人才的身份由职员转换成股东，共同管理企业。

本案例下的外贸部负责人因突出的销售能力而晋升为总经理，极大地调动了其积极性，最终实现的企业产值的变化，很好地说明了给予人才一定提升空间的重要性。

（四）建立双方心灵契约

企业文化作为一个企业核心升华部分，具有凝聚、激励、导向、约束等作用。团队的力量是强大的，因此管理者应当致力于营造良好的工作氛围，在企业中形成尊重劳动、互帮互助、团结合作的风气，在员工之间加强团队合作的意识，提高员工在企业中的认同感和归属感，如以表彰、聚餐等形式嘉奖员工取得的成果。以上举措都可以在情感的方面满足企业成员的社交需要和自我实现需要。

在本案例中，在维稳阶段给人才制定中期目标，在发展阶段通过团建、加强情感社交可以满足企业成员的社交需要和自我实现需要，这说明了建立心灵契约的重要性。

参考文献

[1] 周立新.西方内包制理论研究综述 [J].思想战线，2006（5）：1-5.

[2] 曾祥娟.浅谈员工的激励问题——从马斯洛需求层次理论出发 [J].全国商情，2016（23）：39-40.

[3] 饶晓玲.马斯洛人类基本需要层次论的应用及启示 [J].中华现代护理杂志，2013（20）：2463-2465.

[4] 王燕云.论马斯洛需求层次和自我实现 [J].文学教育，2011（8）：11-12.

[5] 王晓莉.广意集团员工激励问题研究 [D].长沙：湖南大学，2003.

[6] 汤俪瑾.思想政治理论课实践教学的基本原则和具体环节 [J].思想理论教育导刊，2014（1）：66-68.

[7] 孙琳琳，霍珊珊.浅析 Y 集团员工激励机制 [J].农村经济与科技，2016（3）：70，87.

思考题

1.什么是马斯洛需要理论？有哪些要点？

2.企业如何利用马斯洛需要留住人才？

案例编写：杜悦悦（工商 182） 谢屹起（国贸 183） 袁若婷（会计 183） 郑凯沅（国贸 183） 夏柳腾（国贸 181）

指导老师：周鸿勇